图书在版编目（CIP）数据

时代由此划分 / GQ创意工作室（中国）编著. -- 北京：北京联合出版公司, 2015.11

ISBN 978-7-5502-6657-5

Ⅰ. ①时… Ⅱ. ①G… Ⅲ. ①生活方式－通俗读物 Ⅳ. ①C913.3-49

中国版本图书馆CIP数据核字(2015)第277435号

时代由此划分

作　　者：GQ创意工作室
责任编辑：龚　将　　王　巍

北京联合出版公司出版
（北京市西城区德外大街83号楼9层　100088）
北京利丰雅高长城印刷有限公司印刷　新华书店经销
字数：254千字　210mm × 254mm　1/16　印张：12.5
2015年 12 月第1版　2015年 12月第1次印刷

ISBN 978-7-5502-6657-5
定价：48.00元

Book_Contents

007

008

Book_Contents

098

130

理想世界的可能

《智族 GQ》杂志编辑总监
王锋先生

一天，苏格拉底与他的学生斐德若（Phaedrus）一块散步，来到了雅典城门外的一个地方。苏格拉底突然赞赏起这个地方的美丽来，他对他所高度赞美的这片风景简直喜不自禁。但是斐德若打断了他。斐德若惊讶的是，苏格拉底的举止就像一个由导游者带着来观光的异乡人一样。他问苏格拉底：“你从未出过城门吗？”苏格拉底的回答是颇有象征意义的。他回答道：“确实如此，我亲爱的朋友。我希望你知道了其中的缘故后会谅解我。因为我是一个好学的人，而田园草木不能让我学得什么，能让我学得一些东西的是居住在这个城市里的人民。”

在自然科学飞速发展的今天，一名好学者显然可以从田园草木、山川湖海、宇宙星辰中学习到太多东西，但苏格拉底对于“人”本身的由衷重视却依然让我思绪满怀，念念不忘。这里的“人”，显然与成就无关，也不涉道德，而是普遍意义上的人类本身。我想知道的是，到底“人”具有什么样的价值，引得这位哲学导师全神贯注、心无旁骛呢？

如果你也曾有过类似的疑问，很容易就会发现德国哲学家恩斯特·卡西尔的著作——《人论》。事实上，开头所讲的苏格拉底的故事也出自此书。很庆幸，卡西尔不是个标题党。在他生前的最后这部著作里，卡西尔至少从他的角度，给出了令人信服的答案：

人的突出特征，人与众不同的标志，既不是他的形而上学本性也不是他的物理本性，而是人的劳作（work）。正是这种劳作，正是这种人类活动的体系，规定和划定了“人性”的圆周。

“创造性”——以我粗浅的理解，这就是卡西尔关于人的本质属性的答案，是苏格拉底之所以愿意长久地思考人类的缘由，也是这个世界上最可宝贵的东西。

而在人类创造性的所有体现中，卡西尔尤重“科学”。他说：“科学是人的智力发展中的最后一步，并且可以被看成是人类文化最高最独特的成就……在我们现代世界中，再没有第二种力量可以与科学思想的力量相匹敌。它被看成是我们全部人类活动的顶点和极致，被看成是人类历史的最后篇章和人的哲学的最重要主题。”

事实也正是如此。从蒸汽机到电灯泡，从纸到互联网，科学技术帮助我们不断突破自身固有的局限，引领我们迈向自由之境。它的意义不仅在于切实造福我们的日常生活，更是对人类本质力量的确证。

物以稀为贵。几千年前，金银、珊瑚和虎皮可能是财富的象征。但在我们这个时代，衡量一件物品价值的，绝不再是原料的稀缺程度，而是其中蕴含的人的创造性的多寡——无论是美学意义上，还是科学意义上——它让我们更安全，更便捷，更愉悦，更美好。毕竟，再没有什么东西比人本身的价值更有价值了。

从这个意义上说，未来的奢侈概念会逐步摆脱对稀缺自然资源的占有，而真正专注在如何以最有效率的方式，实现不同的价值追求。奢侈品的炫耀功能也应该越来越低，而更重视真实的使用体验。在自然环境持续恶化的今天，认识到这一点，不只是一种明智，也是一种道德。

具体到判断某一件物品的价值，我有三个标准：其一，物品的设计是否全面而细致地体察到使用者的需求；其二，物品的制造是否完美地贯彻和实现了设计的理念；其三，物品的实用性和审美性是否协调契合。归根结底，就是要真正尊重人，满足人，实现人。全新宝马 7 系产品，正是利用了目前极先进的各项科技，在动力、监测、内饰等各方面呈现全新样貌，值得每一位爱车人的关注。

事实上，任何倾注智慧和心血以更好地满足人类需求的物品，都应当得到尊重。

尊重人的创造性，就是尊重我们自己。

鉴享

未来是生活远处的那一个小点，而当下我们正在经历这场颠覆——它将带我们重新认识优悦生活，走进可知的未来。或许革新精神让属于时代远处的生活方式难以被轻易地一网打尽，但它终究是可以感知的：在那里我们更加关注自我，有更多维度体验世界。毫无疑问，属于未来的生活方式之一就是感受，更是享受。

010

鉴享

是感受，
更是享受

当盖茨比整理好自己的礼服、梳着标志性的油头造型踏进盛大 party 的片刻，他的剪影已经为属于那个时代的豪华美国梦做出了绝佳诠释。在 20 世纪“最好也最坏”的 20 年代、在享乐主义大行其道的 20 年代，华服美酒、名车豪宅、大理石泳池边永不熄灭的通明灯火，以及派对、马球、爵士乐……我们几乎可以仅凭这些景象就能在这个上空处处回响着金钱和梦想之声的时代中凭空描摹出一幅完整的优悦画卷。

而在近一百年之后的今天，优悦和享受的方式再难以被这样轻而易举地一网打尽。

在时代洪流的裹挟之下，革新精神正在颠覆我们所拥有的任一生活部分。也许每个个体受到的波及力度不同，但这种变革带来的颠覆一定也在悄然改变你的生活方式，它让我们有望把日子过得更极致，更轻易，更迅猛。而与生活方式中兴起的变革并驾齐驱的则是，人类对于豪华的理解也正在被颠覆。

在这个被革新精神冲刷一新的时代里，优悦和享受的关系早已不再囿于某种一一对应的固定框架之内，它正在快速的创意更迭和层出不穷的变革中被不断重新定义，变得更为多元化。关注自我，让享受的概念由物质到工艺再逐渐延伸至感官当中，是这个时代所赋予我们的全新选择。

人的感官体验所带来的享受在优悦的定义里正在占据越发关键的位置。

站在 2016 年的上半场，当我们试图描摹一个极富时代精神的人所拥有的生活方式时，“旅行”和“生活方式投资”或许可以在感受部分中作为最具标志性的时代注脚之一。

这位先锋精神的忠实拥趸也许热衷旅行，他当然可以选择在中国入住安麓酒店，尽情享受琴棋书画诗酒花茶的人生八雅；不过同样应该了解的是喜达屋已经成立了全新的品牌创新实验室 Starlab，试图以足够新的高科技手段来为宾客们重塑旅行体验；如果度假行程中安排了邮轮旅行，不妨在“海洋量子”号上体验一把跳伞；当然，途中遇到的任何新奇事物都值得用拇指轻触屏幕，点开手机里的 Spottly 去分享记录，毕竟无时无刻的社交已经重新构架了属于这个时代的精神内核；至于正在兴起的生活方式投资，所了解的一定不止于 Black Diamondz Property Concierge 这样专门服务中国客户的华人海外地产公司，毕竟时至今日，甚至连作为世界著名艺术品拍卖行之一的佳士得，都已经在全球范围内拥有了众多豪华的地产项目。

无论选择用旅行开启另一片天地、畅享其中不同以往的生活体验，或是以生活方式投资来为自己带来全新视野，这些选择中对于生活的感知绝不只停留于对经济能力的显示层面；也不同于某种潮流兴起时，为了使自己看上去够酷而紧跟浪潮的疲惫局促——革新推进时代，它同样驱使着优悦的概念被更新换代。

有别于传统概念中对于优悦的解读，在当下，人类为“鉴享”所圈定的范围不再仅仅止步于技艺或者材质带来的优悦品质，甚至也不只停留在经济能力对于社会阶层的区分。在属于 2015 年的方式中，感官体验

革新推进时代，它同样驱使着优悦的概念被更新换代。

给人带来的享受始终是不容忽视的关键词之一。无论这个词被用在对生活方式的泛指当中，还是被具象地落到某一件事物里、或者是一台车上时。

被革新所驱动着的优悦，它的存在方式理所当然地存在于每一处细节感受之中。如果以一台车来诠释人类关于优悦的理解，它都曾被如何实现过呢？

机械力与交通工具的结合本来就曾是一个伟大的、具有历史性的时刻，这项创举引领人类迈向高速运动的康庄大道。在一百多年前，拥有一台靠燃烧汽油驱动的三轮“汽车”无疑是优悦的——哪怕它的引擎和轮胎经常出状况，想成为驾车旅行者的你得先有一本手册，才能知道哪里可以更换轮胎、哪里又能解决食宿；其实早在 1968 年，美国作家 James R. Berry 发表在 *Mechanix Illustrated* 杂志上的预言中就曾写道，40 年之后伴随着网络购物、电子邮件和便携平板电脑的诞生和普及，我们的汽车会变成 150 ～ 250 英里时速的自动驾驶机器。而实际上，够快的速度当然也是有价的，人类不断创造出一代又一代功率强劲的发动机来追求更快的速度，甚至让流线型的车身不断进化优悦来减小空气阻力；在这些之外，随着技艺水平的日渐发达，优悦还曾被解读为座椅上那块经过上好工艺鞣制的一流皮革、纯手工打造的车身；甚至在几年之前，还有人愿意花费上亿欧元为自己打造一台黄金车，让冰冷坚硬的贵金属和稀缺宝石来实现价格上的豪华……

而在今天，关于优悦，那种丰富的体验一定从你拉开车门的那一瞬就已经悄然发生。在上路前行时，环境光会以怎样的方式被带入你的车内空间？耳畔奏响的乐声又是否有令人身临其境的感受？即使你并非驾驶者，安于后座的宾客对车内设施的操控是否也能掌控如常？这些问题都会是一台具有未来主义前瞻眼光的好车会关注到的地方。

在这台全新宝马 7 系中，我们可以享受的礼遇包括：迎宾光毯，它让一道光束为向你致敬而生，与其称之为照明，不如称之为一种仪式；星空全景天窗可以更大限度地将环境光带入你的车内空间，让星河降临在眼前；钻石环绕立体声音响系统则为你带来身临其境般的音乐，用震撼心灵的声音缔造一间属于你的私人音乐厅；即使你并非驾驶者而安于后座，最大的欣慰也来源于一切尽在掌握：BMW Touch Commend 会帮你完成对车内设施的操控。

也正是这些源于声、光、触感乃至空间带来的感受在更新我们对于驾乘体验的认知，从感受到享受，是时代洪流里我们对于生活本身乃至优悦的概念不断探求中向前迈进的一个部分。无论选择某种生活或是某一台车，革新精神为我们带来的每个细微之处的进化，都让人类对于感官体验的要求和理解变得更为立体，也在帮我们重新诠释享受与优悦的关系。

建筑，上演生活也承载情感

站在2016年回望，马岩松在12年前创立的MAD建筑事务所已经为这个时代筑建过太多所房子。

他和它在加拿大密西沙加市树起了地标性的梦露大厦；让满载未来虚幻感的鄂尔多斯博物馆在戈壁沙漠中落成；也让实践着“山水城市”理念、总建筑面积约56万平方米的南京证大喜玛拉雅中心全面开工；而作为西方标志性文化建筑的卢卡斯叙事艺术博物馆，即将为创造过伟大现代主义建筑的芝加哥续写未来……

这些年，在马岩松和他的MAD创作的建筑设计里，从城市规划、综合体建筑到博物馆、住宅乃至文化艺术建筑无所不包。

那么对一个建筑设计师来说，盖哪种房子才对自己具有更重大的意义呢?

马岩松说自己一直觉得做一个文化建筑设计师是很难的。因为无论设计剧院还是音乐厅，虽然这些功能性的建筑自有其设计规则，而比这更重要、也更难的是："你到底创造了一个什么样的精神气氛？"

他愿意相信，功能之外文化建筑更应该是关于时间的，它可以让那些来过的人得到一些启发。“就像一部文学巨著一样，刚学完文字的青年人可能读到的是一个很好的故事，有点儿阅历的人能看到更深的哲学层面。我觉得一个好的文化建筑应该带给不同的人不同的感受。”马岩松说。这也是他从过去到现在一直认为难的东西。

但最近他又觉得建住宅更难：看起来精神要求不高的建筑因为和人的接触太过密切，设计师所需要考虑到的“人的感受”也就太过复杂。

“居住尊严跟每个人的价值观直接关联。住宅里有这么多人，你怎么在其中表现出这种社会价值呢？”他抛出一个疑问句用以解答自己的观点，继而得出的结论是这两种建筑类型“都挺难的”。

马岩松不提深远意义和成就感这些大词，但那些让他在自己设计中时刻思考和关注的难题无一不围绕着房子给人带来的感受展开。

那么一栋好的建筑或者一处理想的空间，它和人的感受之间到底是一种怎样的关系呢?

关于好的建筑，马岩松的原话是：“我们去一个寺庙或者一个老教堂，你会有种精神上的感受。这确实不是很功能主义的空间，它那种布局、那些树、那些光影营造了一个气氛，有种好像清洗了你灵魂的感觉。我觉得好的建筑有一种精神性。”

他还笃信建房子这件事有一种情感上的东西在里边。如果只从功能主义考虑，永

建筑承载情感，生活在于感受

远也不能解释为什么从人住在山洞里开始，直到如今居住环境都一直在改变，甚至衍生出不同的东西方建筑文化又从而产生出更多不同的建筑。在马岩松看来这是因为人对不同城市一直有新的向往，所以好的建筑必须跟人在情感上有所交流，“就像一个舞台”。

关于它和人、感受之间的联系呢？

就像他说的：“它给你一个空间，能促使一台戏剧产生，让你的生活上演。”

未来不是一种风格

在 MAD 建筑事务所的介绍文字里有这么一段描述，向外界说明这是一间“致力于创造可持续，又具有未来感，有高科技建筑的”国际建筑事务所。

“未来感”这词被用在这里，特别容易就让人联想到了梦露大厦、卢卡斯叙事艺术博物馆或是哈尔滨文化岛中那些柔软流畅的线条，以及能让它们从万千墨守成规的日常建筑中脱颖而出的独特造型。

马岩松把这种未来感解读成艺术中和观念中的概念，而不是时间上的。他说：“某种东西让我们看起来不太熟悉，这些东西都被称作‘未来’。今天的实践是通过对现实的批判来的，这意味着你所做出的作品跟现实里我们熟悉的东西不一样，这让它有一种陌生感。当我们现在的建筑都是充满力量感的直线和方块，你做的建筑是曲线、是柔软、是自然，大家就会叫它未来感。称它为未来是因为我们不熟悉它而已。”

而时间轴里真正的未来所探讨的是今天的城市和建筑在以后会变成什么样。

马岩松说，未来不是一种风格，它是一种对现实基于批判的再创造，解决的是现实的问题。

在他眼里，今天的城市非常物质，古典的城市是偏向宗教的，而未来的城市应该是关于人跟自然的。因为“在人跟自然的关系中能找到人的感受、人精神层面的东西，然后能找到人跟人之间的和谐关系”。

马岩松觉得人的感受是未来城市和建筑的追求，也是未来生活的归属。

感受属于时代的变革

如果从建筑设计师的视角出发，来审视我们所身处的这个世界，你会发现城市脉络中那些横平竖直的方格网所代表的是效率和管理，通过这类统一规划所表述出的正是这种无形的东西；而一个村庄就很有生机，它是自发形成的，顺着地形的肌理造成了不同的空间特质。它让人们觉得放松，而这种放松又促使人们远离同质化的生活，个性被解放了，人与人之间不同的人际关系也会就此产生。

同样从建筑设计师的视角出发，宜居这个词也被诠释为是“有情感寄托的”。建筑设计师马岩松就为我们做出了这种诠释。

关于宜居，他将告诉你的是：“如果一个地方只是因为工作或者生存而去，也许人可以在这个地方生活很多年，但是他最后也不会有心理归属感。心理归属必须跟人的情感上产生共鸣。人喜欢和谐舒服的自然环境，在充满竞争的环境和复杂的人际关系里人是不舒服的。”

那么不如就让我们设想这样一个地方，它拥有平和包容的环境，鼓励人与人之间的健康关系，可以用物理的空间影响人的心理感受和社会关系——山水城市的构想就是马岩松这样的一个理想落点，他相信未来的城市规划也是关于人的情感的。

在 MAD 建筑事务所的新项目中就包括了北京一处公租房住宅区的设计。

它让马岩松觉得有挑战的部分不仅在于这样大规模的建筑设计最后要落到每个人的生活中去，在这之外，作为社会保障性住宅它在成本上的控制也为优质设计更添难度。

“我们一直觉得城市或者建筑的好坏是由物质决定的。房子大、材料好、环境好，位置也好，这些才能代表着高水平的生活。其实无论是山水城市的理念、人的感受，还是社区融合性的概念都与这种社会价值有所不同。”他说。

而社会保障房可以很准确地体现出这种价值观，在这里，居住尊严由朴素但有品位的房子、方便的生活和融洽的关系构架。它为我们展示了生活里除昂贵的材质和庞大的空间之外，能为人们带来享受体验的另外一面：人的整体感受本身就是优悦生活的一部分。

“观念转变也是品位的转变，什么样的生活是我们想追求的？不是为了统一的价值观让我们都过更不方便的生活，应该是过更有品位的生活、更高水平的生活，但是又不会造成更多的浪费。”马岩松说。正是这样的革新思维在不断推进时代，也在把未来逐渐拉近到我们的眼前，感官体验和个体感受在优悦生活中日渐凸显。就像我们今日对那些能让人与空间产生情感依托的人文元素所投注的期待，时代诉求中，新的追求也是对于全新优悦生活方式的传达。

思维的变革让人的感受在未来中越来越受到重视。这不仅是人与空间、与物质之间关系的悄然变化，我们想从中追求和获取的体验是什么？更优悦的品质生活方式是怎样的？其实无论一栋房子还是一台车，你在其中所能感受到的真切幸福和美好体验，就是未来衡量享受的标准，也是未来生活本身最值得期待的部分。

Q+A

Q：你如何理解“未来”的概念，对它有怎样的期待？

A：我觉得时间就像一条小溪一样，其实没有明确的点划分哪儿是过去，哪儿是未来，它一直是一个延续的过程。所以我们不可能突然有一个焕然一新的时空。我们总是在一个过程里，过去的很多东西都还是在的。这不只是物质上，我们形成的思想、我们的生活、我们的价值，都跟过去有很多联系。所以我觉得未来不是一个革命性的概念，它是循序渐进的，它都跟现实有关系。那些发生在我们生活里的改变都是有原因的。我当建筑师，对我来说未来是源于解决今天的问题，创造新的方式。这种方式对今天来讲是陌生的，变成走向下一步的基础。这就是未来的概念。

Q: Coco Chanel 曾经说过这么一句话：“奢侈的反面不是贫穷，而是粗陋。”建筑也有优悦和粗陋之分，在你看来，建筑中的优悦是怎样表现的呢？

A：我觉得就是通过所谓空间的质量（来表现）。就是看建筑所造成的氛围是不是优雅的，而不是物质是不是昂贵的。如果空间是优雅的，环境是和谐的、有品位的，人生活在里边就有一种很好的感受。而材料是什么？有时候材料越简单越朴素反而越好。

Q：现在越来越多的领域都趋向于关注个体的感受，我们可以看到人的感受在时代发展趋势中越来越受到重视。你觉得在未来，优悦的生活方式和感受之间的联系是怎样的？

A：它首先带给你一种启发，会激发你更多的灵感和想法；也能提供给你自由，让你能做自己想要去完成的事，我觉得这就是很理想的生活。工业文明让这一时代都是人对自然的掠夺、对资源的掠夺，所以有战争。在这个时代的末期我们开始谈节能、谈绿色，想让资源分配造成的不公平慢慢消除掉。未来的理想社会当然是更和谐的，更往人的内在的情感方面发展，探讨人的幸福感是什么。西方的工业革命时期，卓别林拍的电影里所有人都像一个抽象的螺丝钉，到现在很多国家还有这个现象。（未来）人要有很多的精神上的东西，享有自己感受的权利，享有自己的空间。如果摆脱这个时代的价值，我们每个人都要自由，但不是以放弃很多东西为代价的。以车为例，有人想追求跑车的速度感、追求很自由的驾驶感，那可以通过好的技术来实现它，而不是非要提倡不开车了——我们需要一个革命，既能不造成能源的消耗，又能实现人对驾驶乐趣的追求。以前认为消耗的资源多、花钱多，用好的材料就等于好的建筑，等于幸福生活，这个等式其实是不成立的。用少的花销、很好的空间设计来实现一个有尊严、能感受到幸福的空间才是我们要追求的。比如我会有足够的阳光，有自己的花园，有朋友；甚至在一个和谐的空间里让人重新相信社区的凝聚力，改善邻里之间的关系，我们所建造的这种生活才是值得追求的。

Q：从驾乘者的身份出发，一台车能给你带来的美好感受都有什么？

A：车首先是一个机器，在不同的时期有不同的象征意义。在过去它代表了现代化，是一种地位的象征性；后来它变成了工具，车成了不同人对不同生活方式的体现，这也是它最当代的意义。我喜欢一静下来能很静、动起来特别火爆的车，以前马力特别强的车都是特别咋呼的，现在很多车坐在里边完全可以享受它的空间而不受外界干扰。

Q：你会关注车内的感官体验吗，比如音响或者光源这种来自于声、光、触感或者空间带来的感受？

A：会。我觉得车的操控方式越简单越好，70 年代科幻片里那些宇宙飞船都是一大堆按钮，到处都是光，感觉特别复杂。越往后觉得高科技其实都是让技术隐藏起来，界面越来越简单。反而那些给人带来直观感受的东西更重要：比如说全新宝马 7 系音响的音质特别好，它还有一个全景大天窗。

欢迎来到未来
Welcome to future travel

未来之所以成为未来，是因为人类的想象和创新。在当下，那些几年前甚至几十年前被人类畅想过的未来已经抵达眼前，新的未来又将带给我们怎样的期待？在这里我们将为你揭示其中属于感官体验的那一部分。随着时间蜿蜒向前，每个个体的感受越发受到重视。今后那些我们对感受的期待中，既关于生活，也关于一台车。

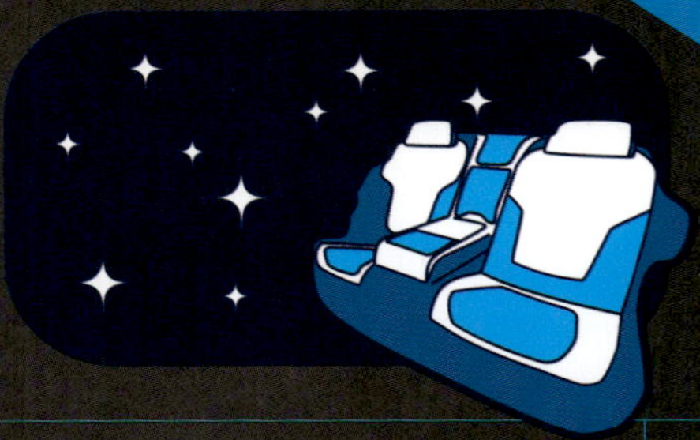

1 属于感官体验的惊喜

当你安坐在全新宝马 7 系当中，除了能享受到头等舱级别的后排独立座椅之外，还有什么属于感官体验的惊喜吗？当然。你需要做的只是打开星空全景天窗，让它更大限度地将环境光带入你的车内空间，或是让星河降临在眼前，这样的体验够不够酷？

2 一台车能给你的至高礼遇

一台豪华轿车能为你提供什么样的礼遇？几年前我们的想象力可能还仅限于它的座椅是不是手工真皮的。现在全新宝马 7 系有迎宾光毯，它可以让一道光束为向你致敬而生；而 Touch Commend 更能让你即使安于后座也能轻易操控车内设施。

3 搭载一部好音响

在你的车上搭载一部好音响绝对是一件非常有必要的事。音响够不够好直接决定了你播放的音乐到底是震动耳膜还是震撼心灵。全新宝马 7 系钻石环绕立体声音响系统可以为你带来身临其境般的音乐，有了它才能用震撼心灵的声音缔造一间属于你的私人音乐厅。

4 当代艺术新形式

任何时代、任何藏家选择让自己老老实实地买一幅画或者一件装置作品都是无可非议的决定，当然除非你就是那种对世界充满无限好奇，特别喜欢尝试新奇事物的酷炫藏家。在未来，艺术家的创作形式终于可以完全不受材质限制，你也可以买到一朵云，然后找个足够大的房间来养着，用 360 度无死角的屏幕实景还原蓝天，这样做最大的好处就是再也不用舍不得阅兵蓝啦。

5

智能花盆

要说这还真不是什么具有划时代意义的伟大发明，但它的出现实在是给那些热爱生活、热爱家居布置，进而热爱园艺但又实在没有养花技能的人们指了一条明路，同时还解救了无数即将面临死亡考验的植物。智能花盆可以根据其中植物的最适生存条件和你家里的实际情况进行编程，为它提供最优的生存条件，还包括差旅期间为植物提供一如既往的照料、造型可选的适时修剪以及绿植审美界最新流行趋势的发布。

6 可穿戴设备帮你屏蔽辐射

随着我们的生活越来越智能，人与电子设备的联系也一天比一天紧密。这些推进我们生活方式的电子设备除了便捷之外也无可避免地带来了更多的辐射，而怎样避免辐射也就成了未来生活的主题趋势之一。这种防辐射的可穿戴设备就是顺应潮流的产物。怎么样，用与日常生活结合最紧密的电子设备来屏蔽身边的辐射是不是特别一箭双雕？

7 体验式记忆分享装置

依偎在奶奶身边听她讲那过去的故事，相信这是很多人小时候的回忆，也相信这幅场景在不久的将来就只会出现在博物馆“人类生活回顾厅”或者那时的古装影视剧里了。为什么？我们有体验式记忆分享装置了呀！还记得《哈利·波特》里的冥想盆吧？下次再分享记忆时你也能一样酷炫，身临其境什么的真没在开玩笑。

8 味蕾感受菜单

每每阅读美食家撰写的文章时总让人有种感官上的遗憾，只恨那些精彩的味蕾体验不能同步感受。当这种味觉体验感受装置被发明出来之后，这种情况得到了很大改观，我们可以直接体验食物的口味、温度和质地了。当它被应用在餐厅里，味蕾感受菜单随之而来。

9 感受延长器

在不怎么遥远的未来当中，感受延长器终于被发明出来了。此后它立刻被广泛应用于睡眠、旅行乃至一切吃喝玩乐和让人感觉到美好的领域之中，从此以后让“睡不饱”和“玩不够”这些困扰不再存在。经过延长，你的愉悦感也可以像电影的升格镜头效果一样，延长愉悦感受，自己调节速度，玩到够，睡到饱。

10 私密声波

对于日常中的隐私维护也绝对是人类未来需要解决的重点问题，毕竟有了私密的个人空间和隐私安全才能为我们提供更优质的生活感受。在未来，交谈中的隐私问题至少可以通过向各大通讯公司租用声波波段实现，不同波段需要获得接入许可的人才能获取接收，这样就可以实现“即便是在公开场合说话也只有两人听见”的效果了。

11 真人网游

就想和朋友们玩个真人 CS，大家的时间却怎么也约不到一起？各自坐下休息几十分钟总比抽出一整天时间还得起个大早容易多了吧——真人网游就是那个让你们各自足不出户就能实现真人版游戏的网络终端。你不再需要头盔、眼镜乃至游戏手柄，它借助任何电子设备为载体都能通过声波或电波就能介入人的中枢神经，即使坐着不动也能体验真实的游戏感受。更可以把任何人的游戏习惯和思维方式导入游戏终端进行数据分析，下次三缺一了请直接呼叫人工智能。

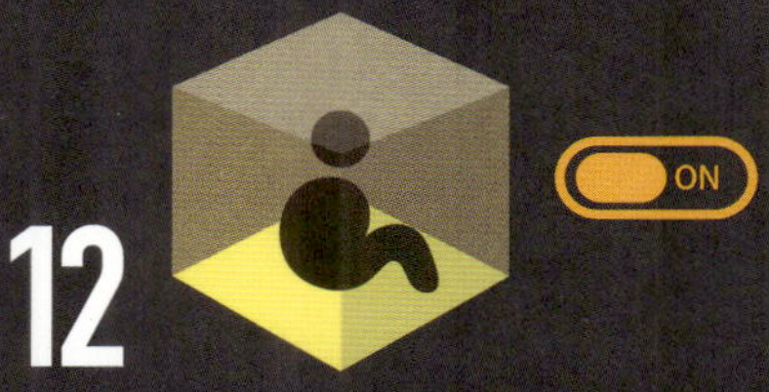

12 一键孤独

我们需要幸福和快乐、成就感，也同样需要孤独。它可以帮人集中精力提高感受力，适量的孤独绝对是治愈拖延、推进思考的时代灵药。而一键孤独可以为你屏蔽视觉影像、一键消音，从而杜绝外界给感官带来的干扰。

13 自助影院

自助影院借助终端设备的升级终于让人类真正实现了“独立观影”的概念，它所解决的就是各种排片场次和不同观影口味给人们带来的限制。以后看电影只需要一间舒适的大房间和每人一个的小小终端设备——它将为佩戴者提供所有影片自选播放功能，为你带来绝佳观影体验的同时又不会影响到身边的人。不过，想到同一个房间里的观众有哭有笑也是够精彩的。

14 体验式文学

别说未来，即使在现在读纸质小说都已经快要成为一件极富 old school 精神的事了。那在以后的世界，除了便捷的电子读物，我们还能从阅读中获得怎样的升级体验呢？体验式文学的到来可以让买一本书就像得到了一个由作者为你构建的全新世界，你尽可以深入其中，在自我想象力之外依靠科技获得更真实的代入感和可以触碰的多维度体验。

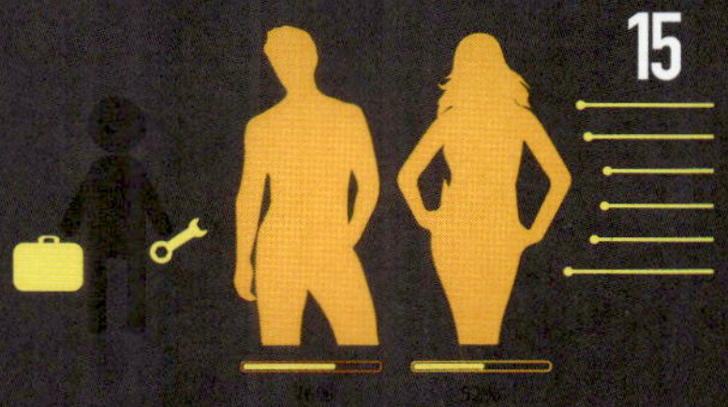

15 虚拟伴侣

看到这个标题又联想到电影《她》中的情节了吧？不过未来的伴侣可不是一个人工智能的语音系统或者会交流的充气娃娃那么简单。要知道越来越多人单身的原因已经不是失调的男女比例了，丰沛的物质和进阶的精神需求让人类对于理想伴侣的标准越来越稳固，也越来越难于凑合。那么不妨通过对理想另一半的设定来定制一位完美的虚拟伴侣，陪自己度过或许漫长的空窗期吧。

TRAVEL

American Express Centurion Lounge

www.thecenturionlounge.com

美国运通一直被视为信用卡组织中的“上品”，而旗下最独特、稀有的产品就是百夫长卡（Centurion Card，也叫“黑卡”，在国内也有发行）。虽说此卡在国内只邀请，而不接受申请，但在美国大概门槛是每年刷卡消费高于 25 万美元，每年家庭收入则要超过 130 万美元。而百夫长卡也收取首年年费 7500 美元，之后每年 2500 美元的年费。如此苛刻的要求，自然也会提供非凡服务。其中之一，就是 2015 年不断升级的 Centurion Lounge，这些美国境内主要城市的专属休息室可和国内银行的那些阴暗、陈旧的休息室不同。

美国机场每家 Centurion Lounge 都提供当地知名主厨的特色菜肴（比如纽约拉瓜迪亚机场的 Lounge 来自 Perry St. 餐厅的行政总厨 Cédric Vongerichten，而迈阿密的是名厨 Michelle Bernstein）。而每间 Lounge 的室内装饰、艺术品陈列也都来自当地元素。Lounge 内还有专人满足你的一切礼宾、助理需求。现在美国运通在美国西雅图、迈阿密、纽约、达拉斯、旧金山和拉斯维加斯 6 地运营此休息室，而这些目的地一多半你都能从国内直飞。

Starwood Lab

www.starwoodhotels.com

喜达屋不愧是全球最大的酒店及娱乐休闲集团之一，在其他酒店还在思忖新店地址或是酒店陈设的时候，喜达屋已经把目光投向了高度个性化的业务领域。2015 年初，喜达屋设立旗下全新的品牌创新实验室——Starwood Lab，地址选在了纽约曼哈顿的时装区。这是一个以设计为主导，希望将高科技思维融入喜达屋高度个性化业务的实验项目，而绿色和环保则是其中最重要的部分。为了强调自身以实际行动倡导环保的决心，喜达屋还为自己的创新实验室申请了 LEED 绿色建筑认证，并且明确提出：在 2020 年之前，要在全集团范围内实现能源消耗降低 20%，水资源消耗降低 30%，碳排放降低 30% 的目标。

除了科技，网络也是 Starwood Lab 设计的主线，在 Starwood Lab 的入口有一块智能镜子，当没有人靠近时，它就是一块数字显示器，播放喜达屋最新的视频、图片以及大量 UGC（用户生成内容）；内部楼梯上安装的数字吊灯，既是数字吊灯，又会实时更新酒店宾客们在推特上发布的消息；公共餐饮区则安置了 5 个数字相框，不断推送播放宾客们在 Instagram 上发布的照片。

Starwood Lab 的设计初衷就是推进不同职能部门之间的合作，培养创造力，正是在这样的环境下，喜达屋的员工们不断为喜达屋品牌注入新的活力。

Peek

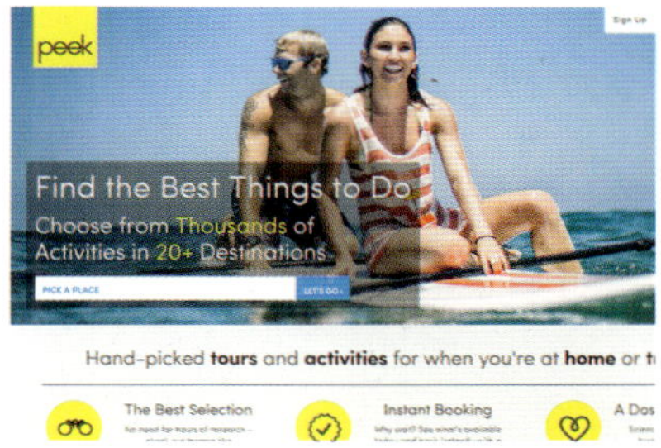

www.peek.com

如果去新的城市自助游，怎样能找到适合你的旅游项目？ Peek 就是连接你和这些旅游服务商的最好的桥梁。它试图解决的问题是，活动组织者通常规模不大，并且缺乏强大的网上服务。Peek 不是 tripadvisor、Yelp 这样的点评 App，而能够让你直接选择各种有趣的行程，在线下单。Peek 上的每一个活动都是由团队人工选择的，其中内容描述也由编辑精心制作。Peek 现在提供 20 多个城市的预订服务，主要都是美国城市，另外也包括墨西哥的 2 个城市和欧洲的伦敦、巴黎。每个城市的各种旅行项目又分为“Off the Beaten Path”（不走寻常路）、“Fun for Locals”（本地寻乐）等子门类。而即使你不预订行程，也可以看看 Peek 找当地达人制作的“完美的一天”的内容（比如你可以跟美国知名设计师 Nate Berkus 一起走一天芝加哥设计之旅）。Peek 大有来头，投资方包括 Twitter 和 Square 的联合创始人杰克·多西、谷歌执行董事长埃里克·施密特等。除了上网站以外，你还可以下载同名 App。

LoungeBuddy

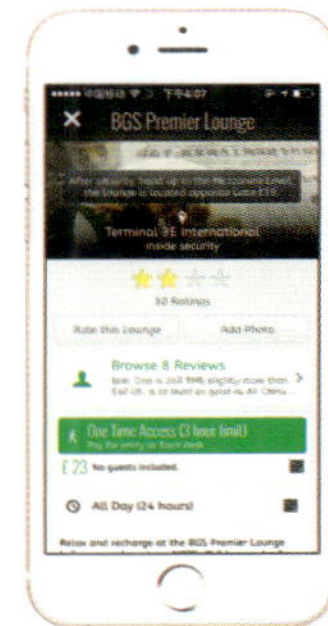

www.loungebuddy.com

创业者们都希望在行业中找到有利可图的切入点，LoungeBuddy 在旅游行业里发现了人们在机场寻找贵宾休息室的需求。如今的航空飞行在时间上的保障很少，基本所有人都曾在毫无征兆的情况下经历过延迟、航班取消一类的事情，让人猝不及防，于是就想在偌大的机场找到一处舒服又满意的贵宾休息室。然而这谈何容易？现在 LoungeBuddy 可以为人们解决这个难题。只要用户下载 LoungeBuddy 的 App，就可以在上面找到自己所在机场的休息室列表，里面有其他用户上传的评分、照片以及所在位置，更贴心的是还列出了不同消费项目的价目表。而 LoungeBuddy 最重要的功能是可以帮助用户提前预定机场休息室，只要输入行程安排、VIP 身份以及希望享受的服务类别，就可以提前挑选好自己到机场之后要在哪儿休息。从此，在人来人往的机场大厅奔忙着寻找一处休息室就可以成为历史了。LoungeBuddy 强调机场休息室不只为坐头等舱的用户服务，在他们看来，机场休息室应该属于所有人，每个人都应该可以在休息室里小憩或是喝一杯鸡尾酒呢！LoungeBuddy 推出之后受到热烈追捧，第一周每 6 小时就超过 1 万次的下载量让人惊叹，原来用户对机场休息室如此渴求，而在 82 个国家的应用商店，LoungeBuddy 也都挤进了旅行类应用排名的前十位。如今，它还成为第一批可以使用 Apple Pay 的旅行应用。

Spottly

Rosewood

www.spottly.com

你也许还不知道Spottly，但这款设计洋气的旅游指南＋社交平台 App 的团队其实来自于香港、北京和新加坡。在 Spottly 上，你可以添加难忘的生活足迹，发布照片或视频，将其编入自己的“主题列表”，并与他人分享。但更重要的是，Spottly 会保留更多当地的地址信息：只要当时你拍摄照片用的是 iPhone 自带相机，软件会自动保存当时的位置。而在 Spottly 上，照片下方也会显示当时具体名称与位置。Spottly 还可以为你在应用内提供实时导航，更方便找到标记的地点。不但在 15 个国家的苹果 App Store 内获得了“Best New App”称号，Spottly 还紧跟潮流推出了 Apple Watch 的应用：Spottly 考虑的是只在手表推送有用的信息，不需要你去互动。因此，你发现对自己有用的信息时可以立即收藏，对自己没用的只需瞄上一眼，这种模式非常适合现在的信息快餐式消费。

www.rosewoodhotels.com

即使你是刚刚进入奢侈旅行的初学者，也一定听说过 Rosewood。正如酒店品牌的核心 DNA“A sense of place”，全球 17 家 Rosewood 酒店都遍布在世界核心的门户位置，北京的 Rosewood 就位于呼家楼京广中心，紧邻环球金融中心、财富中心和国贸商圈。Rosewood 现在隶属于香港新世界集团，掌门人是郑裕彤的孙女、毕业于哈佛的才女郑志雯，于是 Rosewood 酒店处处都体现出上流社会对生活的理解与感悟：行李车，不仅有底部的托盘，在高处也多增加一根横杆，在运送衣服或是需要在上面搭东西时更加方便。在电梯厅等电梯时犹如进入了艺术展厅，比如北京 Rosewood 的电梯厅里都是巨幅的中国水墨画，当你醉心于欣赏画作时，不知不觉间电梯就来了。房间中在各个地方都放着精装书，而房间用品的配置自然也是最高规格，北京 Rosewood 房间中是 FERTT 的床上用品和浴袍以及全套 Narumi 高级瓷器，就连配备的矿泉水都是赏心悦目的 VOSS。这种对于细节的追求，总是能让人感受到温暖和尊重。

1 Hotels

安麓

www.1hotels.com

1 Hotels 的“1”字不是绿叶的脉络就是木干的纹理，从此细节你也可以看出这个全新的酒店品牌灵感来自自然。由喜达屋资本（Starwood Capital，喜达屋酒店集团母公司）投资创立的全新品牌 1 Hotels 希望能融合最好的环保设计和可持续建筑，并提供一流的舒适体验和服务。先在母国推出，第一家店是 2015 年开业的迈阿密 South Beach，之后是曼哈顿和布鲁克林分店。酒店设计讲究自然材质，从你床头的木到脚下的毛或棉；而自然光的运用也是特色之一。酒店软件也很讲究，水龙头流出的是最高等级的过滤水，房间内的洗护产品不含对羟基苯甲酸酯（Paraben），就连洗衣房干洗机都采用环保品牌。1 Hotels 的背后主使人 Barry Sternlicht 来头很大，他现在是喜达屋资本的主席。这个以创立“W”酒店品牌出名的大人物最新的孩子就是 1 Hotels，他说：“1 Hotels 的名字反映出我对只有一个世界的想法，我们有共同责任为子孙后代而去关护地球。”

www.ahnluh.com

要从中国的众多奢华酒店中挑选出一家最有特色的，安麓自然是绕不过去的。安麓在全国的 7 家酒店都建在自然文化胜地，从朱家角、会稽山，到千岛湖、都江堰，每一处选址要么有说不完的历史故事，要么有看不尽的山水风景。为了让酒店既能具有国际水准，又能和环境完美融合，安麓在酒店的建筑设计和室内装修装饰等方面，都尽量让传统与现代并存。就冲安麓把安徽的明代全木结构古建筑整体移建到朱家角，变成朱家角安麓的中心会馆“五凤楼”，便能感受到酒店的用心和诚意。在 1700 多年历史的朱家角，安麓不仅配备了现代化的水疗，也设置了中国特色的太极教练馆。住在酒店中任何一栋独栋客房都要用到 35 把钥匙。而到了会稽山，占地 9.2 公顷，取名自《兰亭集序》的兰亭安麓酒店中共有 35 栋别墅，每栋别墅的钥匙则升级到 99 把，里面的每一栋建筑都使用了明清两代徽派住宅、家居、雕刻等方面的收藏，兰亭安麓也因此成为安麓灵魂的标志性旗舰店。

PHILIPPE BROWN：在那么美不胜收的地方，没有前进的必要

Philippe Brown 就是“Brown+Hudson”中的 Brown。在伦敦、巴黎广告业工作一段时间后他就加入了奢华旅行公司。他口操熟练英、法、意、西语，还会些越南话和阿拉伯语。在走过全球各地后，GQ 跟他聊聊奇特的旅行安排。

GQ：Brown+Hudson 公司的主要业务和职能包括哪些？

PB：我们总部设在伦敦的旅行公司。Brown+Hudson 正在重塑全球最高品质旅行者对旅行的期待，用稀缺奢华的智慧、思想、创造力甚至是调查研究为他们服务，并且将这些运用在他们最宝贵的旅行时间中。在这之前，其他奢华旅行公司提供的“奢华”仅仅停留在高端酒店、高级游艇、私人飞机，或者是把保时捷、卡宴当作旅行套装的一部分出售。旅行公司本身并没有任何附加价值。

如今，这些全球最高品质的客户需要更加有内涵、更加充实丰富的旅行体验，而提供这样的旅行体验就需要我们这种更加合理、创新的商业模式。

如果你愿意接受这种说法，我们是治疗师和调查记者的结合体。我们和客户接触时更像是治疗师，我们会问他们许多问题，他们有时会觉得奇怪，但往往都会回答。之后我们会深挖他们的旅行历史，从中发现他们的怪癖、喜好、厌恶、愿望以及最深层的旅行动机和目标。在这之后，我们会变成调查记者，将注意力转移到他们希望去旅行的地点，用全新的、充满好奇的目光审视目的地。我们会思考那里的本质，重新审视它，然后思考一些原始的、不寻常的或是与众不同的方法，将这些带入我们客户的生命体验之中。我们经常会接触一些和旅行本身无关但是非常有趣的人，而他们往往会给这种旅行体验增加丰富的内涵。我们了解客户的故事，之后是目的地的故事，找这些故事的共同点——将两者结合，我们就能创造出个人化的旅行故事。

GQ：哪些特质将你们区别于其他奢华旅行机构？

PB：1. 我们对旅行计划的调查研究过程是其他任何旅行公司无法比拟的。远远比他们的更加广博和深入。我们有 45 个不同的研究资源。我们经常会涉猎些当地和旅行毫无瓜葛的人，但这些人恰恰有专业的、有价值的内涵值得分享。2. 我们在所有执行的项目中发明了“至少 85 小时”的理念。这恰恰是所有零散的商业旅行社的对立面，那些商

业旅行社追求速度、容量以及工作量。3. 行程安排最终会以硬皮书的方式呈现——1 本书甚至更多。4. 在客户出发之前，我们会预先跟每一个他们会接触到的人打好招呼。如果客户不喝酒，我们就会保证没有任何人递给他酒单，因为这就是完全无意义的行为，浪费客户时间。5. 另一个例子是我们对家庭旅行设计的概念，那是一个名为“征服者”的多维度旅行游戏。在家庭旅行中会采用我们能想到的合适的主题（土著文化、野外生存、自我保护、语言、舞蹈或是聚会），我们会为这个“棋盘游戏”设计布局和内容。每晚结束前，家庭都会掷骰子，掷到哪一面就决定了他们要做什么。晚上游戏的进程也会决定着接下来一天他们的行程安排。

GQ：在你所有的工作中，哪个工作是你觉得最有挑战的？

PB: 我们曾经接待过一对英国夫妇，他们想去冰岛。丈夫能量十足，每分钟可以说好多话，还想去爬冰川。妻子，相对而言就脆弱多了。她经历了一场罕见的疾病，后遗症是她没有短时记忆能力了。你可能某天和她见面，可是之后她对你没有任何印象。每天她都需要在全黑的环境中休息几个小时。而其他时间她也必须远离嘈杂环境以及那些会让她癫痫发作的诱因。我们和他们做访谈。在他们的旅行设计访谈中，我们发现客户对 007 邦德很热爱，而妻子则非常喜欢弹钢琴。我们开始做调查，设计他们的旅行，在头脑风暴中有人把冰岛和邦德联系起来——因此我们接触了詹姆斯·邦德的电影《择日而亡》冰岛部分的制作人。之后我们联系竖琴音乐厅，看他们能否在主舞台上放一架施坦威钢琴，并且让妻子上去为丈夫演奏两个小时。我们询问是否可以把演奏过程拍摄下来，这样没有短时记忆的妻子就可以获得在冰岛旅行永久的回忆。在这次旅行体验中，我们涉猎了和旅行完全无关的人，通过不同的运作方式，创造了完全不同的结果。简单说，我们打破了旅游的过程，从而创造出更有意义的旅游体验。

GQ：最好的呢？

PB： 这个英国最著名的对冲基金经理是个法国人。他只提前一个月让我们为他设计蜜月。而且之后他还需要到纽约参加马拉松。因此，他在蜜月的同时还要备战马拉松。我们安排的所有非洲住宿都有训练器材。之后，在开普敦，我们介绍他认识了一个运动医学专家——这可是一个参加了 50 多次马拉松比赛的老手了。我们同样雇佣了一些人，在他落脚的每个地方都画出跑步路线——同时有保安保证他在丛林中跑步时的安全。我们甚至还安排他和妻子见到了著名的德斯蒙德主教，主教也为他们的新婚祝福，就这样，这次旅行就成了他们“有史以来最好的”。

GQ：如果可以，你愿意给旅行者们提出哪 3 条建议？

PB： 1. 在做任何事情之前，先想想为什么你想旅行，一旦你旅行结束回到家，你希望自己感觉是什么样的。你是在寻找异国情调的感觉吗？还是私密性？冒险性？满足好奇心？想有点儿时间思考？还是只想要常规的放松？问自己这些问题可以让你集中思想，去联想那些能带给你想要的感觉的地方。2. 自己做一些调查研究。用互联网，同时也要用杂志、历史文本，问问专家意见和信任的朋友，或者看看博客。你找到的灵感来源越多，你的旅行就会越有趣。3. 要有善于质疑的开放心态。可以有些奇思妙想，并且把它变成你独有的。不要只做其他人都在做的。你不是其他人。与其用传统的导游，为什么不去问问你感兴趣的领域的专家呢？如果你热爱建筑，为什么不和建筑师一起逛逛香港？这样你可以通过他们，了解到香港生活的方方面面。

GQ：和我分享你印象最深刻的旅行经历？

PB： 几年前，我在地球的终点，阿根廷巴塔哥尼亚，度过了很长一段时间。我的落脚点是由一个母亲和女儿经营的小客栈。她们是早期芬兰移民者的后裔，四海为家。在这片残酷无情的陆地上，她们每天都和大自然抗争。偶尔我会被请进厨房帮她们做出名的金黄色奶酪蛋糕，但大多数时候都是要做更男人的洗盘子之类的活儿。之后，当有车进来时，我就是招待人员，帮忙送水，运用我的语言天赋，给他们一些旅行的建议。工作从来不像工作。这只是做点儿事情，我在那里学到了一种新的生活方式：在那么美不胜收的地方，没有前进的必要。

SERGEY PETROSSOV：让人们养成一个习惯非常困难，但也不是不可能的

Sergey Petrossov 是 JetSmarter 公司的 CEO，他回答问题时干脆利落的风格让人印象深刻。他用无可匹敌来形容阿联酋航空的头等舱，因此阿联酋航空的航线也成为他最喜欢的航线。

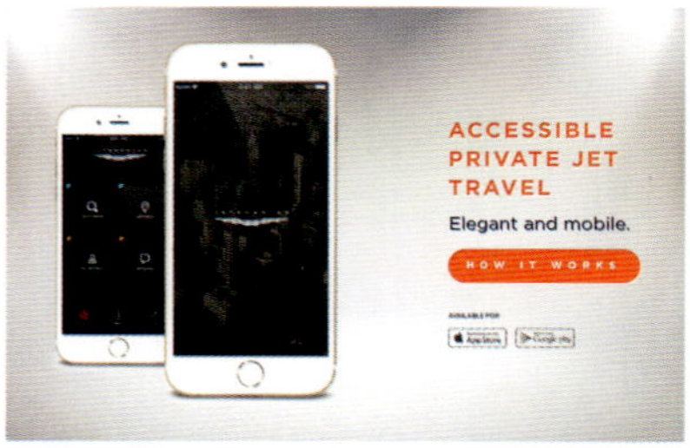

GQ：请告诉我们一些关于你们公司的事情，比如它是如何建立的等等。

SP：2012 年，我和那些已经建立起联系的航空公司的人聊天，讨论如果有一款租借私人飞机的 App，对私人飞机产业的影响会有多大。2012 年 8 月，我把它变为了现实：我发布了 JetSmarter 的测试版本，并把它分享给一些行业专家以及许多经常乘坐私人飞机的乘客。2013 年 3 月，JetSmarter 在全球推出。如今我们继续扩大范围，我们的首要任务是让私人航空产业更加吸引人，并且每个人都有能力参与和使用。目前，我们为用户提供以下 3 种服务：

JetCharters：用户可以根据目的地和希望搭乘的飞机来定制出行，并且让他们可以在全球任何地方租借飞机。

JetDeals：这是由 JetSmarter 独家提供的单程飞行，对会员免费，对 App 用户有一定折扣。

JetShuttles：这项服务使旅行者能够在已经订好的飞机上预先订个座位，这项服务目前适用于美国的某些航线，并且会在不久的将来渐渐扩展到更多城市。

GQ：哪些部分将你们和其他私人飞机中介公司以及那些刚创立的飞机共享公司区分开呢？

SP：JetSmarter 是唯一一家彻头彻尾从事私人飞机预订工作的公司。我们在全球有 800 多家航空公司合作伙伴，有超过 3000 架飞机可供利用，能够为我们的高端用户在任何时候提供私人飞机服务。从 2012 年问世以来，JetSmarter 已经将旅行产业解构，并把它变得更好，它已经让私人飞机成为大多数人可以接触的领域，而不是只为那 1% 的特殊人群服务。

GQ：在创立 JetSmarter 过程中，目前为止你们遇到最大的挑战是什么？

SP：在开发 App 的过程中，我们遇到的挑战是如何赢得新成员 / 用户的信任，因为他们不习惯在几秒钟之内就能预订一架私人飞机这件事。在 JetSmarter 之前，预订私人飞机必须是纯人工操作的。我们从中学到的是：让人们从无到有养成一个习惯是非常困难的，但也不是不可能的。

GQ：你能告诉旅行者们的 3 个最有用的建议是什么？

SP：下载 JetSmarter 的 App、成为 JetSmarter 的会员、下一次用 JetSmarter 的 App 预订私人飞机。

GQ：哪条航线在消费者选择私人飞行而不是商务飞行的时候是最受欢迎的？

SP：我们最受欢迎的航线在美国境内，是往返于迈阿密、纽约和洛杉矶之间的航线。

GQ：你最喜欢去哪里旅行？

SP：放松——加勒比、科罗拉多山脉、法国南部、迪拜或马尔代夫。商务——纽约市和伦敦。

GQ：全世界你最喜欢的 3 家酒店是哪些？

SP：迪拜的四季酒店（Four Seasons）、圣巴特的伊登洛克酒店（Eden Roc）、阿斯本的小内尔酒店（The Little Nell）。

GQ：如果你要选择国际商务旅行的航线，哪条航线是你最喜欢的？为什么？

SP：阿联酋航空，因为他们有无可匹敌的头等舱。

TODD BLIWISE：私人飞机和头等舱的价值对决

Todd Bliwise 才 27 岁，却在 4 年前就累积了百万里程。这个从 5 岁就开始飞商务舱的帅哥一直在定制旅行公司 Absolute Travel 担任要职，现在又成立了自己的公司 Avenue Apart。GQ 跟他聊聊怎样飞更好。

GQ：你的工作经历是怎样的？

TB： 毕业后，我去了意大利读研究生，借机去欧洲各地玩儿。然后我回到了加州做私人飞行这块儿，又为了解酒店运作去做了段酒店客户接待，之后才开始做自己的公司。

GQ: 在做私人飞机时，你学到了什么经验？

TB： 私人飞机领域竞争很激烈，美国有几百个经纪人，他们为 Blue Star Jets 这样的大公司工作，都是靠拿抽成。有客人要飞私人飞机，他们会算价格，然后看怎么提高价格。如果你要飞洛杉矶—旧金山，就不能提价，因为竞争非常激烈。如果你要飞洛杉矶—伦敦，就有可能提价。所以我学到很多这种策略。

GQ：洛杉矶—旧金山多少钱啊？

TB： 问题很好，要看你飞啥飞机：一般三类: 轻型飞机、中型飞机和重型飞机。轻型如 Citation、中型如 Hawker，当然 Gulfstream 就是重型机了。通常来讲，小型机一小时 1,750～3,500 美元，中型是 3,500～6,500 美元一小时，而重型飞机则是 6,500～11,000 美元。在小飞机当中，Lear 和 Citation 很受欢迎。Lear 顶棚矮，但速度很快；Citation 可以坐七八个人，对小型机来说不错了。我最爱的中型是 Hawker，飞机很漂亮，顶棚很高，座椅舒服。重型飞机而言，Gulfstream G550 就太棒了。

GQ：为什么很多明星不飞私人飞机呢？

TB： 飞同航线的头等和私飞的价钱差别是天文数字。如果你飞头等 Qantas 是 22,000 到 25,000 美元来回；如果是私人飞机，每小时是 1 万美元，你飞 10 小时还要停下来加油。来回 32 小时飞行，光税前就是 32 万美元。所以最少是 10 倍差别。

GQ：来聊聊商业航空吧，你心中最好的3家航空的头等、商务舱是？

TB：头等：阿提哈德的头等公寓太棒了。然后是国泰，之后是新加坡航空。商务舱，任何一个两侧没有单独座椅的都直接出局，任何2-2-2这种排列的都出局。排名是国泰、阿提哈德，新加坡的A380商务舱也很好，不过有好多客人反映它的座椅有点儿不平。不过阿提哈德虽然是1-2-1，但中间的2有的是两人有距离的，有的是座儿非常近的，你知道那种座椅。

GQ：最差的呢？

TB：国际航班来说，最差的之一就是美联航。达美航空有许多种座位布局，但是767型上的非常的狭窄，放下脚基本没有空间移动，我一点儿都不喜欢这个。汉莎747老式商务舱都不能平躺，任何一个不能平躺的商务舱都太差了。

GQ：为什么很多美国的航空公司这么差呢？

TB：好问题，而且我有答案。拿阿航可以做个比较，它的国际航班很棒，因为他们大多数的航班都是国际的。虽然我不知道具体的数据，但是美国的航空过半的航班都是国内的，所以他们花费大量的财力与时间在维护国内航班上，而不是国际航班……

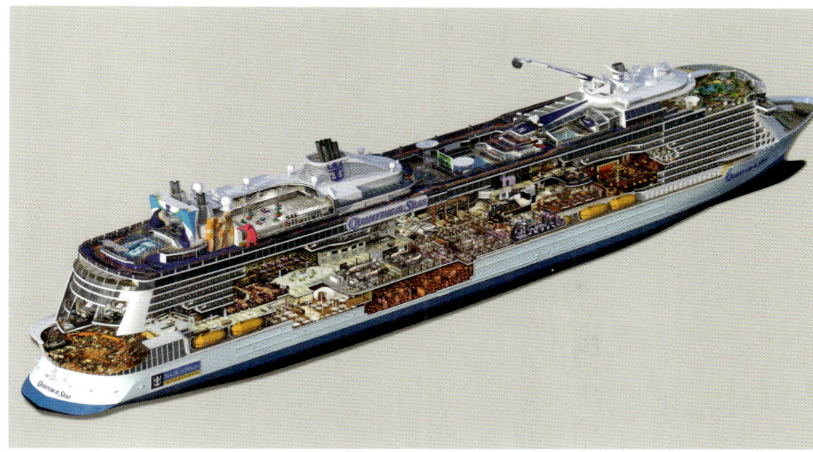

“海洋量子”号

登上“海洋量子”号（Quantum of the Seas），你就能看到游轮造船业的未来。这艘皇家加勒比公司的最新游轮长 348 米，重达 16.8 万吨，共有 18 层甲板，2090 间客房，可容纳 4180 名客人。吨位、房间数并非此游轮突破，其更多看点是在各个方面的创新。更好的是，在之前短暂停靠上海后，2015 年秋冬，这艘游轮还以天津为母港开启 3 个赴日韩的航线。

270°：恰如其名，位于 5 ～ 6 层的这个 3 层高的 Lounge 共有 270 度环绕观景玻璃。这里有 café，亦有全船最大的酒吧。如果阳光过晒，遮阳帘就会自动启动。夜幕降临，可移动的家具和空间隔挡将把此处变为一个完全不同的演出场地或舞池。而由 18 个高清投影仪投射组成的巨大屏幕则可以让你在海上看场大片。

North Star：用 360 度摇臂支撑的“北极星”,可以同时把多达 14 个客人升到距海平面近百米的空中，让你将船、大海和目的地尽收眼底。此项目在日出日落时需要收费。

甲板跳伞：船上的创新娱乐项目还有“甲板跳伞”：在一个七八米高的圆形透明玻璃柱内，你将能体验高空跳伞的刺激感。

虚拟阳台：一般船上最差的房间都是没有窗户的内部房，而“海洋量子”号的内向房则安装了“顶天立地”的 80 英寸高清电视屏幕实时直播船外景色，让你仿佛房间内多了个观景阳台。而如果你有钱，船内的复式套房则是让你震惊的另外一片天地。

الاتحاد
ETIHAD
AIRWAYS
ABU DHABI

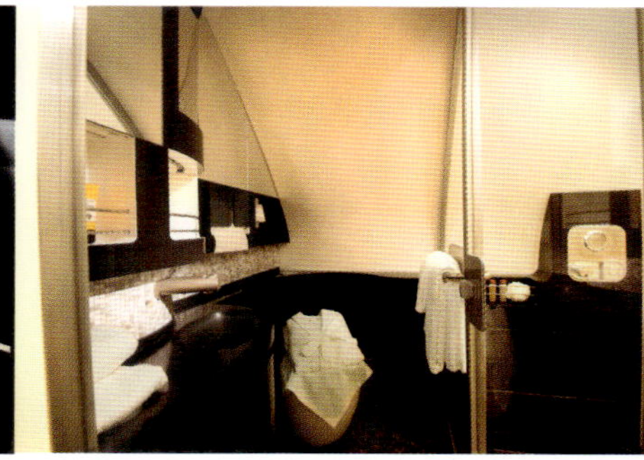

ETHIAD THREE-ROOM RESIDENCE

中东航空公司真的一个比一个奇葩，作为阿联酋的国家航空公司，阿提哈德就敢在空中实现商务航线的首个 A380 三间套房——这也被称为全球最豪华的空客。2014 年 12 月，阿提哈德的第一个 A380 航班投入运营，而 2015 年又增加了 5 班。首班 A380 的航线往返于阿联酋的阿布扎比和伦敦希思罗机场之间，之后又陆续增加了纽约、巴黎、墨尔本和悉尼等。

似乎只有三间套房这样的顶级配置才能配得上 A380 这样的豪华空客，而这种超大容量的套房设置又为 A380 增添了一份吸引力——虽然它本身的吸引力已经足够强大了。这次的三间套房面积达 11 平米，已经超出了头等舱的范畴，于是阿提哈德航空公司也放弃了“First Class”，改为称它“The Residence”，而以往的“First Class”则被称为“Apartments”。

“The Residence”位于机舱左侧，和楼梯纵向相邻。这三居室包括一间客厅、一个卧室以及一处独立卫生间。客厅中的两个座位，供客人在起飞和降落时坐在上面，卧室在三居室的最前端，而卫生间中还配有淋浴。不过卧室中没有窗户，这似乎是唯一值得诟病的一点了。

其中，除了“The Residence”中设有 2 个座位，头等舱中还有 9 个座位，同时还有 70 个商务舱位置和 417 个经济舱位置。

对于许多商务人士，如果在长途旅行入睡前能洗个热水澡，自然能大大提高睡眠的舒适程度。在阿提哈德的 A380 中，“The Residence”的乘客有单独的浴室，头等舱的 9 个乘客也共用一间浴室。

第一位住在 A380 三间套房中的乘客是意大利的一个牙膏生产商，他热衷于做第一个或是最后一个，即乘坐开航的第一班飞机或是停航前的最后一班飞机。于是他成为了“The Residence”的第一位体验者，而在此之前，他已经有了 22 次做第一班或是最后一班的经验了。

LA COMPAGNIE

作为法国的一家廉价航空公司，La Compagnie 颠覆了人们对廉航固有的印象，少花一些钱，但是不用多受罪。

能够被称为“史上最舒适的廉航”自有一番道理。La Compagnie 是全商务舱的飞机公司，飞机在通常可以摆放 235 个座位的机舱内仅设置了 74 个座位，不仅可以实现近乎于水平的平躺，而且全部带有按摩功能，这在其他的廉航飞机上可是连想都不要想——最多可以承受一下颠簸机舱的“按摩”？

同时，乘客在上面还可以享受米其林星级主厨 Christophe Langree 带来的美味料理，餐具则来自法国著名品牌 Caudalie。如果想在飞机上看看电影打发无聊时间，手边就有提前下载好各类视频和娱乐应用的三星平板电脑，供乘客放松消遣。

目前，La Compagnie 仅有从伦敦到纽约的航线，航线飞机为波音 757-200，每周飞行 6 次。

TRUNKSTER

如今，智能化的产品早已不单单是手机和家居产品，连行李箱这样的出行装备都已经开始了智能化的升级换代。Trunkster 就是一款智能化的行李箱，2015 年 1 月，它在 Kickstarter 网站上众筹到 140 万美元，迄今已接受了来自 100 多个国家的 1 万多名顾客的预购。

Trunkster 最重要的特点就是“无拉链”的设计，将传统的拉链式开关改为顶部的防水滑动门，这被视为自行李箱安装上滚轮之后，又一次颠覆性的创新设计。或许是目睹了许多旅客行李箱丢失后面临的窘境，Trunkster 特别在行李箱中植入了定位系统，只要是全球 GSM 信号覆盖的地方，都可以追踪到你的行李箱的位置。而为了避免旅客在托运行李时才发现超重，然后陷入“拿出来”还是“放进去”的无限纠结，Trunkster 设计了称重功能，只要拎起行李箱，就可以在顶部读出重量。

PROPER HOTEL

与其他酒店都要一直“向前看”不同，Proper Hotel 偏偏要回顾过去。在它眼里，曾经每个城市都有一家代表性酒店，这个酒店就像标志性建筑一样，往往是当地文化中最令人骄傲的部分——酒店中的员工尊重每一位顾客，竭力满足他们的要求。随着时间的推移，这种传统渐渐流失了，而 Proper Hotel 偏偏要把它找回来。

如今，Proper Hotel 在美国好莱坞、旧金山、洛杉矶和奥斯汀开了 4 家，每一家的设计都出自全球知名设计师之手，并且配有特别的主题。比如位于好莱坞的 Proper Hotel 的设计师就是美国顶尖室内设计女神 Kelly Wearstler，她用别致、简约的室内设计向好莱坞中世纪的设计风格致敬。

FOUR SEASONS JET

总部设在加拿大多伦多的四季酒店是世界知名的豪华酒店，它不仅遍及全球，同时也是许多商务人士的最爱。如今，四季将“奢华”从地上延展到云端，推出了四季酒店专属私人飞机，希望为客户提供更多服务，被称为“空中的奢华酒店”。

四季酒店私人飞机由波音 757 改造而来，整座飞机都带有四季元素：机身印有“Four Seasons”英文字样，机尾处则是四季酒店的品牌标志。飞机的内部设计也如四季酒店一般追求奢华与品质：可以放平的意大利皮椅上面铺着蒙古羊绒毛毯，Bose 耳机会服帖地靠在耳朵两侧，顶级香槟 Dom Perignon 也随时待命等待被品尝和召唤。

2015 年 2 月，52 位乘客和机组人员就乘坐四季私人飞机首次出发，从洛杉矶前往伦敦，途经泰姬陵、孟买和伊斯坦布尔等地，体验了首次四季环球之旅。

CENTURION LOUNGE

作为美国运通黑卡会员能够享受到的招牌服务，Centurion Lounge 在 2015 年不断升级，除了进一步完善以往的大屏电视、报刊阅读、电脑使用等常规服务外，正如前文提到的，美国机场每家 Centurion Lounge 都会提供当地知名主厨的特色菜肴，即使是一杯简单的饮料都有丰富的内涵。如果你在旧金山的 Lounge 点了一杯鸡尾酒，可千万别小看它，那可是由全美顶级调酒师 Jim Meehan 亲自调制而成的。而那些室内装饰、艺术品陈列也都来自当地元素，即使足不出户，你也能感受到纽约的现代便捷以及迈阿密的热情。

如今，美国运通的 Centurion Lounge 已经在西雅图、迈阿密、纽约、达拉斯、旧金山和拉斯维加斯运营，如果你从国内直飞到这里，又恰好是黑卡会员，千万记得留心体验一下。

ACT NOW

如何更好地在世界各地找到好酒店

要在世界各地找到好酒店，总是要讲究方法的。如果你常常觉得自己花了高额的花费，却没有换来舒服的享受，那你就要思考下自己找酒店的方法是不是存在偏差。

首先，你要确定旅游的目的地；其次，你要确定自己心目中最理想的住处，究竟是高档品牌酒店，还是民宿，抑或是豪华别墅。这是许多网站的分类标准。确定了心中最想住进哪一类住处，就可以更快找到合适的酒店，当然，如果你有自己最喜欢的品牌，比如 Rosewood 或是 W，那就更方便了；最后，你可以在不同酒店预订网站上找找看，你预期的酒店有没有相关折扣，或是合适的活动可以参与。这时，在哪些网站上浏览就变得非常重要。事实上，在个人出行、高端旅游如此盛行的今天，有许多网站都瞄准大家对酒店的需求，希望能在这个领域提供服务。我们搜集了许多这类网站，最终推荐下面这些给你：

TIP 1

Mr & Mrs Smith

如果想要找到好酒店，Mr & Mrs Smith 是一个可以经常去逛逛的网站，里面有大量的酒店折扣信息，在上面输入酒店的名字、要入住的日期等，就可以看到相关的信息。价格优势是 Mr & Mrs Smith 的主打特点，它认为自己是“最优惠折扣”的提供者，并表示“如果能在其他任何地方看到比这里更低的价格，告诉我们，我们会变得和它一样，并且为你下次入住支付 75 美元”。同时，Mr & Mrs Smith 和所有酒店达成一致，只要旅客是通过这个网站预订的酒店房间，那么在 check in 的时候就可以获得免费附加的产品：比如香槟、SPA 以及野餐等。

www.mrandmrssmith.com

TIP 2

Virtuoso

Virtuoso 是一家专门针对高端旅行的网站，在这里你既可以根据目的地来查看旅行攻略，学习制订旅行计划，同时还可以通过这个网站预订机票和酒店。不过 Virtuoso 最特别的地方在于它推出了名为“旅行建议师”（Trip Advisor）的服务，在这家网站看来，虽然在互联网时代，查资料变得迅速而便捷，但是专门的旅行建议师还是有他存在的价值：旅行建议师可以为你提供私人定制的旅行计划，旅行建议师们甚至知道在酒店的哪个房间可以获得最好的窗外景观，这样的资料在其他地方恐怕很难找到；同时，旅行建议师还认得全球各地的旅行向导，可以使游客在当地旅行时获得向导的帮助，也获得真正特别的旅行体验。而最重要的，找一名旅行建议师，可以让你内心更加踏实，因为旅行建议师会 24 小时全天候服务，而你要做的就只有放松和娱乐了——曾经有游客护照被水泡了，无法登机，万般无奈之下联系了自己的旅行建议师，显然，他迅速搞定了一切。

www.virtuoso.com

TIP 3

i-escape

如果你想带孩子一起全家出去旅游，i-escape 就会在这时显得非常重要。它可以帮助你在最快的时间找到适合全家出游的目的地，以及带有儿童特殊服务的酒店。网站说他们尽力呈现景点和酒店的原貌告诉大家，从而帮助所有人做决定。同时，他们希望帮助所有旅客找到隐藏的世外桃源。除了可以查询目的地信息、制作旅行指南等服务外，只要你点击“带孩子旅行”，网站就会自动为你筛选出适合全家共同出行的旅行路线，特别是包括适合亲子互动的旅行。“带孩子旅行”栏目的首页上收集了来自全球 50 多个国家近 900 家适合全家居住的酒店、公寓以及家庭旅馆等，可以帮助你更快速找到高档又合适的酒店。

www.i-escape.com

TIP 4

赞那度

这是一家国内的旅行网站，主要关注的是国内轻奢旅行的需求。除了可以在网站上查询酒店信息、目的地信息外，网站中设置有大量轻奢旅行团介绍：比如去冰岛的 10 天 8 晚冰火奇幻之旅，或是去南非的 10 天 9 晚狂野慢奢之旅，让你感受南非的千面魅力和万种风情。对行程的高度细分是赞那度最突出的特点，你可以在其中找到最适合你的旅行方案和成团信息。于是，在预订行程的部分，有海外自由行，有国内短假，也有专门提供定制化服务，如赞品定制和私人定制。同时，赞那度一年一度的“环球旅行体验大奖”也在吸引越来越多的关注和参加，每年 8 月到 9 月，赞那度都会针对酒店的不同部分，设施、服务、整体体验等，挑选出最佳的几处酒店，开展大量网友参与的业内评选活动，最终由网友参与投票评选出环球旅行体验大奖。

2015 年的环球旅行体验大奖评选了最梦幻泳池、最有范儿浴缸、最佳水疗康体、最新颖用餐体验等多个特别奖项，这些特别的奖项设置就十分吸引人，谁不想去看看最有范儿的浴缸究竟是什么样子的呢？

www.zanadu.cn

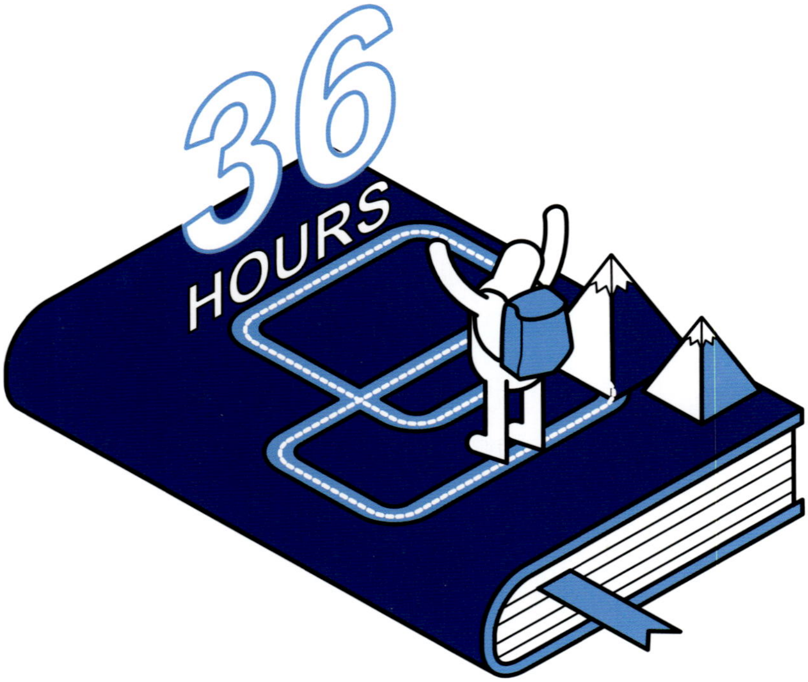

如何制作最适合你的高端个人旅游指南书

随着定制服务的日益发达，高端个人旅游已成为许多商务人士在休闲、放松时的最佳选择。在紧张繁忙的工作之余，可以通过定制服务或信息查询，制作出最适合自己的高端个人旅游指南书，享受最独特、也最符合自身的高端旅行体验。

首先，你要确定自己的旅行目的地以及可供旅行的时间：两者是相辅相成的，要根据时间的长短而选择目的地的远近，以及要去的目的地的数量。

其次，在确定目的地之后，就可以查询和目的地相关的资料：可以采用上网查询的办法，无论是国内还是国外都有相关的网站，了解目的地的自然与人文背景；同时也去旅游网站，仔细学习其他网友的旅游攻略，看能否从中获取有用信息。

最后，还可以购买相关的旅游指南书，目前已经有许多旅游指南书，按照不同地点分类，组成一整个旅游系列。以下 4 个系列都是很好的高端旅游指南，在制作适合自己的高端旅游指南书时，它们都值得成为不错的参考：

Tip 1

The New York Times: 36 Hours

《纽约时报：36 小时》

《纽约时报》的“36 小时”一直都是全球最受欢迎的旅游专栏，它会假定你只有 36 小时的时间认识和了解一座城市，然后向你推荐那些经过专业旅游编辑体验和筛选的，最值得游览和观赏的景点，以及最值得体验的旅游项目。

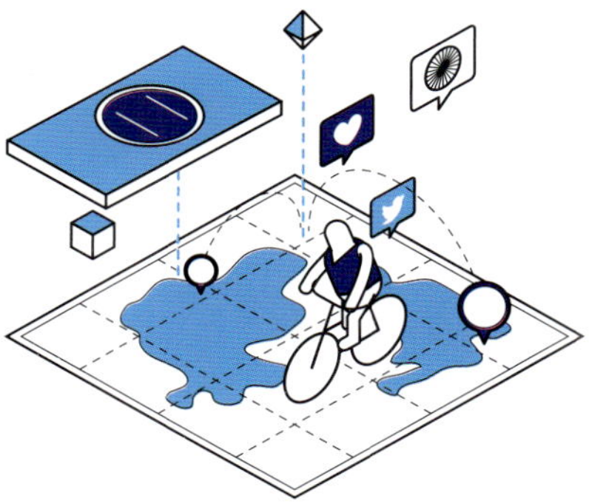

如今，这个专栏早已集结成册，变成了一整套的畅销书，而且还在不断更新中。每一部书都集中讲述 1 ～ 2 个国家各个城市的 36 小时旅行计划。当你要去这个国家或城市旅行时，买一本对应的《纽约时报：36 小时》，成为在制作高端个人旅游指南书时重要的参考资料，因为它可以告诉假期短暂、惜时如金的你，如何在有限的时间里，去看到最值得一看的景点，享受尽可能丰富的旅游体验。内容绝对丰富，在《纽约时报：36 小时》美国 & 加拿大系列中，就介绍了超过 600 家餐馆和 450 家酒店，并且都由编辑给出了实际可操作的建议。而全书中的近千张照片，也让你体会到最强烈的视觉享受，可别小看这些图片，都是来自最有经验的旅游编辑，而即使是一幅简单的插画，也都出自意大利著名插画师 Olimpia Zagnoli 之手。

Tip 2

Monocle Travel Guide
《Monocle 旅行指南》

提到 Monocle，几乎所有人都会想到它的多重身份：既是一本杂志，又是一家零售商，更是遍布全球的知名眼镜品牌。Monocle 杂志里对城市的介绍，既包括城市规划和城市设计等干货，同时还有许多神奇的闪光点。如今这些内容也已经结集成册，出版了纽约、伦敦、东京 3 个城市的旅游手册。

Monocle 总能挖掘出除了他们无人知晓的城市宝藏，所以如果你想在享受旅行的同时，多感受一些惊喜，那就要用它来完善你的旅行指南。比如它会告诉你，你应该带着外交官员去哪里吃早点，带着疲于奔命的商人去哪里喝一杯深夜鸡尾酒，或是如何能长时间获得优质的服务。关于纽约的 Monocle 旅行指南就是如此，里面的每个出行建议都渗透着他们对纽约这座城市深刻的理解，随便翻开一处都能收获一份惊喜：它会带你去顶级的奢华酒店，但也同时会带你去一个普通的两星级旅馆；它会让你去尝尝当地一家小酒馆的精酿，就因为那里有个服务生了解这种工艺，而绝对不会让你去那些最新、最贵、最有名气，但毫无内涵的夜店里寻欢作乐。

Tip 3

City Cycling Guides
《城市骑行指南书》

全球最著名的骑行公司 Rapha 一直不断尝试在自行车的两个轮子上探索整个欧洲，而它们的探索也确实到达了前所未有的深度。Rapha 把这些骑行的经验编辑成一系列《城市骑行指南书》，里面不仅有大量骑行目的地介绍，还有许多骑行者的骑行经验汇总。Rapha 特地把这套书做成“口袋书”的模样，就希望你随身带在身边，即使正在骑行中，也可以随时翻出来看看，答疑解惑，或者确定下一段旅游的目的地。每一本书都经过设计师的整体设计，结合每个城市的特点，赋予这本指南书最独特的审美价值。

事实上，只要你能合理利用书里面的地图和介绍，就能在自行车上探索到城市的特殊之处。如果你是骑行的爱好者，那么在设计自己的旅行指南书时，千万不要忘记这份参考。目前已经出版的包括阿姆斯特丹、巴塞罗那、柏林、伦敦、米兰 & 巴黎、安特卫普 & 根特、哥本哈根等 8 本。

Tip 4

Cool Cities

Cool Cities 是一本关于城市中最时尚的酒店、餐馆、咖啡厅等休闲去处的系列指南书，目前已经出版的包括柏林、伦敦、罗马、纽约、巴黎、巴塞罗那等等。整本书中不仅包括城市中的大量彩照、注意事项，同时还有大量旅游中可能会用到的干货信息，让你不会错失城市的任何一点儿精彩。

特别要提到的是，*Cool Cities* 对每个城市的介绍都包括单独两本杂志，其中之一是“生活方式”篇，里面会介绍城市中的大量酒店、餐厅、商场、酒吧等，另一本则是“艺术、建筑和设计”篇，带有浓浓的艺术气息，感受城市的设计之美。如果你想让自己的旅行变得更加休闲，感受更多的生活方式，*Cool Cities* 的建议一定必不可少。

LIFE STYLE INVESTMENT

绿地

佳士得国际地产

www.greenlandsc.com

现在你出国置业可以看到一个熟悉的名字——绿地，国内发展势头强劲的绿地公司如今在国际房地产市场也是玩得顺风顺水。在澳大利亚，其项目尚未开盘即被全球客源争相订购；在韩国，即将建成“济州最高双子塔”的城市新地标；在美国，紧邻新建的巴克莱球场以及布鲁克林最大的购物中心，是纽约20年来最大规模的房地产单体项目……目前，绿地旗下企业及项目遍及北京、上海、广州等80多个中国城市以及美国、英国、德国、澳大利亚、加拿大、韩国、泰国、马来西亚等海外9国12城。

成立23年，绿地已在全球范围内构筑了“以房地产开发为主业，大基建、大金融、大消费等新兴产业并举发展”的多元格局，并成功在国内A股整体上市及部分资产香港H股上市，同时位列2015年《财富》世界企业500强第258位。绿地正在持续发挥自己在房地产、金融、地铁等多领域的领先优势，努力从“中国的绿地”变成“世界的绿地”。

www.christiesrealestate.com

提起佳士得，可能更多人熟悉的是它世界著名艺术品拍卖行的头衔。也难怪，这家1766年由詹姆士·佳士得（James Christie）在伦敦创立的公司，拍品汇集了来自全球各地的珍罕艺术品、名表、珠宝首饰、汽车和名酒等精品，已经是世界上历史最悠久的艺术品拍卖行了。

同样在高端房产领域赫赫有名的还有佳士得国际地产，这是一个邀请制的联合行销网络，旗下成员均是奢侈地产领域世界最为知名和优秀的专业房产代理。它在伦敦、纽约、香港、比弗利山庄、莫斯科、棕榈滩均设有办事处，为有需要的人寻找世界上最舒适、豪华、讲究的地产。在全球47个国家拥有超过135家旗下分支机构，房产经纪人约32,000名，随时准备提供高品质的服务。

Knight Frank

Mirvac

www.knightfrank.com

在 1896 年创立于伦敦的莱坊是世界上最大的私营房地产顾问和咨询公司之一，如今，总部设在伦敦贝克街 55 号的莱坊通过与以纽约为基地的地产公司 Newmark Grubb Knight Frank 的伙伴关系，在全球六大洲 55 个国家设有 370 个办事处。集团聘有超过 12,000 名专业人士，每年管理总值逾 1.4 万亿美元（相等于 9,210 亿英镑）的商业、农业及住宅物业，并向各大业主、买家、发展商、投资者及企业客户提供专业建议。其中住宅物业买卖是其核心业务，如果你跟英国人提起莱坊，他们的第一反应就是高端住宅物业代理商，卖的是酒庄、英式庄园、海岛、城市中心顶层公寓、阿尔卑斯山的滑雪木屋、加勒比海别墅，客户往往是皇室侯爵、中东和俄罗斯富豪、顶级体育和娱乐界明星。

在百年的地产经纪业务中，莱坊是唯一售卖过世界七大奇迹之一巨石阵的代理公司，私人买家购入后，后来其家族将它捐献给了政府。曾担任英国首相的丘吉尔先生也曾是莱坊的客户，他委任莱坊为其出售房产之后，莱坊又很快帮助他购入了新的居所。此外莱坊还提供世界领先的房产市场研究和观察报告，这些报告都可以在其网站免费下载。其中《财富报告》是其旗舰型刊物，到 2015 年为止已发行 9 年。

www.mirvac.com

Mirvac 是全澳大利亚最久负盛名、最顶尖的地产开发商。成立 40 多年，获奖无数。在澳大利亚，Mirvac 甚至已经成为一个标志、一种象征。任何项目一旦冠以此名，就意味着其从选址、到质量，再到环保，都会令人满意。以至于这家公司 3 成的新房买家都是回头客，可见其口碑之好。

虽然历史悠久，但是不断创新却是这家公司的注脚。仅 2015 年一年，由它设计建筑的 Yarra Point 和 8 Chifley 就分别获得了 2015 HIA CSR National Housing Awards 和 Australian Development of the Year at the PCA / Rider Levett Bucknall Awards。其中的 Yarra Point 已经数度获奖，归功于精准的设计，这座位于最宜居的城市墨尔本 DOCKLAND 区的豪华公寓 95% 的房源都能看到水景。更令人瞠目结舌的是，Mirvac 甚至为这处房产设置了游艇码头服务，居住在这里的衣食住行 Mirvac 都一手操办，而且细节做得无可挑剔。所以，这家公司被苛刻的 BRW Most Innovative Companies Awards 评选为 2015 Best Innovation Program 也就不足为奇了。

Vivint

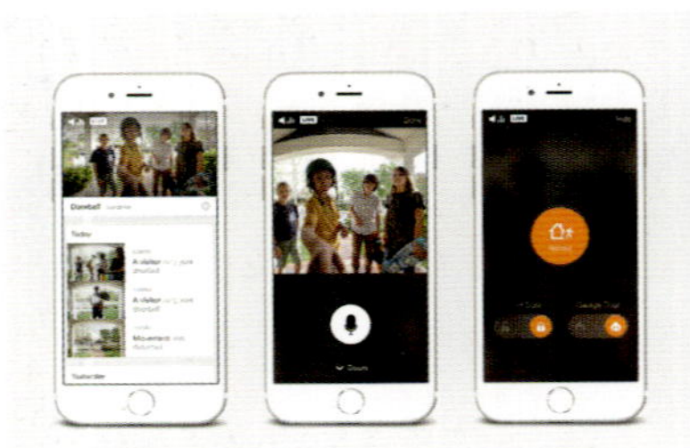

Zillow

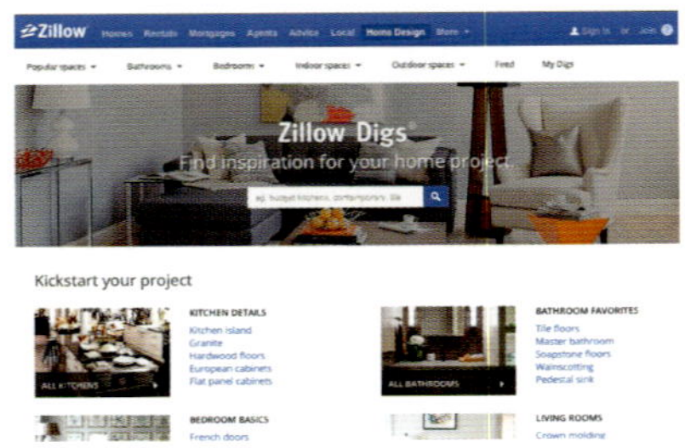

www.vivint.com

也许你知道被谷歌收购的 NEST，但你不一定知道和它齐名的还有一家同样致力于家居自动化的公司，那就是位于美国犹他州的 Vivint。在 NEST 被谷歌收购后，Vivint 在关于未来家居智能的大市场内，仍独立坚挺地占据前排位置，显得尤为可贵。

和其他强调智能化的产品不同，Vivint 最大的特点在于强调家居生活的极简化。从家庭安全、能源管理、家居自动化，到云存储以及家居高速互联网计划，这些看似用冷冰冰的科技把家武装起来的产品在 Vivint 手里都变得充满简约却不简单的设计感。值得一提的是，Vivint 还获得过设计界的“奥斯卡”——国际红点设计大奖。兼具美感与实用的 Vivint 不但被简约家居生活的坚定拥护者青睐，资本与市场同样看好这个实力派，它还曾被评为福布斯美国年度最具潜力公司奖，现在有近百万用户每天都享受着 Vivint 的智能家居产品。

www.zillow.com

在美国，想知道你的家值多少钱，问中介、看市场都不一定靠谱。试试 Zillow，只要输入你的区号、地址、邮编就能得到令人满意的答案。这家创立于 2006 年、总部设在西雅图的房地产估价服务网站的诞生，对于房屋买卖双方而言都是一个天大的好消息。在这个共同的咨询平台上，买家可以利用 Zillow 比较房屋的价值，以最合理的价格买到心仪的房屋，避免花冤枉钱；卖家也会利用 Zillow 评估有效把控心理价位，尽量能以最高、最合适的价钱出售房屋。感人的是它还完全免费。

Zillow 致力在“家”的每个市场或者阶段中都刷新存在感。出租、购买、出售、投资以及家的改造。在循环往复的传统交易过程中，Zillow 希望能给更多消费者提供不同的信息和价值，让所有人都能遇到最适合自己的家。它本身超过 11 亿美国房屋资料吸引了成千上万的地产机构与 Zillow 合作，网站、iOS、安卓客户端一应俱全，都在共同推动这个市场开发出的新潜力。2015 年，他们的 CEO Spencer Rascoff 的第一本书 *Zillow Talk* 一经出版就登上了《纽约时报》的畅销书榜，Zillow 越来越为人熟知，同时也越来越离不开。

StreetEasy

Crestron

www.streeteasy.com

想在纽约市用最快的速度租到自己最心仪的房子？你必须试试StreetEasy。和Zillow同年成立，在纽约市自成一派的StreetEasy是面向房客和房主提供空闲房屋信息搜索的公司。只要你给它指派任一信息，比如社区、公共交通和公园距离等，你想用多少钱租，它就能提供最精确的信息搜索结果。在这里，你甚至还可以搜索到纽约免费的房屋地产，刚到这里人生地不熟，这种服务再贴心不过。如果你选择了“save the research”功能，还会在一段时间内每日都收到与此相关的推送，直到你选到最心仪的房子。

有趣的是，创办7年后，StreetEasy被Zillow收购，成为Zillow集团的子品牌。与高大全的Zillow不同，StreetEasy专注社区策略，对纽约本土房产市场的熟络让它成为Zillow集团不可替代的一部分。现在这家公司还提供与公寓、合作社、新开发区和豪华房地产相关的信息。

www.crestronasia.com

自1995年在香港成立，40多年来，Crestron一直是世界领先的先进的控制和自动化系统制造商。它致力于将房屋和建筑物集成在一个开放的平台，如果说智能家居很多时候是单个智慧创新的产物，那Crestron所致力于的就是让房屋与房屋之间，可以随时随地沟通与无缝协作，它的创新从某种程度上来讲重塑了人们的生活和工作方式，又像是一位不为人所知的幕后英雄。

作为总部设在亚洲的公司，Crestron在亚洲具有不可替代的领导地位，并且为亚洲地区提供直接的销售和技术支持。现在仅仅在亚洲，Crestron已经覆盖了23个地区。

佳士得：城市最中心已经不再是高端地产的投资方向

佳士得不仅是世界上历史最悠久、最具盛名的拍卖行的名字，佳士得也是世界上最顶尖的豪宅的代理商之一。到底什么是高端地产，全球的投资趋势是什么，如果你想买房，从佳士得的角度会建议怎么做？我们找到了丹·科恩（Dan Conn），拥有丰富资产管理经验的他，现任佳士得国际地产 CEO。请他来跟我们讲讲佳士得眼中的世界高端地产，他甚至还亲自推荐了伦敦现在最值得入手的高端住宅！

GQ：可以简单介绍佳士得全球高端地产的发展吗？

Dan Conn：佳士得国际地产为全球领先艺术拍卖行佳士得所有，作为佳士得国际大家庭的一员，佳士得国际地产秉承母公司的品牌哲学：专业素养、客户关怀、酌情定价。经验证明，我们聚焦于在买卖高价值房产方面担任客户信任的顾问。我们的地产网络包括分布于 47 个国家的 32,000 位专业地产专家，提供国际服务，延伸至全球潜在豪华地产买家的能力更是无可匹敌的。

GQ：未来规划呢？

Dan Conn：我们目前的战略之一便是通过与全球新兴奢侈市场的本地经纪人联手，不断加强这一网络。在奢华地产项目中，我们对于与 Amillarah 私人浮岛的合作感到非常高兴，买家由此能够设计自己的岛屿天堂。

GQ：在佳士得国际地产看来，全球高端房产有着什么样的趋势？

Dan Conn：地产如同艺术品一样，已被证明是财富的避风港。除去短时的经济不稳定，全球重要奢侈地产市场仍然势头强劲。比如 2014 年，全球超过 80 个区域市场的奢侈地产销售额与上年同期相比增长了 16%，而 2015 年至今仍显示增长势头。在旧金山及丹佛等城市，有限的房屋存量不仅使得高端地产销售迅速，标价合理的地产项目更是引发了买家间的激烈竞价战争，这一点在中低端奢侈品市场部分表现得尤为突出。

市场的喜人可部分归因于全球经济改善带来的巨额财富的创造，百万富翁及亿万富翁的数量远超往昔。这些拥有极高乃至超高净值的个人不断关注到奢侈地产的内在价值——这种代表生活方式与热情的资产是可被用来欣赏和享受的。

GQ：如何看待高端房产的价值？

Dan Conn：我们都注意到，独一无二的尊贵宅邸近来日渐成为全球富人阶层的“必需品”。在拥有沃霍尔艺术品和布加迪跑车的同时，超级富豪们越发追求拥有建筑层面上的收藏品。眼光敏锐的买家既着眼于一处地产卓越的建筑架构，也将其视作成为居住在融合艺术与历史的宅邸的绝佳机会。

GQ：对于计划购置海外房产的中国人有什么建议吗？

Dan Conn：奢侈房产将持续作为一种安全而有魅力的金融资产投资方式。全球各大知名城市都有很多商业及休闲机会、政治及经济方面的稳定性，以及思维方式相近的财富人群集聚的地产，都将继续吸引全球富豪买家。

寻求本地房地产专业经纪的服务。通过与你所信任的当地房产经纪人合作，你可以获得奢侈品市场方面的有效帮助。比如佳士得国际地产在选择当地地产经纪时经过了非常严谨的筛选流程。

另一方面，奢侈品的界限已经有所延展：一度仅着眼于“最中心”地理位置及数量有限的买家们已经不再受传统意义上的知名房屋及尊贵地址观念的束缚。很多很精明的买家已经跨越传统意义上豪奢宅邸的界限，如果配套设施和生活方式令人满意，在新兴奢侈地段购置地产也是不错的选择。

比如在伦敦，奢侈地产已开始沿泰晤士河东移，最典型的代表便是三一广场 10 号（Ten Trinity Square），这个城市住宅开发项目包括一家四季酒店及高级服务式公寓、拉图庄红酒屋、私人俱乐部、Spa 及高端餐饮。公寓单元的质量可与海德公园 1 号（One Hyde Park）比肩，然而售价相比后者却优惠不少，这被目光敏锐的买家视作上佳的投资机会。

绿地：不止中国

绿地，是国内地产资本版图中不可或缺的重要部分。但是近些年我们听到的关于绿地更多的都是进军国外的新闻，并且做得相当风生水起。关于这一步是怎么迈出去的；你在国外置产，有哪些绿地的优质产业可以考虑，绿地控股董事长、总裁张玉良给出了解答。

GQ：绿地为什么开展海外业务？

张玉良：近年来，除了国内市场需求，我们可以看到，随着大量海外投资者、移民群体、境外游群体的涌现，中国消费者在海外市场的活跃度大幅提升，中国高收入人群在海外投资置业越来越多，国外房地产项目在国内一线城市的推广日趋频繁。整个市场环境和趋势告诉我们，有条件可以走出去了。

同时，在经济全球化和一体化的大背景下，中国企业必须学会在全球发展的坐标系中来思考和安排自身的发展。对绿地来说，跻身世界企业500强之后，有更高的自我期待和目标，所以我们提出了“20年后再出发”，瞄准了“世界企业200强”。而这也要求我们必须置身于更大的市场、更高的平台来寻求新的突破。而且绿地在资源获取及储备、品牌、政策上都具备优势。

GQ：关于绿地全球业务的未来规划以及在全球不同区域的重点是什么？

张玉良：绿地海外布局已进入美国、英国、德国、澳大利亚、加拿大、韩国、泰国、马来西亚等9国12城。

绿地国际化战略体现为几个关键词：一是区域深耕，目前绿地在悉尼、多伦多、济州岛均已形成多项目布局，同时在英国、美国积极寻求新的优质项目；二是全球客群，依托国内市场特别是富裕及中产阶层、“做中国市场的海外延伸”的销售模式，是绿地进入海外市场初期确保盈利的极佳切入点。目前，在巩固国内客群的基础上，美国、英国、马来西亚、加拿大等海外项目均在蓄客中大幅提升海外客户比重，对国内客群的依赖较先期显著降低。以英国项目为例，客源分布以英国为主，同时包括中东地区及澳大利亚、新加坡、马来西亚、中国等，华人客户仅占比15%左右；三是自主开发，绿地信奉自主经营，海外项目的核心管理团队基本由集团派驻，打造一批自有国际化运营管理的团队；四是多方共赢，我们认为，跨国投资中，多方共赢是走向可持续的唯一途径。我们正以实践惠及当地国及消费者。

GQ：在科技在家居生活中扮演越来越重要地位的今天，绿地有没有用什么全新的方式去定义这个行业、开发面向未来的住宅，或者去建立新的行业标准？

张玉良：企业需要通过新技术运用、资源整合等创新模式，创造有亮点、有卖点、有竞争力的产品推动行业和企业可持续成长。

例如，绿地集团近年来一直致力于全生命周期住宅的研发，特别是近两年发布国内首个“百年宅”产品，相关技术已在 10 多个项目落地，我觉得百年宅最大程度地实现了建设产业化、建筑长寿化、品质优良化以及绿色低碳化，代表了住宅产业未来发展的趋势与方向，对于推进生态宜居城市建设具有重要意义。

GQ：绿地如何在国外进行本土化的？

张玉良：以美国为例，对投资地而言，绿地海外投资，可以促进当地经济发展。与此同时，由于属地化经营，绿地在美投资也为上下游行业带来了商机。据初步统计，目前绿地在美项目共涉及 59 家合作伙伴，其中绝大多数是美国本土公司。比如，甘斯勒（Gensler）设计事务所、铁狮门（Tishman）均是我们在当地的合作伙伴。同时，也改善了当地就业状况。绿地在美投资为当地就业市场注入了活力和动力，特别是带动了金融、法律、咨询、建筑、建材等一系列行业和领域的就业。根据 EB5 项目初步测算，绿地在美国的两个项目投资开发过程中预计将直接创造约 2 万个就业岗位。除此之外，通过合作伙伴还将间接创造就业岗位约 1,200 个。最后，我们还提升了当地城市功能。作为一流的城市综合开发运营商，绿地通过项目投资开发，将显著提升当地的城市功能。不论是洛杉矶项目还是纽约项目，建成后都将与周边的环境和设施互为补充、相得益彰，完善城市空间布局，提升城市综合承载能力。

KNIGHT FRANK：我们是你全球性的独立房产顾问

不是地产投资界专业人士的可能没太听过 Knight Frank（莱坊）的大名，但是这家总部设在伦敦贝克街的企业却是众多世界重要地产报告的幕后推手。仅其发布的一本厚厚的 *The Wealth Report* 就炙手可热，是了解世界上最富的人都在怎么投资的重要渠道。除了报告和咨询工作，Knight Frank（莱坊）上海董事总经理葛汉文先生告诉你，这家曾帮丘吉尔打理过私人住宅的公司，也可以成为你全球房产投资的顾问。

GQ：Knight Frank 作为全球独立物业顾问，与其他行业内公司相比，其自身最大的特别之处是什么，优势是什么？

葛汉文：莱坊的独立性让我们成为高端住宅物业、商业物业顾问和代理服务当仁不让的选择。莱坊是住宅物业代理，也是商业物业代理，既是独立顾问，也是全球公司，没有一家其他的房地产顾问公司具有这样的特色。这让我们在多个方面别具一格。首先，这让我们能够有独特的渠道接触全球财富。我们和竞争对手一样，与主要全球机构投资者和基金管理者关系良好，但我们与另外一支日益重要的高端商业物业资产的购买者也关系密切，即高净值人群和私人基金。正是我们全球领先的住宅代理业务让我们可以直接与全球富裕人群接触。

其次，我们是独立私营公司，意味着我们的股东是地产行业的从业者，我们不需要担心股票市场的回报要求。这样我们可以用更长远的目光做出选择，将客户的利益放在第一位，着重建立长期的信任。我们在全球雇佣超过 13,500 名员工，在 55 个国家拥有 370 间办公室，这使得我们可以为客户提供无缝服务。

GQ：在科技创新、经济全球一体化的时代，Knight Frank 正在用什么全新的方式去定义这个行业或者去建立新的行业标准？都有什么全新的顾问方式？

葛汉文：莱坊打造了一流的技术平台提高我们的用户体验和业务透明度。比如说我们的网站提供住宅和商业物业市场的趋势和机会，提供超过 22 种语言。莱坊的报告也让我们在行业中始终处于研究领先地位，旗舰报告包括《全球城市》和《财富报告》。全球城市的发展越发依赖于高价值以及知识储备丰富的就业者，我们认为渗透各处的技术将催生很多经济机会和创造工作岗位，很多都会来自于现在根本就不存在的职位。我们的报告始终处在前沿地带，诠释像是数码革命、迅猛的技术发展和爆炸性的城市化会如何塑造地产趋势。

GQ：关于 Knight Frank 全球业务的未来规划，以及在全球不同区域的重点是什么？

葛汉文：莱坊的全球策略主要基于我们 4 条全球业务线：资本市场、住宅、租户代理 / 写字楼代理和估值业务。我们将会在全球的主要市场积极推进这些业务线。莱坊在亚太区 13 个国家设有 55 间办公室，雇佣超过 5,000 名员工，亚太区的业务是我们全球业务的重要组成部分。我们在已布局的市场看到迅猛增长的机会，尤其是中国和印度市场，我们同时也在搜寻新的市场机会。

GQ：Knight Frank 认为全球高端房产以及其他投资的发展趋势是什么？

葛汉文：在中国，我们定义一套总价超过人民币 2,000 万元的位于市区核心位置的住宅为豪宅，目前国内主要豪宅市场集中在北京、上海、广州以及深圳这几个一线城市，近几年这些城市的豪宅价格呈现持续走高的态势。

豪宅市场的活跃主要归因于以下几点：

第一，信贷利率宽松化、通胀水平的抬升带来的负利率效应，激发国内豪宅市场购买需求的提升，特别是一线城市，经济环境较其他城市稳定，物业保值性高，需求量大。以上海为例，最近一年一系列的降息降准政策已经将 5 年期的贷款基准利率降至 10 年内的最低，首套置业以及改善需求置业都出现明显增加，从市场交易量判断，已经连续两个季度交易量同比增长 50% 以上。以大宁地区的金茂雅苑为例，推出半年已经去化 60%，市场价格在每平方米人民币 75,000 元，而先前该板块的住宅价格只有每平方米人民币 40,000 元。

第二，土地市场的回暖，开发商对于豪宅市场未来发展乐观。最近住宅土地市场开发企业拿地都以高溢价率获得，开发商对于市场持积极态度。同时，最近出台的非普通住宅开发项目投资资本金比例由 30% 下降至 25% 的政策有望降低投资门槛，加大开发商对房产开发的投入意愿，进而加大豪宅市场的供应。

第三，国内投资渠道有限，在当前股市不利的情况下，高资产净值人士为避免自身资产缩水，转向于豪宅市场。经过之前几轮的楼市调控，豪宅市场已经回归理性，使得持有物业的投资者可以获得良好的回报。

因而未来一年内，豪宅市场有望迎来新一轮以政策利好为推动的价格快速上涨的行情，以上海为例，更多市场需求的释放可能会为上海豪宅价格带来 10% 左右的价格涨幅。

GQ：对于在海外有置业计划的中国人，Knight Frank 有什么实际的建议？

葛汉文：中国房地产投资主要的海外目的地（伦敦、纽约、旧金山、洛杉矶、多伦多、温哥华、悉尼和墨尔本）都呈现各种各样的压力因素，如汇率波动、保护性措施以及处于房地产周期的不同阶段。我们首先为客户提供投资目的、预算、风险门槛和退出方案这几方面的咨询。然后我们会分析市场基本面、购买流程以及投资机会。我们认为客户需要充分了解这些市场的动力因素，像是价格周期、规划要求和相关的法律和规定。

BROADLINK：我们要造出更聪明的家

从今天起，提到智能家居不要只记得 NEST 了。作为国内最早进入智能家居行业的集成服务商，近年来 BroadLink 的蓬勃发展与互联网膨胀的速度颇为相似。早在 2013 年，BroadLink 通过推出智能插座、万能遥控等单品初获成功；而今，BroadLink 已经接入 150 多家家电厂商，同时覆盖了几乎所有一线家电品牌和品类，其 Wi-Fi 模块月出货量已达到 50 万片。拥有传奇经历的 BroadLink CEO 刘宗孺和 BroadLink 到底想怎么改变我们的生活，来看看。

GQ：请问 BroadLink 目前的经营目标是什么，未来打算扩展的领域和重点的产品？

刘宗孺： BroadLink 目前经营的目标是打造智能家居互联互通的生态圈，无论是自有的智能家居单品还是 BroadLink DNA 智能家电，都可以在同一系统下互联互通、条件联动、数据共享，可以用同一个超级 App 控制。BroadLink 还推出了“为智能家电而生”的 DNA Kit 开放平台，通过一套全平台通的傻瓜式方案，帮助厂家快速智能化。BroadLink 未来将继续深耕于智能家电市场，让老百姓每天使用的高频电器变得更聪明。

未来的重点产品是厨电智能化，我们会帮助厨电对接互联网菜单。智能厨电能够给用户带来实实在在的好处，不同于传统厨电只拥有固定按键，智能厨电在联网以后可以实时更新它的电控逻辑即互联网菜单，通过提供最优最美味的烹制方案，智能厨电做出来的菜将更好吃。再加上厨卫家电替换成本很低，用户也很容易接受。

GQ：BroadLink 如何看待现在的国内外智能家居市场？认为未来的发展方向是什么？

刘宗孺： 近两年，众多家电厂商、互联网

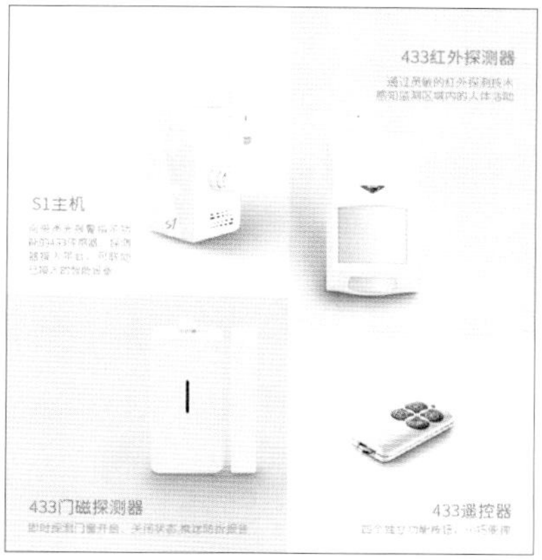

企业纷纷开始对智能家居谋篇布局、跑马圈地，发布了各自的战略计划，这种行业乱象可能还要持续 3 到 5 年。关于智能家居的标准之争，在海外毋庸置疑将仍是由 iOS 和 Android 操作系统主导市场。在国内，大致有这样几类做平台的企业：电商行业，如京东、阿里；互联网公司，如腾讯、百度、360、乐视等；家电巨头，如美的、格力、海尔、TCL 等；手机平台，如华为、联想、魅族、中兴、酷派等。平台和统一协议并非一蹴而就，演进过程将会使强势集团形成行业联盟，再上升成为行业标准，在未来的一段磨合期内，竞合关系将会长期存在。在国内，必然会出现我们自己的行业标准，至于国家是否会推出一个标准，标准最终到底是什么内容，什么时候推出，一切都还尚未可知，我们拭目以待。

智能家居未来的发展方向是人工智能。用手机控制是最原始的，只能叫远程控制家电，未来的智能家居产品一定是有自学习的功能。真正的智能是人工智能的引入。人工智能又分为两步，一是人机的自然交互，比如语音识别、语音控制，机器听懂用户的话，根据用户的指令去工作。二是当真正的人工智能到来，机器会自己思考，根据传感器的数据、使用习惯、偏好，帮助用户做决定，用户还没有想到，而机器已经服务好了。

GQ：BroadLink 觉得消费者的痛点在什么地方，最关键需要解决的问题是什么？

刘宗孺：痛点一：产品性价比低，用户学习成本高。产品功能与用户需求错位，用户很难接受价格不菲的整套装修方案，并不认为智能家居产品会给生活带来直观的改变。大部分用户的早期尝试基本是出于好奇与新鲜感，但最终都因为产品操作复杂、缺乏黏性抛弃了。所以，要通过真正好用的产品打动消费者，并把尝鲜的购买成本降到最低，用户在初次体验后，自然会喜欢并接受，同时将延伸关注新产品或者关联产品，再逐步添加其他智能设备。

痛点二：部分产品并非刚需。对于用户来说，智能的电动窗帘、灯光只是“nice to have”而非“must to have”，真正的刚需还是在于使生活中高频使用的东西变得更聪明，家用电器是人们每天都会接触到的物件。所以，智能家电相较于其他智能硬件更具备流行优势。

痛点三：产品不互通。我们对于智能家居的理解不是传统的灯光照明、电动窗帘、家庭安防、背景音乐这样的系统，而是依靠每一个解决用户痛点的单品去打动用户，并且可以去无限地拓展，这就是我们所提出的“模块化智能”。用户可以将任何一个智能插座、格兰仕的微波炉、松下的电饭煲作为享受智能家居的起点，并且不同品牌、不同品类的产品还可用同一个超级 App 控制。

GQ：设计、创新、实用，BroadLink 更在意什么？BroadLink 的产品从设计到生产出来，这一系列流程都是怎么样的？

刘宗孺：好的设计可以吸引眼球，让人产生购买欲望。任何产品都离不开创新，但关键要看创新点是在为用户着想还是想象出来的创新。BroadLink 更在意的还是实用，以厨电为例，智能电炖锅炖猪蹄与排骨所需的火候、时间不同，现在通过互联网菜单实时更新它的电控逻辑，让它可以自动按照菜肴最适合的方式烹饪。这样的产品为用户解决了实际的问题，这样的创新不是带来额外的麻烦，而是真正的好处。

BroadLink 的产品从设计到生产出来的流程会是这样的：市场调查→立项→样品→小批量→内测→公测→批量。

GQ：BroadLink 心目中理想的未来家庭生活图景是什么样的？

刘宗孺：我认为，智能家居分三步走：第一步，完成家电的联网控制，并且产品之间可以互联互通；第二步，加入传感器，与家电形成联动，通过传感器让家电、灯光、窗帘等自动感知运行，实现家庭自动化；第三步，则是通过人工智能，让设备学会自己“思考”，设备可以理解我想做的事，或是执行我要做的事。

BroadLink 心目中理想的未来家庭生活图景就是实现第三步：人工智能。用手机控制是最原始的，只能叫远程控制家电，未来的智能家居产品一定是有自学习的功能。真正的智能是人工智能的引入。人工智能又分为两步，一是自然的人机交互，比如语音识别、语音控制、人脸识别等，机器可以听懂用户的话，根据用户的指令去工作。二是，当真正的人工智能到来，机器会自己思考，根据传感器的数据、使用习惯、偏好，帮助用户做决定，用户还没有想到，而机器已经服务好了。当一个设备读懂你的时候才是真正的智能。

这一天到来还很漫长，但可以明显地看到所有的巨头已经开始着重布局。而要想达到这一真正的智能，前提是机器之间用同一种语言说话，BroadLink DNA 目前做的，就是这一最基础的工作。人工智能方面，BroadLink 也已做好了技术储备，更加“聪明”的家电产品有望得到进一步的落地。

8 CHIFLEY

和你听过或者见过的城市地标都不同，位于澳大利亚悉尼的 8 Chifley 从外观上就先赢了。这幢 34 层的办公大楼外部摒弃了传统的玻璃墙，红色的钢梁纵横交错，紧贴两侧的墙壁，地面配以同色灯带，未来感十足。楼层结构也十分独特，在两侧配有高架露台，其框架结构延伸在外侧。

真正创新的不止外表，还有革命性的办公布局概念。8 Chifley 的工作场所设计，重新定义了澳大利亚办公设计。7 个独特的垂直区域，大小不等，从 1,800 到 2,880 平方米，穿插在每个高层。充满戏剧性的垂直办公单元，每个高达 4 层，将框架结构里壮丽的城市景观一览无遗。这样的设计创造多出近一半的周边空间，增强自然光线的射入。

在高楼的第十八层，还有一个戏剧性的三层的空间，这些外部空间都在持续提供新鲜、创造性和鼓舞人心的工作环境。

这栋充满想象力的大楼由澳洲房地产巨头 Mirvac 建造，他们相信为员工提供卓越的工作环境，是吸引和留住人才的有效方式。

BATTERSEA 上重建的展望大道

废旧城市建筑如何重现活力？这里有个好例子，作为欧洲最大的砖墙结构建筑，规模足以轻松容纳500架大型喷气式客机的Battersea发电站，自1983年停止供电以来已经废弃了长达30多年。如今它重获新生。

或许你并不熟悉Battersea发电站这个名字，但是在《蝙蝠侠：黑暗骑士崛起》里你一定见过它，对，就是那片被烧焦的仓库。它还曾在《神探夏洛克》里客串过一次。真正让它全球走红的原因是它在Pink Floyd 1977年的畅销专辑*Animals*中作为封面出现。

这次枯木逢春的改造计划是打算以Battersea发电站为中心，在周围15万平方米的空间里，设置综合商店、咖啡厅、餐馆、艺术设施、办公空间及住宅等社区群落。

最近，最引人注目的“展望大道”设计图出炉，这栋建筑让人看到的第一眼就想高呼“Oh my god”。将来，位于电力大道东部的展望大道之上会林立5栋建筑，由曾被《名利场》杂志称赞为“本时代最重要的建筑师”的Frank Gehry设计。

建筑风格独特的雕塑立面灵感来自于伦敦著名的摄政公园别墅（由约翰·纳什设计）。每栋建筑都富有自身特色和风格，所有公寓均配有阳光房或私人露台，以提供最佳的采光和观景条件。

根据Battersea的设计图纸介绍，展望大道上将不会有任何两套公寓完全一致，所有公寓依立面而设计，顶层公寓属于两层复式公寓，楼层之间建有垂直开放式空间并有独具风格的楼梯将两层连接起来。在花园楼层也拥有双层空间的联排别墅。建筑末端部分还会有楼角公寓单元，可以观赏发电站的壮丽景观。

BROADLINK 智慧微管家

试想当你回到家，灯已经被自动打开，窗帘已拉上，空调已调至最适宜的温度，音响开始播放音乐。如果你还觉得这只存在于科幻电影中那就落伍了，在生活中，早已实现了这一切。通过 BroadLink 的智慧微管家设备，让设备间可以相互关联，多种场景随意组合，充满人工智能的智慧世界感觉触手可及了呢。

BroadLink 的智慧微管家设备包括主机、门磁探测器、红外探测器、遥控器。主机凭借灵敏的传感器，帮助你随时随地了解家里的环境状况。一旦门窗开合、人进入红外指定区域，传感器即被触发，及时收到来自系统的消息推送，或是可以联动智能设备上的家电自动开始工作。同时，主机最多可接入 16 个传感器，你可根据需求，DIY 自由组合扩展应用。

SONOS 无线音响

它是谁？它是在《华尔街日报》对全球市场上的 13 家无线家庭音响品牌及产品进行的评测中，一举打败 Bose、Definitive、Monster 等 11 家音响品牌以及 LG、三星这两个家庭影院巨头品牌，并征服《华尔街日报》作者，让其给出“无法超越”及“促进和引领全球无线音响技术的发展和普及”的极大好评的无线音响。

Sonos 擅长的无线音响技术让家庭音响系统从连线复杂、操作困难中解放出来，相较于别的无线播放系统，Sonos 更贴心也更智能，它允许不同房间播放不同的音乐，或者让所有房间播放同样的音乐，不管你想独乐乐还是众乐乐都可以满足。

对于罕见歌曲，Sonos 还支持全网无缝搜索功能，能在流媒体音频库和你自己的个人收藏中查找。

Sonos 支持的流媒体服务类型之丰富也让人叹为观止，国外主流的 Spotify、Pandora、Google Play、Amazon，甚至于最新发布的 Apple Music 都兼容；在国内包括 QQ 音乐、网易云音乐、虾米音乐、豆瓣音乐、多米音乐等在内也都可以使用——基本没有其他无线音响系统能做到这么内外兼修了。

LUNA 智能床垫套

想过让你的床也变聪明吗？在这个时代没什么不可以。Luna 智能床垫套只要你选好尺寸购买，把它套在你现有的床垫后，就相当于给普通床买了一个智慧外壳。你不但能全方位地了解自己的睡眠情况，它还能记录你的呼吸频率、心跳、体温等信息，Luna 还能学习你的睡眠习惯，自动为床垫加温或降温。如果你是两个人一起睡觉，Luna 的温控功能还能对左右两部分进行独立控制。

ZAMISMART 智能椅子

要花心思投资，积攒财富。也要关爱自己，让自己更健康。Zami Smart 智能椅子就是为此而生。这把金属椅子由设计师和骨科医生共同研发，拥有强大的矫正坐姿能力。其腿部嵌入了传感器，和配套的手机应用同步后，你就能够清楚地知道自己坐了多久以及坐姿是否正确。更贴心的是，你还可以查看它给出的坐姿调整建议，或者浏览练习视频，搭配 Apple Watch 更赞哦，开玩笑啦，但是能很大程度上缓解腰椎病倒是真的。

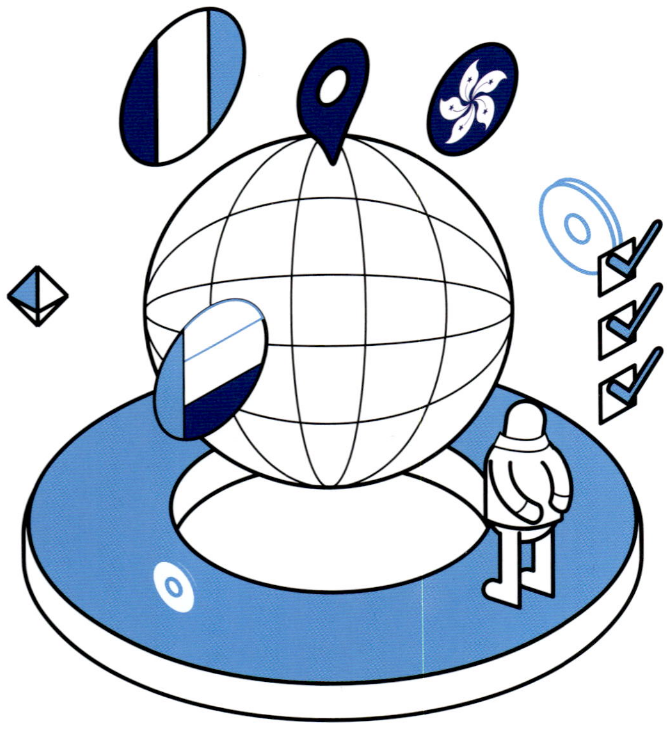

ACT NOW

如何在海外买房投资

首先，在投资前有些趋势你必须了解。

海外地产投资对象名列前茅的几乎都是欧洲国家。英国成为海外投资最受欢迎的国家，伦敦成为聚焦城市。而英国富豪则是在德国投资最大的群体，当然德国也是欧洲海外投资最受欢迎的第二大国家。

以 100 万美元能买几平米作为衡量房价的标准的话，摩纳哥以 17 平米位列全球第一，上海会比巴黎还贵，而北京则和洛杉矶、迈阿密比肩。摩纳哥、香港、伦敦、纽约、新加坡都是位于全球最贵房价城市的前列。随着全球新富豪的涌现，与过去全然不同的需求必然会产生，这将引发世界范围内国家与监管政策的改变。

（数据来源：The Wealth Report、Knight Frank 出品）

说完了富豪引领的全球大趋势，下面是海外买房的干货。从贷款到交钥匙，在国外要买一套房，得经历如此种种。

TIP1

确定在哪里买，看好房子

这句话看起来像是句废话，其实不然。手里有 300 万，投资机会短期内可能就这么一次，世界上有太多可投资的房产，你怎么选？你必须多方权衡自己的需求，确定最适合投资的地点。在众多影响购买选择的因素里面，除了个人的心理、需求、喜恶外，千万别忘了把各个国家或地区对于购房政策的限制政策搞清楚，否则只会耽误宝贵的市场契机。

海外部分城市购房政策限制评级

城市	主要限制内容	评级
迪拜	无	宽松
墨尔本	外检局的批准等	较为宽松
香港	提供资产证明等	较为宽松
纽约	居住证明、资产证明等	适度
巴黎	证明收入合法等	适度
新加坡	限制购买租屋	适度
吉隆坡	外来投资委员会、不允许购买低价物业	较紧
胡志明市	不允许非本国公民购房	严厉

TIP2

搞懂房价构成

房款：这个不用多说，多看看 Zillow 或者 StreetEasy，根据自己的需求填写不同的价格区间、地理位置要求，慢慢看，总能找到一处尽可能完美的住宅。

税金：但是，房款并不是终点，国外购房，税金永远是你要考虑的重点之一。而影响这项的有很多因素，主要因素在于国别。税金和环境、教育、安全等问题一样，都是直接影响到你对一处房产的购买选择，同理，它们也是房价升还是跌的重要因素之一。

海外与房产有关的税赋主要有契税、土地税、印花税以及增值税，欧美国家主要征收土地税，每年征收一次，到时税务部门会下达通知，缴纳的金额是根据政府委托的专业评估机构所做的市场评估确定的，税率一般在 1% ～ 2%，还有国家类似新加坡的税率可以达到 4%。

同理，出售房产时也要征税，主要是增值税，如澳大利亚最高会按增值部分的 45% 来征收。当然，迪拜又是一个例外，这个国家的富人不屑于收税，真正的零税负。

交易手续费：

算下来，海外购房都要支付总房价的 4% ～ 7% 不等的费用作为交易手续费，当然这里面包括了土地税金。除了土地税，还有很多零星的手续费积攒下来也是一笔数目，比如银行评估费、商业价值税、地产交易税、产权保险费、备案费用以及大楼储备基金和周转基金等。这些在一开始最好都询问清楚。

其他服务费：

海外购房一般需要律师全程陪同，以保证整个交易安全进行。当然他们是收费的，在美国，整个标准一般在 2500 ～ 3800 美元，新加坡则为每笔交易 2000 新币，马来西亚为 1000 美元左右。

附：海外部分城市购房税费表

城市	税费项目	收取标准
墨尔本	土地印花税、房产印花税、银行评估费、保险费、律师费等	约总房价的 6%
纽约	土地税、银行评估费、商业价值税、纽约州地产交易税、产权保险费、备案费用以及大楼储备基金和周转基金等	约总房价的 4% ～ 7%
巴黎	土地税、固定资产税、银行评估费、律师费等	约总房价的 6.5%，最高可至 10%
新加坡	土地税、印花税、律师费、保险费等	约总房价的 8%
香港	印花税、律师费、保险费、维修基金等	约 4% 到 7% 不等

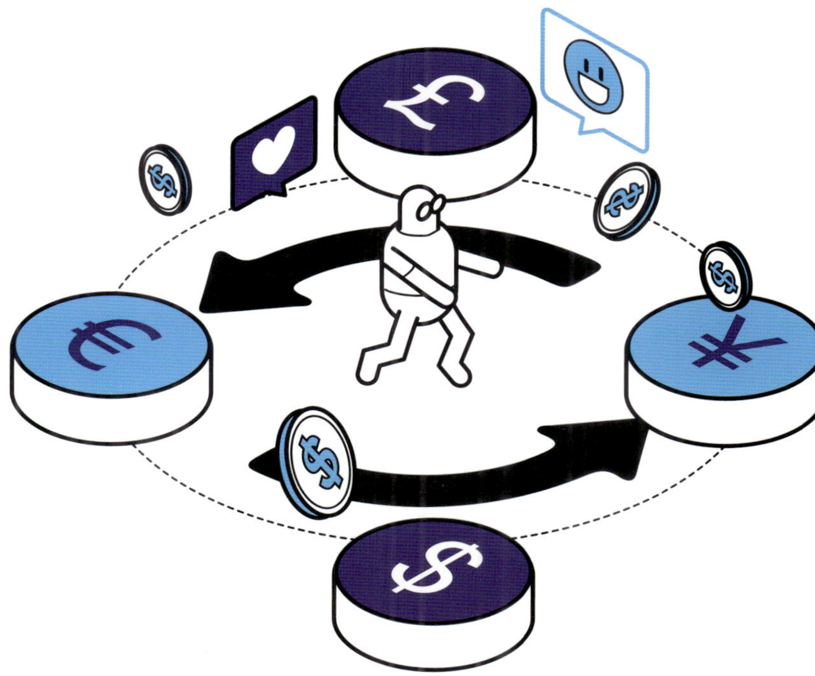

TIP3

咨询个人信用评级，解决贷款问题

海外非本国公民一般允许在当地办理购房按揭贷款，但是难度逐年增大。比如美国从 8 成的购房按揭贷款已经缩减至 6 成，首付由 20% 上升至 40%。法国、马来西亚等地，按揭贷款的申请更为困难，购房者要出具相应的资产证明，或者当地的收入证明。只有一处地方对国外购房者友好，那就是阿联酋的迪拜，很多当地银行依然提供高达 9 成的按揭贷款。

TIP4

找到合适的服务机构管理房产

这一点对于国外购房者至关重要。甚至很多时候，在当地寻得一家资质比较好的顾问公司，或者独立的顾问能让你的购买进程事半功倍。这里面包括一位财务顾问、设计顾问、销售顾问等。要知道在国外都是只认合同不认人，法律仲裁也是一切以合同为准的，所以千万要看清楚自己签的任何文件，不要看到是中文就开心签下去，很有可能前方就是精心布置的陷阱。

TIP5

留心当地免税优惠政策，规避外汇风险

外汇风险是在海外购房过程中经常遇到的，同时也是最容易在初期被忽略的。带着钱出去，因为外汇变动，生生少了一百万，回国也是憋屈。

除此之外，当地对投资的利好消息、免税等优惠政策也不妨利用，省下的费用也很可观哦。比如澳大利亚，购房贷款所产生的利息、装修翻新费用、赴澳考察房产的费用（主要为机票）、律师代理费、验房费等，都可以用来抵税。你要做的就是把这些与房产有关的发票都收集起来，出售房产时把它们全部交给会计事务所，由会计师来帮忙处理就可以啦。

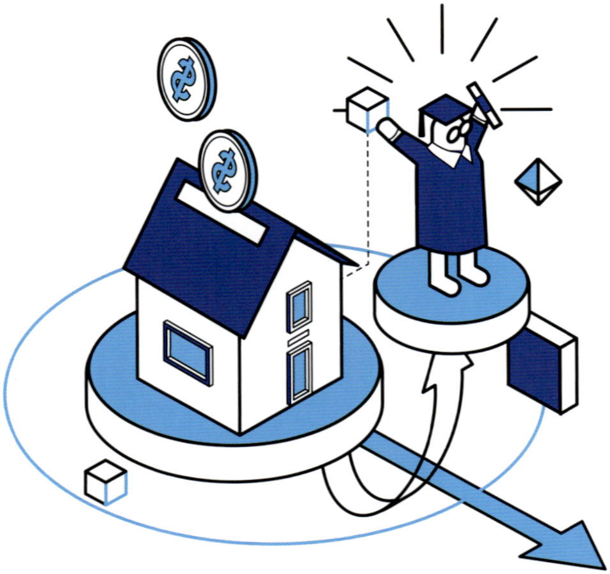

如何让购买房产不仅仅只为住?

纵观全球，身家 3,000 万美元的富豪中有 30% 的亚洲人和澳大利亚人都选择将买房作为一种投资手段，更有将近四分之一的富豪在 2015 年为自家添上了第三套房子。可见，投资海外房产仍然是一种被普遍认可的保值方式。

那么投资房产除了保值、居住外还有别的用途吗？实际上归结大部分人购买海外房产的用途，可以分为 3 种情况。首先是移民购房，海外房产主要用于自住；其次是投资需要；最后，子女在国外留学，其父母购买海外房产“以房养学”。

那如果买房不止入住需求，还可以有什么呢？

Tip1

以房养学

针对有出国留学子女的父母，这是最经济的投资方式。这个实现的前提就是国外的永久产权政策。

操作起来也很简单，首先通过购置海外房产，然后在子女读书期间可以自住。

当学业完成后，还可以利用房子的升值来补回留学费用，转手赚钱。

抑或者，先由父母购置房产，交由当地物管代管，将其出租，赚取子女留学的费用。

投资者们如果投资学生房，在某些热点地区，投资回报率能达到 10%。在纽约，学生房的投资回报率在所有大学城中是最高的，达到 9.4%。另据统计，伦敦市房产租金回报率整体稳定，平均保持在 5% 至 6%。目前，英国房价每年都会平稳增长 10% 至 20%，作为一项投资收益十分稳定。不过当“国际房东”也要时刻注意政策的变化，尽可能地降低和规避因当地政策产生的风险，千万不要买了房就觉得万事大吉了。

Tip2

移民

就移民而言，澳大利亚与新西兰的富豪成为移民欲望最低的群体，仅为 4%；与其相对的是俄罗斯富豪，35% 的人表示会长期规划移民。相对于平民，税是超富裕人群移民的主要原因，而对俄罗斯而言，大量富豪们迁出是由于不满教育与国家政策。

（数据来源：The Wealth Report、Knight Frank 出品）

老牌投资国家想靠单买房移民是没戏了，看看现在哪些国家还可以满足我们的选择。

西班牙

如果你是下面的任一种人，移民西班牙都非常适合你：

希望快速获得国外居留；

打算赴欧洲投资；

喜欢地中海气候和环境，有钱任性；

为子女教育打造好平台；

与欧洲有生意往来，希望通过持有申根身份自由穿行于欧洲大陆。

在西班牙，学区房和度假房都十分抢手。西班牙的教育资源是免费的，即使是公立大学，从本科到博士阶段都是免学费的，若到其他欧盟国家读大学，同样按照欧盟居民对待，学费减免。

度假房如瓦伦西亚的海滨城[illegible]阿利坎特的白色海岸），安达卢西[illegible]海滨沙滩（马拉加的马贝拉），以及海[illegible]（马略卡岛、伊比莎岛和加那利群岛）[illegible]是投资热门。

除此之外，西[illegible]的首府马德里以及次之的巴塞罗那[illegible]十分适合投资。

优[illegible] [illegible]008 年起西班牙房价下跌。

[illegible]势：移民语言环境要求较高。

希腊

已经屡次传出破产传言的希腊又出移民新政，希腊将对投资房产达到 25 万欧元（约合 174 万元人民币）以上的第三国公民授予永久居留权，同时放开房产可售、父母陪同申请等政策。

同时，对于父母一方在希腊合法居留满 5 年后在希腊出生并在希腊上学的孩子，可以申请希腊国籍；在希腊的高中毕业后在希腊的大学获得学位的孩子，也可申请希腊国籍。

当然，通过购房获得居留许可的人，还可以将房产转售给第三国想获得居留许可的人，不过原房产持有者将失去其之前因投资该房产获得的身份。

优势：门槛低。不跟北美、澳大利亚相比，希腊 25 万欧元、无须语言学历等要求，与西班牙、葡萄牙等欧盟国家 50 万欧元的优势都非常明显。

欧盟申根的优势毋庸置疑，持希腊护照免签 120 个国家和地区，同时在申根国生活 5 年以上就可申请欧盟永居资格。十分诱人。

劣势：希腊经济局势低迷不稳定，投资房产长期持有风险较大。

葡萄牙

和西班牙、希腊类似，葡萄牙既是欧盟国又是申根国，申请人不仅可以尽享 156 个国家免签，更可以自由畅行 26 个申根国。有数据显示，选择在欧洲购买房产的目标地区与欧盟国家公民度假目的地排名中，葡萄牙均名列前三。

优势：在葡萄牙买房移民政策中，投资人只需购买价值 50 万欧元（约 400 万人民币）的房产，投资人的配偶及未满 18 周岁的子女即可申请葡萄牙居留权，更让人心动的是，审理周期就不过 2 个月时间。

劣势：土地面积比西班牙等国小，投资选择有限。

新西兰

虽然新西兰的投资移民政策正在逐年收紧，但是还是划出不同档位，可选性很大。

如果你是有管理经验的普通高管，10 万纽币和 4 分的英文成绩就足矣。

如果你过不了英文关、职业关，还可以走 1000 万纽币以上的土豪移民路线，保证每年在风光迷人的新西兰居住 44 天就可以了，听起来，是不是也不是那么勉强呢？

同时，海外人士购房也可获得当地银行 60% 至 70% 的贷款，可用每月还利息不还本金的方式，在贷款年限内最后还本金，提高资本利用率。

优势：针对不同层次的移民制定不同的移民政策，方便选择。

劣势：语言、职业、居住时间等投资外约束因素较多。

xDrive
750Li
M CV 1154

属于 21 世纪的时代关键词毫无疑问将由科技当选。它既是这个时代人类智慧的完美呈现，也是人类趣味的集大成者，而比这些更重要的是：那些曾经被人们幻想过的未来之所以在慢慢成为现实，科技才是幕后推手。2016 年，它是那股让未来加速赶至的巨大力量，和每个人的生活发生着真切的联系。

智趣

070

科技

智趣相杂，妙不可言

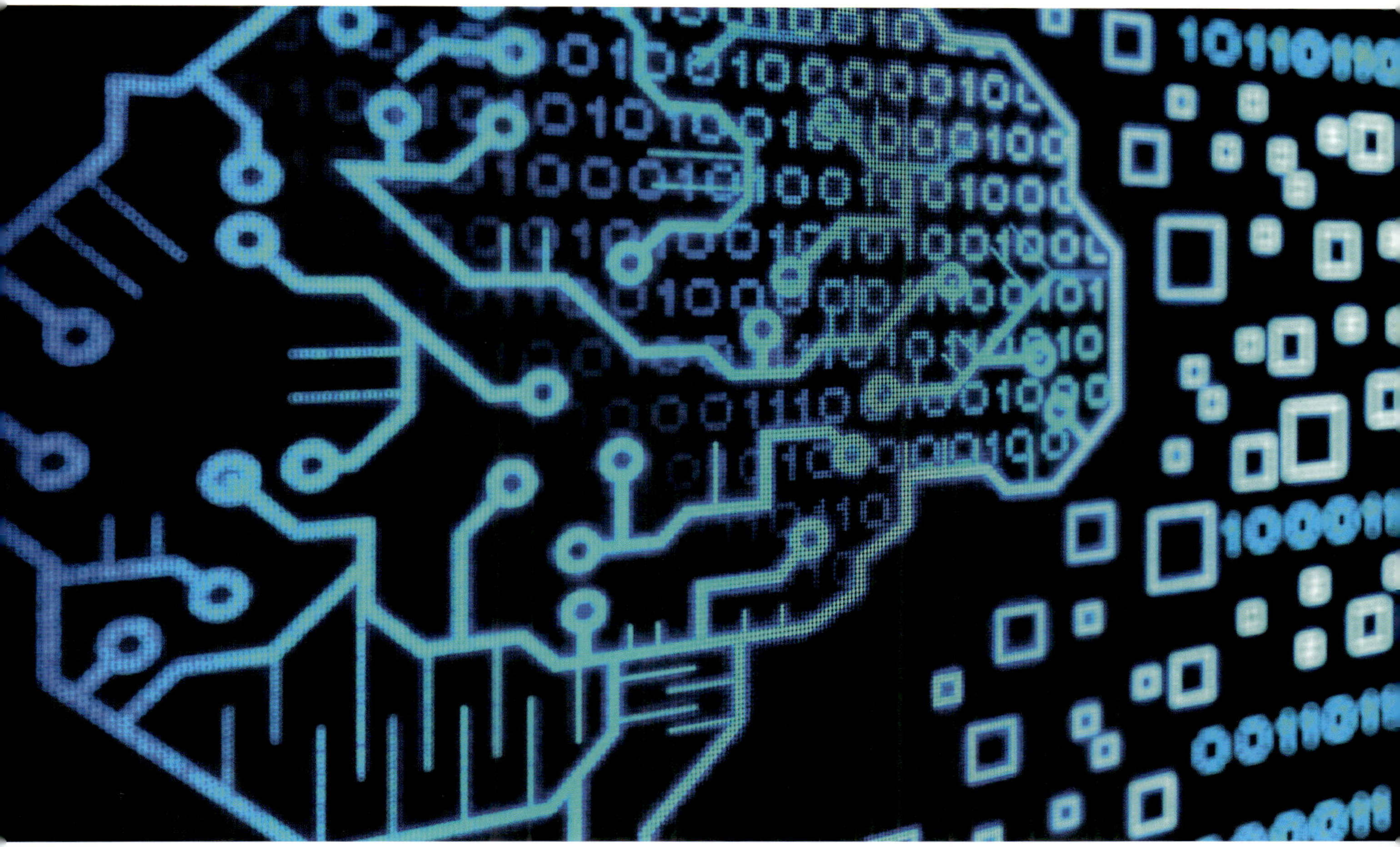

在美国应用物理学家、普林斯顿天文学博士麦克·哈特所著的《影响人类历史进程的 100 名人排行榜》(*The 100: A Ranking of the Most Influential Persons in History*)中，牛顿的名字出现在穆罕默德和耶稣之间，这位英国历史上最伟大也最有影响力的科学家位列榜单第二。

如果有兴趣深究下去，你还将在这个榜单里轻而易举地找到发明纸的蔡伦和提出相对论的爱因斯坦，以及那些曾经出现在我们中学走廊里的绝大多数科学明星，比如伽利略和达尔文；这里既有哥白尼的大名也不乏爱迪生的身影；甚至从发明蒸汽机的瓦特、把电话带到世界来的贝尔，直到量子力学的主要创始人海森堡一应俱全……

如果说科学是 21 世纪前对人类历史进程影响最为深远的推进因素，那么属于 21 世纪的时代关键词很可能会由科技当选。

在眼下的时间节点到来之前，人类似乎一直忙于探索世界和自我。我们把一切作为研究对象的事物理论化并为人类生活总结出一条又条的客观规律，用知识体系反映现实世界的现象本质和规律。随着革新思维的呼啸赶至，科技就是那款融合了有限的知识、技术和信息以及无限人类想象力的时代灵药。它把最前沿的东西拉近到我们眼前，渗透到生活的边角，一次又一次颠覆人类的思维、习惯，甚至认识世界的角度和审视生活的方式。

科技既是这个时代人类智慧的完美呈

现，也是人类趣味的集大成者。

至于那些曾给你留下深刻印象的科幻电影，每一处关于未来脑洞大开的神来之笔都堪称人类对于自身想象空间的无限探索。只不过这些想象并非凭空而来，它们沿着科技的脉络向前延展而去，时至今日甚至有不少在过去看来尚且属于无稽之谈的脑洞已在现实生活中一一得以印证。

至少 1968 年曾出现在电影《2001 太空漫游》里、宇航员们人手一部的平板电脑已经牢牢握在我们手里；而《碟中谍 4》里倾倒过不少观众的智能隐形眼镜在现实里也已经有了框架版；至于曾经出现在《星球大战》的全息影像视频通话，在几十年后的电影《阿凡达》里进化成了 3D 全息投影，再到如今也已在生活中落地。

置身时代洪流中，太多曾被人们幻想过的未来都在慢慢成为现实，科技就是那股驱动未来加速赶至的巨大力量，它时刻在为人类某种可能的生活方式提供着线索。

当然，被这种非凡智趣所驱动的不仅是人类历史进程，更有深入影响乃至颠覆我们生活的种种，比如你对优悦的认知——那些足够引人入胜的生活方式一次又一次出现在电影场景中：极富未来主义格调的流线型生活空间、充满金属光泽和强烈造型感的杯盘碗碟；苍白冷漠的极简主义或者被电路装饰的墙壁；你的朋友或者宠物很可能是个外星生物；而比这些更赞的是那个几乎能为你解决一切问题的人工智能以及靠折叠空间即可抵达的出行方式。

在有关科技的宏大命题下，享受的定义正在一次次被重新书写，人们生活方式中对于优悦的认知也在不断演进。当优悦不再仅

在有关科技的宏大命题下，享受的定义正在一次次被重新书写，人们生活方式中对于优悦的认知也在不断演进。

存于精湛技艺和卓越品质之内，它被更多地内化成为人类自身对于外物的感知以及和世界更新颖的连接方式。你是否在意识出现的一刻就更轻易地达成目的、得到反馈？或许是时候试着让人们挥挥手眨眨眼就能完成对物的指令了。

作为人与这个世界连接方式中的重要一种，无论何时，人们的主观意识、思考方式都深受媒体的影响。而近年来崛起的、对人类生活影响最为深远的新媒体也是科技人性化和时代趣味的体现。

订阅报纸或者守着电视看新闻的形式感已经可以向前追溯到我们的上上一代，而通过刷新网页来加速信息的时效性也已经成为明日黄花。而今移动互联的兴起让年轻一代热衷于从 VICE 上得到对外界的感知，管它世界是否下沉也要将狂欢进行到底；一切心怀好奇者都可以从知乎分享你的知识、经验以及见解；我们从 Spotify 上听音乐、用 Snapchat 分享“阅后即焚”的照片……

新媒体的诞生让媒体的内容、传播和构成都发生了前所未有的改变。

在这之外，新一代中国人对优悦的期望也早已不再局限于历史传承或手工技艺，科技带来的进步让我们真正拓宽了优悦的边界。

你或许还对电影《少数派报告》中汤姆•克鲁斯面向虚无的屏幕用手势操控电脑的场景念念不忘；而仅仅几年之后的《钢铁侠》里，手势操控已经摒弃了一切外物工具，被简化到直接通过滑动和手指缩放来实现；至于现在，人类已经拥有了不止一款设备可以达成类似体验。

至此，那些叱咤商场或生活的成功者最大的追求也追随科技的脚步进一步延伸到掌控与平衡——而在很多时候，一台好车就能让你重操生活主动权，比如全新宝马 7 系就为我们的现实生活提供了这种前所未有的、人类与座驾的连接方式：手势识别。这台车中，手势控制系统真正让人车交互方式实现了更多维度的联结，“隔空控制”已经从古老魔术的障眼法演进成为未来畅想，而此刻它真正落地为当下的科技力量。

这项技术让科幻电影里的场景又一次照进生活，也使得人与车的交流从此多了一个维度。而在这之外，源于科技的智慧和由此衍生的趣味在这台车上随处可见：全新人车交互方式的背后，蕴含着宝马工程师对驾驶者体验的关注和充分理解。关于“如何让车与人的联结方式更便捷、交互更自由”这个命题，被他们照进现实的未来畅享绝对不止一点。

全新宝马 7 系的智能触控钥匙通过对远程自动泊车技术的实现，让科幻电影中的“无人驾驶”不再是现代科技难以企及的图景；6 屏互动展示系统则为汽车开启了全新的互联移动终端时代，它的诞生让交互概念彻底融入生活，各个终端的联结已经无处不在；而在人类诉求中变得越来越重要的环保，也正在成为优悦的全新定义之一，宝马 eDrive 和自动双肾进气格栅在此领域也有着全新进步……

也许目前我们所能从一台车中感受到的更多是座驾对于生活局部的推进。但实际上，当它被批量产出并真正开进你的现实生活里时，还将彻底并入时代洪流驱动着优悦的概念来一次新的迭代，也引领一种即将切实改变人们驾驶行为的新趋势——就像我们此前无数次经历过的科技浪潮一样，智趣相杂，妙不可言，却极富时代精神。

投资界的伯乐如何寻“马”？

近年来，越来越多的年轻人挣脱体制的束缚，自主创业，奔向更辽阔、更自由的方向。然而，万马奔腾，谁为良骏？此时，能有善相马的伯乐识之、导之，方能让良驹脱颖而出，名就功成。

在投资领域，联想乐基金就堪称伯乐。成立5年以来，乐基金已经投资了三十多家公司，投资回报率每年保持100%的增长，70%的被投企业拿到下一轮投资，有1家已经成功上市，还有4～5家正在准备IPO。取得如此骄人的成绩，与联想乐基金董事总经理宋春雨的慧眼识人、远见卓识分不开。

宋春雨始终认为，永恒的竞争力就是创新，所以他特别喜欢投包括全新核心技术的核心竞争力项目，或是颠覆式的商业模式和创新的产品，而不会投现成的商业模式，即使它再赚钱。

以生物特征识别技术来说，5年之前，谁能想到它会应用到苹果手机上？而宋春雨当时就做出判断，这项智能化的技术未来一定会成为通用技术，并且将成为手机的标准功能。“那时我就想，当一个人足不出户，仅仅凭借在手机上录入指纹就可以解决缴费、充值、办理银行卡等等琐碎问题，这是多么方便而且美好的事情？”

在生物特征识别领域，宋春雨重点布局，联想乐基金一共投资了4家公司。美国硅谷公司NokNoK Labs研发的FIDO安全认证协议标准从2015年开始已经成为事实的国际标准，下一代Windows操作系统Windows10的生物特征安全认证，就会基于FIDO运行。在国内被投公司中，旷视科技（Face++）研发的基于deep learning技术的人脸识别技术更具先锋与未来感，为阿里巴巴集团所激赏，应用到人脸识别支付体系中。

“敢为天下先”，一直是宋春雨的投资原则，要么不投，要投就投资那些勇于创新、拥有颠覆性技术的公司。在他看来，创新虽然有很大的风险，但是一旦成功就会体现出巨大的用户和市场价值，而这些充满智趣的创新技术本身，将引领人们走向更美好的未来。

在投资赛道上，宋春雨一直追求着良好的节奏感与未来感：“每一年，我们在优选赛道里投10-15家公司。投资之前，我们会在这个领域里的所有公司都筛选一遍，选择最有潜力、最具未来感的1-2家；如果我们发现在这个赛道里还没有这种极具潜力的公司，就自己树立一个团队，完成这项事业。”

放眼未来，宋春雨构想，除了互联网金融、移动电商与O2O这些新赛道，还要包括智能机器人。现在，智能机器人已经不仅仅存在于宋春雨的工作中，更是成为了他生活中的一部分，琐碎的家务他统统交给家里的4个iRobot的智能机器人打理，自己和太太则是投身于各种有意义且有意思的活动中去。繁忙的工作本身就很占用时间，其余的光阴假若再被各种家务琐事牵绊，生活将是多么索然无趣？未来，万物智能，万物互联，将最大限度地解放人，宋春雨认为。

率先尝试一切新鲜事物

当生活变得越来越智能化，机器可以帮我们解决凡尘琐事，人又该到哪里去呢？

宋春雨给出的答案是去探索、去尝试，体验那些未曾见识过的新鲜事物。探险型的户外运动，如帆船、帆板、滑雪、骑行，皆是他的至爱；他也曾徒步西藏，也曾登临珠峰大本营，一览众山小。奇伟瑰丽的大自然风景，变化万千的风土人情，路上种种绝妙体验，不断引发他对未来人与人之间、人与物之间连接方式的无限畅想。

对于宋春雨这样拥有深厚技术背景的人来说，美国硅谷可谓心中的圣地。每年，他与乐基金团队都要在中国与美国之间往返数次，在此间不断收获创意灵感。一次商务访问，宋春雨注意到一家新兴公司Flipboard，

智慧，不只理性，还有情怀

将各种阅读资讯聚合在手机上，回国后他便找到乐基金的被投公司 ZAKER，建议它从收费电子杂志模式转型，做手机内容聚合阅读平台，进行个性化定制，内容免费。如今，ZAKER 已经成功完成业务模式转型，拥有 1.4 亿用户。

每逢闲暇，宋春雨就会参观位于硅谷的机器人公司 iRobot，见识到下一代机器人的布局和构造，叹为观止，认为它们超出了自己的想象，而他家的那 4 台 iRobot 机器人，也是他不远万里从美国背回来的。

是科技驱动着世界加速发展，那些充满奇思妙想的科技产品让生活在现代社会的我们拥有了前所未有的感官享受。每当有最新的技术与电子产品问世，宋春雨都会率先尝试、体验。

击音（iGene）耳机的出现，不仅使宋春雨找到了心仪的音乐工具，也让他找到了新的投资对象。这款由敲敲科技推出的智能 HI-FI 耳机，可以“敲”出音乐荷尔蒙：敲三下耳机，百万歌曲蜂拥而至，敲得次数越多，歌曲推送越精准，还能设置各种偏好；敲两下耳机，它会抓取歌词，自动生成音乐日记；与手机互联，在击音 App 里开启“觅友”模式，它会根据用户的偏好自动推荐好友。这些颠覆性的创新技术，深深吸引了宋春雨，并将敲敲科技视为联想乐基金物联网生态领域的重要成员。

世界上每时每刻都有无数新鲜的创意正在被思考、被践行，创业者们在革新和变化中寻求发展、筑建未来。宋春雨希望，联想乐基金努力为创业者们搭建平台，成为孕育未来商业新势力和颠覆者的摇篮。

智力活动本身就是对自己最高的奖赏

投资是宋春雨的工作，讲求投资回报；而在生活中，有些事情根本不会产生资本回报，他做起来依然乐此不疲，以享受过程为最大的满足，比如那些充满乐趣与挑战的研究工作。

高中以前，宋春雨曾经立志成为一位天文学家，而大学专业是自动控制，方向是航天器，偏宇航科学，不是面向天空，而是面向太空。他的太太则是清华大学博士，光电研究方向。深厚的学术背景与浓厚的学术兴趣，也让夫妻二人每年都会抽出时间研究一个当年最感兴趣的课题，不带任何功利目的。

多年以来，宋春雨就是常常这样不计投资地从事纯粹的智力活动，研究天文学、遗传学、绘画、书法，甚至研究癌症，他都引以为趣，将智力活动本身看做对自己最高的奖赏。他说，在研究的过程中，自己与那些卓越的思想、伟大的灵魂相遇，受益匪浅。“你看苏东坡，明明被贬官，却依然保持着高尚的人格魅力与真性情，而且善于自嘲。‘笑渐不闻声渐悄，多情却被无情恼’，不正是如此吗？”宋春雨说，这让自己懂得了，一个人的智慧并不仅仅限于理性判断，还包括他的胸襟、格局与情怀。

2013 年初，宋春雨夫妇又选了一个天文课题——希格斯粒子中的“上帝粒子”进行研究。根据 1964 年英国物理学家彼得·希格斯提出的论断，整组 60 个粒子中始终只有被戏称为“上帝粒子”的引力场粒子只是通过数学公式推算出来，而并没有被明确发现。宋春雨和太太经过一系列研究与探索，坚信希格斯粒子是一定存在的，宋春雨对太太说：“如果希格斯粒子被发现，希格斯一定会得诺贝尔奖。”时隔不久，就在当年 7 月 4 日，欧洲核子研究组织宣布发现希格斯粒子，而在那年年底，希格斯也真的拿到了诺贝尔物理学奖，和他提出这种理论相隔近半个世纪。当天晚上，夫妻两人开了一瓶波尔多红酒，为希格斯超越时代的智慧终获认可而感到欣慰。

2015 年，宋春雨夫妇有了宝宝，于是将研究课题转向遗传学。“我们最近正在看一本书，《生命是什么》。这是一部石破天惊的书，它奏响了揭示生命进化里遗传微观奥秘的先声，用量子力学的方法来研究遗传学，是薛定谔的跨界之作”宋春雨说，最终他们得出结论，“未来，人类一代比一代更加聪明，而且是指数级的聪明。”由此他也更加坚信进化论，相信我们的后辈有足够的智慧借助科技的力量，重新书写关于幸福与享受的定义。

Q+A

Q: 投资需要大的智慧，在您投资做抉择时，除了依据精准的分析，还要有什么？

A: 投资是科学，也是艺术。科学，要求你要有理性的分析、精准的判断；艺术，除了专业能力之外，还要花时间和你的团队磨合，深刻理解每个人的能力和特点，互动起来，找到那种默契的感觉。所以，我认为一个好的投资人，要把科学和艺术完美结合起来。

Q: 您所说的这种“艺术”还包括哪些方面？

A: 这种艺术包括一种情怀。在与那些创业者接触的过程中，他们身上的一些鲜明个性吸引着我，让我愿意与他们合作。比如我们投资的乐逗游戏，是中国最快 IPO 的公司，创始人陈湘宇也是最年轻的纳斯达克 IPO 公司 CEO。他克服了很多常人难以克服的困难，终于成为了去纳斯达克敲钟的中国最年轻的 CEO，这本身就是一种英雄的精神。这样的人创业可能要付出比别人多十倍的辛苦，让我很触动，见到他和他的公司时就决定要去帮助他。

另外还有一点，就是格局。投资是很跨界的，在做投资时，你要把很多关键的要素汇总起来，这就需要格局，需要很大的包容性。艺术家是什么？他要有弹性，在创作作品时抽取灵感，实现自己的作品。所以我说，投资要做到科学与艺术的统一，不是完全的机械与理性。

Q: 看似机械、理性的东西其实是包含极大的智慧与艺术性在里面的，比如汽车。在您看来，理想的汽车是什么样子的？

A: 我觉得汽车和投资很像，也要做到科技与艺术的完美结合，要有情怀。拿全新宝马 7 系来说，我认为它会吸引那些追求先锋感觉的人们，因为很多崭新的、高端的技术都在上面体现了。

在人机交互方面，坐在驾驶室里，你可以用规定手势控制导航和信息娱乐系统，比如旋转动作可调整音响音量，在空中点一下手指即可接听电话，而轻轻挥一挥手掌就会拒接来电；泊车时，当车辆以低于 35 千米 / 小时的时速寻找停车位时，系统会自动扫描适合的停车位，你只需要选定车位，剩下的工作就交给汽车，直至车辆停妥，到达目的地，你只管下车，用带显示屏的车钥匙遥控，它会自动泊车。

另外，我非常欣赏宝马的计算机辅助驾驶，虽然这项技术不是最近才有的，但却是我特别看重的，因为它可以让我时刻保持视觉的敏锐，就像做投资一样。

Q: 节能、环保已经成为这个时代的诉求，汽车自然也不能例外。您对于汽车与环保的关系怎么看？

A: 我认为插电式混合动力汽车、纯电动汽车会是未来的发展趋势。你看这次的全新宝马 7 系，它搭载 eDrive 技术，只要按下 eDrive 键，车辆会转入纯电动行驶。未来，我肯定会购入一辆环保节能的汽车。

Q: 除了这些，您期待未来的汽车还将出现哪些新元素？

A: 刚才也说到了，全新宝马 7 系在人工智能方面有了新突破，我希望未来这方面的突破出现更多，实现“万物智能”，而且遍布我们生活的每个角落。具体到汽车来说，比如一定条件下的无人驾驶，根据路况设定速度，将控制交给汽车；还有识别系统，当我坐进驾驶室，车就能识别出是我而不是我太太进来，熟悉我的各种习惯，匹配一个参数，为我调整座椅空间、后视镜角度、音乐电台，等等；再有，汽车可以智能化地为我制定行程，根据实时路况调整行车路线；作为商务人士，可能还会期待汽车成为自己的商务助手，比如接入电话会议，与同事和客户做随时的沟通。

我坚信科技改变世界，不仅提高我们的工作效率，也让我们的生活更加智慧、美好。

欢迎来到未来

Welcome to future travel

未来之所以成为未来，是因为人类的想象和创新。在当下，那些几年前甚至几十年前被人类畅想过的未来已经抵达眼前，新的未来又将带给我们怎样的期待？在这里我们将为你揭示其中属于科技力量的那一部分。时间走到今天，科技是人类发展中最重要的一股力量，它曾给我们的未来带来过最多的火花，更是那个让人类未来畅想落地的好方法。

1 无人驾驶实现了？

要知道，在当下，全新宝马7系的智能触控钥匙通过对远程自动泊车技术的实现，已经让科幻电影中的“无人驾驶”照进了现实。每一次酷炫创新背后也都蕴含着宝马工程师对驾驶者体验的关注和充分理解。

2 六屏互动展示系统

提问：目前哪项技术为汽车领域开启了全新的互联移动终端时代？是什么让交互概念彻底融入生活？

回答：那一定是全新宝马7系的6屏互动展示系统。它的诞生让交互概念更为彻底地融入了我们的生活之中，甚至在你尚未察觉的时候，就让各个终端的联结无处不在。

3 隔空控制

现在，有这样一台车，它的手势控制系统已经让人车交互方式实现了更多维度的联结，因为它的出现，“隔空控制”从古老魔术的障眼法演进成未来畅想，又在此刻真正落地为当下的科技力量。没错，帮你实现“隔空控制”的就是全新宝马7系，是它用手势控制系统完成了对最新科技力量的展现。

4

技能身体贴片

有才艺总能让人魅力大增，那些擅长舞蹈的、热衷于各类运动的人总是人群当中最闪亮的。要知道很多运动都是通过人靠不断训练而习得肌肉记忆的，有了技能习得型身体贴片，学会它们的时间将大大缩减，你可以尽情享受其中乐趣而不必让学习的过程占据过多时间。

5

空气动力悬停装置

这么长的名字，当它被用在生活里都能干吗？比如未来的生活越来越便捷，人类也越来越懒，当我们特别习惯足不出户的生活方式，外卖行业一定会越发壮大。从盒饭到最顶级的米其林餐厅料理都可以直抵您家。想想把高级餐厅的厨房悬停在您家窗口外给您现场制作料理的情景是多么诱人。

6

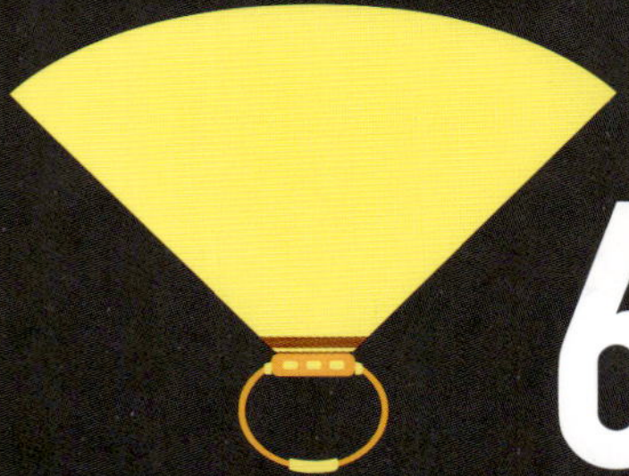

腕表 3D 投影

当3D投影技术终于被大规模应用于人类的日常生活之后，没有3D投影功能的腕表基本已经可以退出历史舞台了。随时随地的视频会议不在话下，在电商网站购物时看的也都是三维影像；而全角度前置摄像头的功能，不仅让你可以随时检查自己的仪表，连自拍都将在立体维度中完成。

影像记录隐形眼镜

与我们现在所佩戴的隐形眼镜最大的不同之处在于它的影像记录功能，戴上影像记录隐形眼镜终于可以实现所看即所得的拍照技能。它把随地留住美景变得不能更容易，从此以后再也没撅着屁股对着手机屏幕拍天空了。

可折叠机动车

随着全新的材质和全新设计理念被应用于工业设计，现有的空间利用概念也被一再颠覆。当机械材质可折叠之后，从汽车到直升机都可以折叠存储。停车难的问题终于迎刃而解了，人们再也不需要支付高价停车费，而随时随地找车位也不再是考验技术的难题。

视频打印技术

电影《哈利·波特》里加载了动图的报纸在当年一定让不少人心驰神往过。对着镜头凶狠咆哮的犯人、古灵阁里活灵活现的妖精……它们给阅读增添了不是一点生动。视频打印技术的诞生让我们生动起来也可以很随性，把动态影像随心所欲地打印在各种平面上是不是够酷？

作息调节床

现在你在用腕带监控自己的睡眠质量、作息规律甚至每天产生的一切数据吗？可是真正能每天根据数据指向调节自己生活规律的人真的不多。作息调节床的诞生就是为了辅助人类回归规律作息而诞生的——话说回来谁还没遇上过几次失眠呀，那滋味真的不好受。有了它不仅可以帮你制定睡眠时间、监控睡眠质量，还能通过科技手段解决失眠和晚睡拖延症。

随行光源

11

随行光源是一种可以实现与建筑材料一体化的感应发光材质，在未来，建筑材料内置入这种材质建造房屋，我们的生存空间内不再需要灯来完成照明。它可以感应人的所在和需求，根据实际功能区域的划分进行强弱程度不同的照明，由此杜绝光污染。同时更进一步的极简主义居室风格也可以靠它来实现。

拟态建筑材料

新型建筑材料的诞生让我们的房子不再需要承重墙。从此以后你可以随意改变家居空间，根据不同时期的使用需求在这一空间内布置自己家的格局，甚至只要你愿意，完全可以根据自己的情绪随时改变房子的构造。

智能收纳

这项发明一定会荣获年度主妇帮手大奖。有了它我们再也不用在收拾屋子之前先买一大堆《断舍离》的书了，智能收纳机可以完全扫描录入你家的实际状况，根据人类实际生活中总结出的收纳法则为你提供最优解决方案，并为整个家提供智能收纳的服务。

跟随式行李箱

这是未来生活的实用小物之一，跟随式行李箱可以为预先设定的主人提供实时追踪服务，设置跟随模式就能自己追随你移动。我们的生活里再也不会出现因为各种转场而拖着行李箱走到力竭的场景了，更棒的是它在追踪的同时还可以防丢哦。

DRIVE

Curise Automation

高速路自动驾驶套装研发者

www.getcruise.com

Google 凭借研发中的无人驾驶车比同行抢到了更多的媒体关注度，但这并不意味着 Google 是唯一一个从事这方面科技研发的公司。当 Google 为自己的无人驾驶车辆拼尽全力的时候，一家名为 Cruise Automation 的旧金山新晋科技公司也在从事相关领域的研发工作，但他们并没有像 Google 那样去制造一辆没有方向盘和油门踏板的无人驾驶车，而是创造了一款价值 $10,000、日后可以将任何车辆都升级成自动驾驶车的神奇装置。事实上，这家由一票麻省理工学院毕业生组建的年轻公司已经完成了这款自动驾驶装置的研发工作，并为它取名为“Cruise”，代号为 RP-1 的首款产品甚至进入了众筹阶段。整个装置凭借安装在车顶的“感应舱”和放置在后备箱中的电脑系统，可以“指挥”车辆完成高速路上的跟车、车道保持、自适应巡航等一系列工作，Google 和各个车厂在自动驾驶方面投入的精力激发了人们的热情，而这份热情正为这家公司带来首批用户，按 Cruise Automation CEO Kyle Vogt 的话说：“我们走在了（Google 与车厂）中间的空白地带，现在上路正是时候。”

700Bike

制造智能自行车的互联网公司

www.700store.com

当互联网巨头们还在梦想造车的时候，一家中国本土的互联网公司已经将他们的第一款车推向市场。在第一时间，我们也无法为这家名为 700Bike 的互联网新贵贴上合适的标签，它是一个网上社区，也是一家以单车生活方式为主要内容的媒体，同时还是国内第一款智能自行车的创造者。2012 年，由原久邦数码创始人张向东与合伙人联合创办了 700Bike，将其定义为“推广自行车文化”的互联网公司，但什么是自行车文化？怎么推广呢？很快，700Bike 用“北京复古骑行”“上海复古骑行”等活动回答了这个问题。700Bike 认为，骑行不止是一种运动，而是城市生活必然存在的一部分，一个关注风格、造型、装备、经历、运动以及生活方式的骑行网上社区 700Bike.com 因此快速成长。2015 年 7 月，在 700Bike 宣布获得 1500 万美元 A 轮融资之后的第 4 个月，第一批具有 GPS 定位功能、蓝牙模块、OLED 显示屏和松下发电花鼓的 700Bike 智能自行车“后街”正式发布。车子通过网上商店订购，车主不乏时尚大咖和创业明星，有趣的是，这些车主当中已经有人利用车子与手机 App 互联的 GPS 定位功能，成功找回了被窃的 700Bike 自行车。

BMW i8

领跑电动未来的梦幻座驾

www.bmw.com.cn

BMW i 系列一向以耳目一新的造型设计，和尤其注重可持续性发展的豪华汽车新理念闻名，是著名的造梦系列。作为新的 BMW i 系的第二款车型、BMW 集团第一款插电式混合动力车型，BMW i8 的上市意义重大。不仅仅因为其宝马特有 LifeDrive 车身结构、梦幻般的内饰设计、极具表现力的造型设计和那飞翼般翻转的车门。更因其在整个价值创造链中倡导的可持续性发展的造车方案。比如在碳纤维材料生产和车身的总装作业中都 100% 使用了可再生能源发电；虽然材料组件由可回收材料构成，但是视觉效果和触感仍然呈现出无与伦比的豪华质感；以及，BMW i8 整个寿命周期注重生态平衡所取得的成果和运用的方法也都通过了 TÜV SÜD 公司根据 ISO 14040/44 标准的认证。

有人称这是一款“十分先进又注重可持续发展的跑车”。在它身上，BMW 典型的 Sheer Driving Pleasure 风格得到淋漓尽致地诠释。

Segway

个人电动平衡载具的先驱

www.segway.com

当 Dean Kamen 在美国广播公司的《早安美国》节目中首次展示他的 Segway 时，声称这是“全世界第一辆能够自主平衡的人类运输工具”，14 年后，当你看到无数受 Segway 启发的个人电动平衡载具穿行于街头时，便可明白 Dean 当年的自豪之感。虽然公司的大权几度易手，但这并不影响 Segway 在个人电动平衡载具这个品类的世界领先地位。从最早的 Segway i167 到现在的 Segway i2 及 X2，Segway 不仅彻底改变了人们短途出行的方式，还改变了人们驾驭一台机器的方式：这台机器仿佛直接连接到驾驶者的大脑，没有油门和刹车，机器的前行后退依靠驾驶者控制身体重心的变化。仅重 38 千克的 Segway PT 依靠锂电池或镍氢电池可以承载 3 倍于自身重量的驾驶者及货物，以 20 千米每小时的速度行驶 15 到 20 千米。

GOGORO

实现换电概念的智能摩托制造者

www.gogoro.com

当特斯拉信誓旦旦地宣布 2014 年年底要为车主建立起换电站网络之后，车主们在 12 月只是收到了车辆“自动驾驶”的更新消息。从这点看，虽然 GOGORO 并不是世界上第一家提出“换电概念”的公司，但它有可能是第一家将概念变为现实的公司。在 2015 年 CES 展上，GOGORO 联合松下推出了他们的首个产品：Smartscooter（智能踏板摩托车）。如果你能亲眼见到职业车手用这款车的后轮烧出的阵阵青烟，那么当时你肯定不会认为这是一款依靠电力驱动的民用踏板摩托车：最高时速可达 95 千米每小时，0 到 50 千米每小时加速只要 4.2 秒。但这款车的精髓并不是电动的强悍性能，而是它是世界上首台不能充电的电动摩托车。每辆电动摩托车配备两块便携式电池，总共可以行驶 100 千米距离。当电池快耗尽的时候，手机 App 会引导用户前往最近的电池交换站 Go Stations 更换电池。只需要将旧电池放入，就可以更换新电池，整个过程不过几秒钟的时间。

Alcantara

全球豪华车内饰材质供应商

www.alcantara.com

为豪华座驾的内饰凸显豪华质感，往往伴随着名木与真皮，但座驾的“服饰”潮流与 T 台上的时尚别无两样，新材料的加入为豪华座驾品牌的衣橱增辉不少，碳纤维材质算其中之一，另一种你经常能在豪华车配置手册看到的新材料恐怕就是 Alcantara 了。这种读起来十分拗口但身价不菲的材料来自总部位于意大利米兰的同名公司，在来到中国之后才取了中文名“欧缔兰”。最早凭借出色的耐火性、耐用性和防滑性征战 F1 等赛车领域，后依靠无与伦比的触感和质感成为豪华汽车品牌、超级跑车品牌的内饰材料供应商，Alcantara 目前被广泛用作豪华座驾座椅、仪表台、门板以及顶篷的表面覆盖材料。现在，Alcantara 又将触手从汽车延伸到游艇、私人飞机、时尚成衣、室内设计与建筑业等领域。神奇的是，国际公认的德国认证机构 TüVSüD 为 Alcantara 颁发了针对整个生产流程实现的“碳中和”证书，意味着这个公司在生产过程中实现了零二氧化碳排放。

e 代泊

互联网思维下的无现金代客泊车服务

www.edaibo.com

一家上海网络科技公司找准了精英人群在城市驾车时的痛点：无法快速、体面地把座驾停进车位——这绝对和技术无关，因为有些如美食酒吧街的地方，根本就没有空余车位。于是，代客泊车成为了这家公司的主要业务。尽管代客泊车服务在欧美国家司空见惯，在中国却还无法完美实现，原因有很多，比如：谁来代泊，收费如何，如何支付，代泊期间车子受损怎么办，等等。在获得平安保险的投资之后，这家公司推出了名为 e 代泊的 App：代泊司机采用签约制；停车费用前 3 个小时收取 38 元，每天 68 元封顶；无须现金支付；代泊期间获得平安保险的“代泊险”等，在北京、天津、上海、广州、深圳、杭州等地的重点医院和机场，只需要打开 e 代泊的 App，动动手指，便可以轻松享用这项服务。

大疆创新

新时代操控体验的延伸

www.dji.com

无人机并不是什么新鲜事物，随着真人秀节目充斥的大量航拍画面，它开始从校园社团、工业应用走向消费者，从极客的玩物变成一款真正的智能硬件产品。无人机消费前景广阔，而中国的大疆则走在前列。这家 2006 年创立于深圳的公司，在过去 5 年的销售额累计增长 79 倍，成为全球增速最快的公司之一。它的产品和方案远销海外，包括自动控制技术发达的美国和以色列，海外市场占据其整体份额的 80%。大疆宣称，它们给用户带来前所未有的摄影体验、全新的飞行体验。而事实也确实如此，大疆最新出品的 Inspire 航拍飞行器不仅拥有酷炫的造型，其高强度碳纤机臂，可以带动四个螺旋桨在空中升起，可变形收起的起落架让相机 360 度无遮挡，一键起飞降落、动态返航等功能令操控更加得心应手。目前，大疆创新仅仅靠销售额和利润这些数据估值已经接近 10 亿美元——这还是在没讲任何故事的前提下。

BMC Impec-Lab
瑞士顶级自行车的创新工场

www.impec-lab.com

提起瑞士，你脑中一定浮现好表无数，但这个国家不仅盛产名表，其实还有名车：著名的 BMC Switzerland 自行车就是来自瑞士的格伦兴（Grenchen）。尽管这家 2001 年才转型研发整车的自行车品牌并不是世界上最大的，但它绝对是令同行羡慕不已的，原因就在于它拥有一间名为 Impec 的实验室，这间负责 BMC 自行车前沿设计与开发的实验室里挤满了各个领域的顶级专家：复合材料工程师、金属工程师、数控专家、框架设计师，实验室像一个游乐场一样全天 24 小时开放，时刻为灵感爆棚的专家们提供释放的场所。也许其他车厂也有类似的场所，但一个使 Impec 实验室堪称独特的事情是：这里的人不只是做设计，修改框架结构，或是做什么细小的碳纤维制造工作，他们也具备生产整车框架的能力。虽然工程师们也会碰到研发预算清单、时间进度表等让人挠头的东西，但他们确实拥有更多的自由，实验室里有一大堆部件，工程师们可以随意去组装、去创造，这里更像是一个自行车极客的游乐场。

Formula E
赛车运动的未来

www.fiaformulae.com

帝都的车迷不用再吐槽看不到纯正的方程式赛车。电动方程式锦标赛 Formula E 的新赛季揭幕战仍将在北京鸟巢举行。乌泱泱的人群以及风驰电掣的赛车自然是少不了，不过方程式锦标赛那独特的引擎声以及汽油味则不会出现在赛场。在已经结束的第一个赛季，所有参赛者都统一使用相同的赛车，在即将开始的第二个赛季，赛事组委会允许车队自行研发赛车。比赛中，Formula E 在能源使用上会有很大的节制。比如在练习赛和排位赛中，最高允许功率为 270 马力，而正赛中最大功率只有 180 马力。一整天的比赛下来，赛车只能使用三套轮胎。有趣的是，每辆赛车只有 20 多分钟的续航，于是每个赛车手会配备两辆赛车，比赛中途车手需要返回维修区换车。Formula E 安全车也是一霸，使用的是宝马 i8，采用磁共振感应的无线充电技术，车底有感应充电板，把车开到地面充电板之上，两者感应充电，实现停车即充电，省去接线的麻烦。作为 FIA（国际汽联）锦标赛中最年轻的赛事，Formula E 主要围绕能源、环境和娱乐三个核心进行推广，由于赛车对技术的使用更加激进，毫无疑问，它将加速电动汽车的研发，在未来，它甚至有可能取代 F1。

Morgan

现代的复古汽车制造者

www.morgan-motor.co.uk

不同于新兴的互联网硬件“小鲜肉”们，总部设在英国马尔文的摩根汽车无疑是汽车制造企业中闻名遐迩的“老江湖”。说来神奇，自从 1909 年起为私人提供汽车定制服务起，摩根生产汽车的方式在一百余年来基本没有什么变化，在钣金车间里，工人都是用双手直接剪裁钢板或铝板。一些焊接部位也是靠手工打磨。车身的油漆有时竟要经过 9 道工序才能完成。装配车间里，技工们也是用手将发动机、变速箱、前后桥等组合成一辆汽车。细木工还是用手仔细雕刻着由比利时进口的名贵木料，真皮的坐垫也是由缝纫工用老掉牙的猴牌缝纫机缝出来的。当今许多汽车制造公司通常是每分钟生产一辆或两辆汽车，而摩根工厂的 150 名职工平均每个星期最多生产 10 辆汽车，全年总产量大约 500 辆。尽管如此，摩根却不是一个“老掉牙”的手工作坊，他们深知谁是他们的顾客以及他们的顾客需要什么，他们为年轻的消费者建立了设计精美的网站，并为经典车型陆续推出了一系列风尚设计元素，如木质边缘方向盘、时尚的引擎盖以及跨界联名的噱头等，因此销售订单非常火爆。

Caterham

生产原汁原味的入门赛车

www.uk.caterhamcars.com

这家汽车公司一直与赛车密不可分，早年间，Caterham 从莲花（Lotus）手中买下 Seven 车型，看中的就是这款车在赛道中展现的最原始的驾驭感。Caterham 公司认为，像路特斯 Seven 这样的轻量级敞篷开轮汽车绝对可以吸引那些追求驾驶乐趣的顾客，虽然数量可能不多，但绝对不怕没有人买——Caterham 最经典的 Seven 车型由此而来。2011 年，F1 路特斯车队的老板 Tony Fernandes 宣布收购 Caterham，第二年，Caterham 打造的 F1 赛车面世，一家最早靠卖路特斯起家的公司因调校路特斯的 F1 赛车，就这样走进了方程式锦标赛的舞台。虽然经过了 40 多年来不断的发展和完善，但 Caterham 生产的车子依然保留了上世纪 50 年代赛车的驾驶感：纯粹、直接、原汁原味，这深受欧美富豪们的喜爱，圈养一台 Caterham 在赛道，约几个好友一起飙车，成了生活一大乐事。

倍耐力：轮胎看似普通，但却完美融合了机器与人的力量

21 年前，现任倍耐力亚太 CEO 的白贝（Giuseppe Cattaneo）从香港蛇口来到中国内地，将“意式精英”与“中国模式”巧妙结合，在倍耐力工作的 10 年，他是倍耐力中国业务的奠基人。曾赴法拉利亚太任职，但如今仍是主管中国豪华车的“高端鞋履定制”。

GQ：倍耐力已经有 150 多年的历史，见证了整个汽车工业的发展。但是作为汽车最重要的部件，轮胎并没有获得足够的重视，这点您认同吗？

白贝（Giuseppe Cattaneo）： 从表面上来看也许会有这种感觉，但是事实上轮胎是车辆和地面的唯一接触点。汽车工业行业很重视轮胎，而随着终端消费者对车辆性能的重视，人们也逐渐意识到轮胎的重要性。轮胎的抓地力、操控性会直接影响到车的性能。很早以前一套轮胎可以全年使用，而现在在成熟并四季分明的市场，消费者会使用两套轮胎， 一套夏季胎，一套冬季胎。所以我不认为轮胎没有获得足够的重视。

GQ：轮胎看起来普通，但其中却凝结了很多人的智慧和心血，对此您能和我们分享一个真实的故事吗？

白贝（Giuseppe Cattaneo）： 轮胎看起来普通，但它却完美融合了机器与人的力量。不同于很多其他的工业产品，每一条轮胎的生产既有赖于高端技术研发，又离不开轮胎技师精湛的手艺。这有点儿像搭积木，只有长年的经验积累及一砖一瓦的搭建，才能练就炉火纯青的技艺。这绝非一本技术手册就能说明白的。在轮胎行业里，经验是被尊重和珍惜的宝贵财富。

倍耐力公司里就有很多这样的例子：有许多员工为倍耐力奉献了全部的职业生涯，从小学徒做起，历经 35 ～ 40 年，今天已经是非常优秀的技术人员，这在一个有 150 年历史的公司里并不少见。

GQ：如果把轮胎比作座驾的鞋子，那么车主该如何为座驾选一双“正确的鞋子”？如果倍耐力为全新宝马的宝马 7 系提供轮胎，那么针对这款豪华与运动并重的车子，倍耐力会选择哪款轮胎以发挥其最强表现？

白贝（Giuseppe Cattaneo）： 一双好的鞋子一定是舒服合脚的，所以一套好的轮胎我认为也要舒适安全并能诠释车辆的性能。针对豪华与运动并重的车辆，倍耐力会推荐超高性能的 P Zero 轮胎，这是一款操控性和安全舒适性并重的产品， 而且有非常运动的花纹， 很适合运动型车辆。

GQ：能和我们讲讲“智能轮胎”吗？您觉得这项技术是否能影响我们未来的驾驶？

白贝（Giuseppe Cattaneo）： 汽车行业的发展趋势是在寻找先进的技术方式来支持可持续发展的交通模式，这就意味着需要更好地平衡安全、性能及对环境的保护。倍耐力的“Cyber Tyre”（智能轮胎）正是

朝着这个方向研发的。这款轮胎可以准确直接地"读懂"路况，并能够预防潜在的危险。轮胎是驾驶员与道路之间唯一的接触点，相对车上其他的感应器来说，也是唯一可以直接接触路面并及时反馈情况的部件。Cyber Tyre 的感应器设置在轮胎内部的胎壁，能够获取胎面与路面的摩擦力和压力并将分析结果传递给车上的电脑和所有的安全系统。

GQ：您觉得轮胎将来的发展为未来座驾的发展带来哪些影响，关于未来的倍耐力轮胎产品，您有没有一些超越常人想象力的设想和创意？

白贝（Giuseppe Cattaneo）： 就目前的发展趋势来说，轮胎依然是车与地面的唯一接触点，保证车辆的安全，对环境的保护，甚至可以提前预警应该是轮胎的基本功能。我本人不是一个工程师，所以还是把产品的开发和研究留给专业的人员吧。

GQ：我们一直在关注倍耐力在时尚领域的动作，您觉得积极投身汽车运动与时尚（倍耐力挂历、车轮上的缪斯等）会为倍耐力轮胎带来哪些促进？

白贝（Giuseppe Cattaneo）： 倍耐力是家意大利的公司，激情、动力、性能和控制是倍耐力的特色，而对于美好事物和时尚的追求是倍耐力的传统及品牌精神的体现。

公司成立之初，倍耐力就和艺术家们建立了联系，并从 20 世纪 30 年代开始与艺术家合作进行广告宣传。战后时期，倍耐力的广告在当时的广告传播界中代表了最新的平面设计趋势。倍耐力的年历也是行业中的一个特色，每一年的年历发布都是一个全球期待的盛宴， 今年也会给中国朋友们一个惊喜。

汽车运动也是倍耐力公司的基因之一，早在 1907 年，倍耐力就成功地参与了北京-巴黎拉力赛，在接下来的一个多世纪里倍耐力一直积极参与着各种赛事，这不仅仅是一个品牌曝光的平台，它更是一个绝佳的实况研发中心，从赛车运动中获得的技术发展和创新终有一日将全部应用到公路驾驶，提升道路安全和性能表现。

GQ：最后，和竞争对手们相比，您认为倍耐力以及倍耐力轮胎最独特的地方是什么？

白贝（Giuseppe Cattaneo）： 当你购买倍耐力轮胎时，你要买的不仅仅是一条轮胎，而是对激情的追求和生活的热爱。而我们自身把对激情的追求和对生活的热爱转化成倍耐力轮胎的高质量、高性能，那么消费者在购买倍耐力轮胎时自然也会被高品质背后的品牌理念打动。我觉得倍耐力赋予了黑黑圆圆的轮胎更多的色彩，也为车轮增添了奔跑的激情。

全新 BMW 7 系极致卓越的智能驾驶

全新第六代 BMW 7 系是一款集众多创新驾驶科技于一身的划时代车型，正如宝马集团负责研发的董事傅乐希先生所言："超凡的驾驶乐趣一直是客户选择 7 系的一个重要原因。这也是为什么在全新 BMW 7 系上，我们为客户提供了如此丰富的驾驶体验，它既能如此舒适惬意，又能表现出极致动感。"

超凡的驾驶乐趣一直是客户选择 BMW 7 系的一个重要原因。作为一款大型豪华轿车，全新 BMW 730Li 拥有卓越的驾驶体验，Carbon Core 高强度碳纤维内核车身是汽车制造史上的里程碑，有效降低了车身重量，提升了扭转刚度，带来更优异的操控性和安全性。全新 BMW 730Li 配备了采用 BMW TwinPower Turbo 涡轮增压技术的全新汽油发动机，拥有 190 千瓦 (258 马力) 的最大功率和 400 牛•米的峰值扭矩，从 0 到 100 公里每小时的加速时间仅为 6.3 秒，较前代提升了 16%。全新 BMW 730Li 搭载 8 速手自一体变速箱，百公里综合油耗同样有了新的突破，仅为 6.3 升，较前代降低 28%，在动力与燃油经济性之间实现了最佳平衡。

诠释豪华意味着要尽最大的努力去超越客户的期待。"全新 BMW 7 系诠释了 我们对现代豪华的理解。对于豪华车来说，创新科技、高品质的细节不可或缺，与充满情感的设计语言和内部的奢华氛围同样重要。在设计过程中，我们贯彻了'技 术的诗意'这一理念，让技术与设计完美交融，用设计将先进科技诠释为一种情感 体验。"宝马集团设计高级副总裁霍伊顿克这样介绍全新 7 系的设计理念。

数字时代的豪华驾驭体验

第六代全新 BMW 7 系的推出顺应了现代交通方式的数字化潮流，引领了现代豪华理念，即在先进科技、智能互联和舒适体

从 1977 年第一代 BMW7 系问世至今，每一代 7 系车型都凭借大量创新技术成为万人膜拜的对象。同时，作为 BMW 品牌的旗舰产品，每一代 7 系的都拥有无与 伦比的驾驶性能。

验之间实现最佳的平衡。全新 BMW 7 系通过创新科技为数字时代的客户带来专属的豪华驾驭体验。从智能触控钥匙、 中央显示屏到空调调节面板和后排智能触控系统，大量触控屏的加入与当今客 户对触控设备的操作习惯无缝对接。在车辆控制方面，在全新 BMW 7 系上，驾驶者可以在 iDrive 控制器、语音控制、触控屏幕和手势控制间随心切换。

在路上的身心休憩之旅

全新 BMW 7 系的驾乘舒适性显著提升，扎实、精密的底盘功不可没。四轮空气悬挂、EDC 动态减震系统、电子机械防侧倾系统、整体主动转向和 xDrive 智能四驱系统五大先进底盘技术首次集成在一台车上，实现了非凡的减震效果和出色的操控性。所有设计的宗旨都是要为车主打造一个私属的豪华领地，在这个空间里，他们既可以肆意享受豪华大型车标杆级的驾驶乐趣，又可以尽情体会身心的松弛和宁静。

用精准与诗意诠释现代豪华

“精准”与“诗意”是全新 BMW 7 系设计语言的两个关键词。要做到“精准”，需要高超的制造工艺，全新 BMW 7 系将严谨的德意志工匠精神发挥到了极致。以腰线为例，全新 BMW 7 系首次采用了双棱线腰线的设计，两条线完全平行，表现出似有非有的美感，这样的设计需要强大的工艺水平才能实现。而这样的细节在 7 系上还有很多，比如车门上的音箱面板上看似并无规律的钻孔其实是依据黄金分割数列设计而来。在精准的控制和诗意的装点下，全新 BMW 7 系得以呈现在我们面前，散发出数学般理性的美感，和谐、平衡、浑然天成。

“诗意”则是通过设计语言把技术和高品质的细节升华为一种情感体验。比如全 新 BMW 7 系采用的智能激光大灯，其独特的标识就是中间的一抹蓝色，当停车后 关闭车灯时，灯组中最后熄灭的正是蓝色的激光灯条，就像一个人静静地闭上了 眼睛。在全景玻璃天窗上，有 1.5 万个用激光雕刻的小图形，在氛围灯的映照下，让夜晚的车顶瞬间幻化为浩瀚星空。正是这些匠心独运的巧思，赋予驾驶机器以生 命力，为车主带来更充沛的情感体验。

全新 BMW 7 系在智能化、数字化科技方面又迈进了一步，展示了数字时代豪华轿车的风貌。新一代豪华车消费群体正在崛起，他们更加关注产品内涵、创新科技和行驶品质。宝马敏锐地捕捉到了这种趋势，并用品牌的顶级车型对于客户的需求做出了回应，因为预见未来最好的方法就是创造未来，全新 BMW 7 系正蓄势待发。

关于移动，人类的想象力无限。
“脑洞有多大，移动的方式就有多多”。
看看我们甄选出的移动圣物清单。
或许，真的有很多“神器”
可以给你新的驾控体验。

开创历史的革新

全新BMW7系

新 7 系用实际行动向世人说明硅谷的老板们应该需要一台什么样的豪华座驾——车主即便是操控交互屏幕，看上去都必须要像托尼·斯塔克一样充满迷人的“高品格”。所以宝马为这全新一代的iDrive系统配备了一系列的触控显示屏：中控显示屏、主副驾空调温度调节区域、空调操作区域、后排中间扶手的“老板屏”以及车钥匙。相比现有的 iDrive，新系统显示屏的显示界面效果更加细腻，空调操作提供液晶屏触控同时也保留了物理按键，保留了传统操作的回馈感。相比熟悉的触控操作，手势控制功能则是宝马在 7 系身上的创新之举。作为传统控制系统的快捷补充，手势控制无须另外激活就可以随时使用。通过安装在中控台上方的红外 3D 摄像头捕捉驾驶员或副驾乘客手势动作，有效识别区域在前排扶手箱之前、变速箱挡把上方至中控屏幕上沿之间，不受白天晚上光线影响，这意味着后排乘客的动作不会被误识别。

完美城市代步

小牛 N1 智能踏板车

来自日本的原装松下锂电池为小牛电动N1提供超长续航能力与安全稳定性，足够支撑100千米以上的续航里程。如此大能量的电池却仅重10千克，可以轻松拆卸带回家充电。为了更强大的动力性能和更高的能量效率，德国博世与小牛联合研发了一款专用电机，同时配置了液压双碟刹系统，辅以EBS电子刹车，在有效制动时回收刹车动能。通过内置智能中控模块将车况信息传送至云端，打开小牛管家App，可立即查看位置信息。如车辆被非法移动、电池被非法取出或者车辆出现故障，会立即提醒。通过App还可以了解电池剩余电量、剩余里程和充电情况。

￥3,999 起

www.niu.com

陆空双栖之选

FLY — SKYRUNNER 陆空两栖车

面对马路上的拥挤车流你是不是也想“飞起来”？没错！这次是真的有一辆让你飞起来的陆空两栖车。开上你的Fly—SkyRunner，打开滑翔伞，只要在赛道上加速你就可以轻松起飞，即使在空中没有动力的情况下它也可以依靠滑翔伞滑落着陆。最高飞行时速是每小时88.5千米，最高飞到海拔4572米。如果在陆地上行驶的话，加速到63英里它只需要4.3秒钟，最高可达到115英里每小时。所以，如果厌倦了陆地上的生活，想要“不走寻常路”的话，不妨试试它。

新品未定价

www.fly-skyrunner.com

系出跑车，电力两轮颠覆经典

CATERHAM 碳材质电动单车

老牌英国跑车厂商凯特汉姆（Caterham）也推出了电力驱动的两轮座驾。这个有着酷酷的摩托造型和赛车元素的两轮车，其实却是地道的电力驱动。碳元素机身的它是地道的公路赛车手，配以松下 36V 12Ah 的锂电池，250W 无刷电机和 8 倍变速的禧玛诺变速器。

£8,500（约￥78,748）

www.Caterham-bikes.com

“熊孩子”最爱

VOLANTIS JUNIOR 气垫船

从“熊孩子”长大的你，小时候是不是也想拥有一个惊险刺激又酷炫的驾驶“神器”？幸运的是，现在科技完全满足了当代“熊孩子”们的梦想，搭载了 4 冲程 170cc 发动引擎的小版 Volantis 是专门设计给体重 35 千克以下的“熊孩子”们的气垫船。有了它你就可以以每小时 30 千米的速度变成“轻功水上漂”或者草上、冰上漂。总之，各种车子能去不能去的地儿它都可以去。所以说，“熊孩子”一定会爱上这个东西。

£9,950（约￥13,850）

www.volantishovercraft.com

逆境征服者

ZIESEL 79 穿越车

开“坦克”技术哪家强？那你可是要考虑这款神器了。驾驶它时你只需要坐在上面，就如同一个移动的巨大“轮椅”。44kW 的发动机和 500Nm 的扭力可以使它最高时速达每小时 35 千米。而 154 厘米高的轮子和履带也让它可以轻而易举地克服各种路面困境。从雪地、沙子到泥泞路面，统统不在话下。控制它你只需要坐在上面轻轻操作遥控杆就可以实现。

新品未定价

www.derziesel.com

全地形克星

WV850H.O. 全地形车

Sportman WV850H.O. 和普通的全地形车最大的区别是它的轮胎。不要以为它看上去很像一辆沙滩摩托就低估了它的能力。它采用了蜂巢状轮胎，并且使用了密不透风的防弹耐损材质，越野时能够给你履带的行驶感，更让你再也不用担心会爆胎。同时，它还是一辆工作用车，77 马力，850cc 的发动机可以载货 385 千克，并且具有 680 千克的牵引力。同时，动力转向、升级的避震系统和全轮驱动让你驾驶这个“蛮横大家伙”的时候更方便舒适。

$14,999（约￥93,024）

www.polaris.com

飞离“地球”表面

PARAJET VOLUTION 3 单人飞行器

唉，是不是看起来有点儿面熟？没错，这款就是站在食物链顶端的贝爷参与设计的滑翔机。让你彻底地摆脱交通的拥堵，Parajet Volution 3 的直径只有 143 厘米，折叠起来的体积刚好放到你的后备箱里面，加满油的情况下可以一直飞行 150 千米。所以当你想要飞的时候，只需要把它像背包一样背起来，加速跑 20 米就能腾空而起了。

€ 6,000（约￥40,438）

www.parajet.com

潜水钢铁侠

EXOSUIT 潜艇式潜水服

如果上天入地都不能满足你探险的心，那么这个带你去探索深海的“潜水服”真的是你的不二之选。由加拿大 Nuytco 研究公司发明的 Exosuit 潜水服，就和太空服模仿了宇宙飞船一个道理，穿上它你就如同自己穿上了一件“潜水艇”。

它有自己的推进器，水下的换气系统可以提供给潜水员使用 50 小时，最深可以潜到水下 1000 英尺，并且可以通过和水面船只连接的光缆传输音频、视频和数据。

价格待定

www.nuytco.com

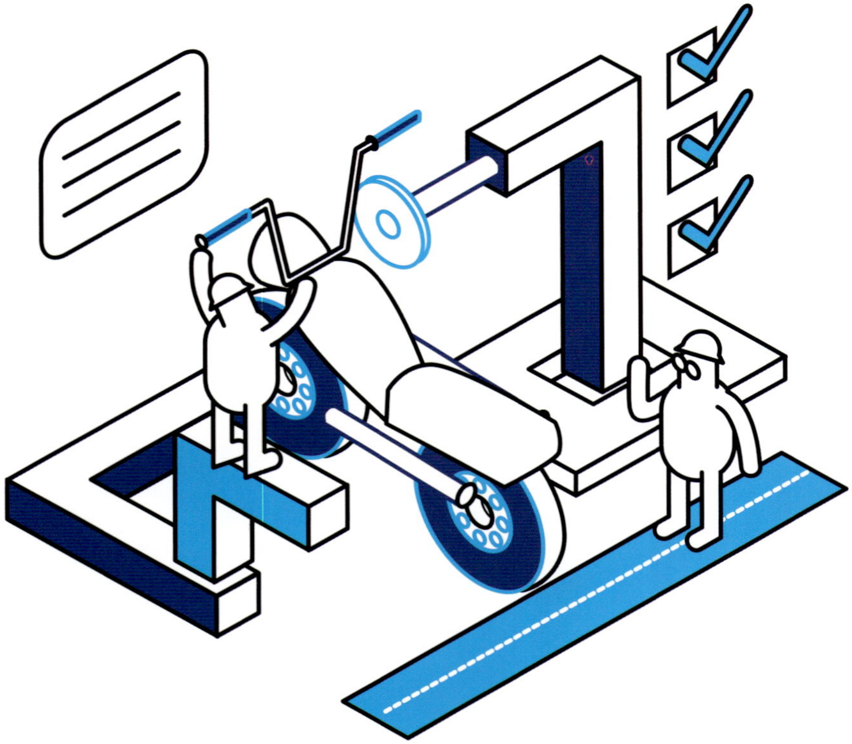

ACT NOW

如何成为一名拉力车手

Tip1
准备一台赛车

比赛车辆专门只用于比赛，在特定的环境下很耐用，能够承受大的压力，其性能必须优越于道路上大部分的车。找一家可靠的、具有拉力赛经验的俱乐部帮你改装赛车。在改装预算上，不要吝惜对于安全性的提升，同时尽量保证车辆的轻量化。

Tip2
熟悉车辆特性

比赛中，拉力赛车会不断地漂移，部分原因是由于驱动方式，部分原因是轮胎必须依靠打滑来获得足够的抓地力。在拉力赛中，若车一直处于滑动状态且车尾的滑动状态更明显就认为是转向过度，这是因为后轮失去了部分抓地力导致。你急刹车的时候，会转向过度，在合适的条件下，你踩太多的油门也会导致转向过度。转向过度的问题本质上是不稳定，并可能导致车辆原地打转。在拉力赛中，车手很难像公路赛道车手那样把车操控得四平八稳，学会利用后轮打滑维持轮胎的抓地力并且顺利、快速地过弯是拉力车手必须具备的技能。

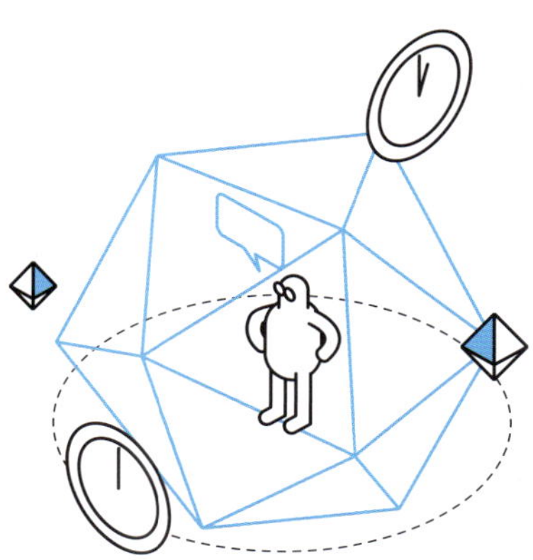

Tip3
找一个合格的副驾驶

对一个拉力赛车选手来说，没有副驾驶也能进行赛车，但这并不是正常的情况。副驾驶的本职工作只是告诉驾驶员即将会发生什么，并且让其做好相应的准备，一辆典型的拉力赛车可以开 100 多英里，通常副驾驶可以告诉车手接下来遇到的弯道以及直道，包括弯道的长度、难度、表面变化，是否跳跃等。这些信息都来自于副驾驶的赛前侦察，在比赛前他们有唯一的机会看到赛道。根据赛车的速度和驾驶员的表现，副驾驶会提前提供信息。有些驾驶员会想尽可能多地记些信息，能坚持五回合。有些则想尽量少记些信息，在刚好足够的时间做出反应。

Tip4
学会听懂路况笔记

路况笔记是一种语言代码。在汽车拉力赛中，当车手疾驰在窄且多弯的单车道上时，领航员使用路书来描述路况。路书使车手在高速驶入盲角时，能粗略了解到需要开多快、转弯多少。它们是有逻辑、有意义的。拐角类型是根据其半径编号的，地形特征会被副驾驶大声念出，学会听懂这些语言代码对于一名拉力车手来说极为重要。

Tip5
保持谦虚

长路漫漫，谦卑与毅力是关键。最好的拉力赛车手通常都很谦虚。比赛遇到问题或失败时，他们通常会责备自己，因为这会使他们学习和进步。责怪设备、车况或其他外因的车手，通常走得不会太远。另外，最好你要有些幽默感。

Tip6
做一次志愿者

一个汽车拉力赛需要数百名志愿者的帮助，从操作无线电到监控观赛席。做志愿者使你能接触到很多本来只能远观的地方和人，换一种角度体验拉力赛。

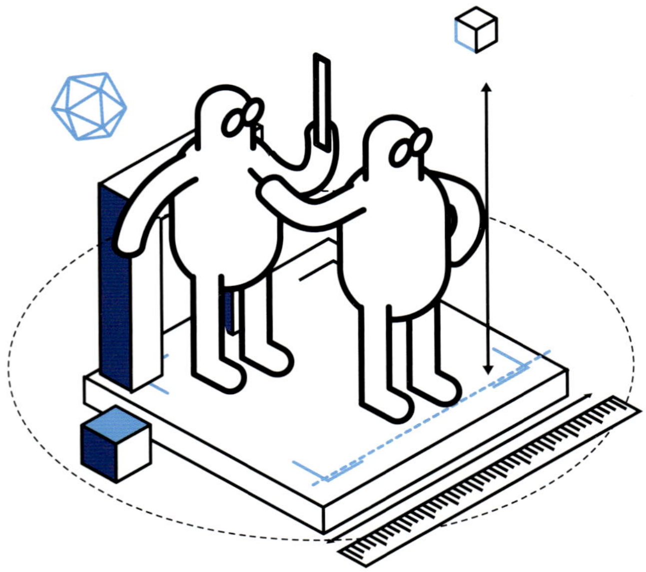

如何驾驭大马力后驱车

大马力座驾如同一匹尚未调教好的纯种烈马，它可以让你的驾驶更加刺激、更有乐趣，它也可以把你送进极端的危险当中——一切都取决于你驾驭它的方式。

Tip1

调整好你的座椅

座椅的前后距离要保证你的膝盖在全力踩下刹车之后还能保持弯曲状态。座椅高度保证你的头部距离车顶还有一拳的距离。靠背的角度要保证你的后背能紧贴座椅，同时手腕还能接触到方向盘上沿。

Tip2

正确地打方向

如果你不是在无车的路上悠闲地跑长途，那么双手最好是放在方向盘的 9 点钟和 3 点钟位置。如果向左转弯，那么 9 点位置的左手可适当松开进行辅助，让 3 点位置的右手负责转向。如果向右，则是左手负责转向，右手辅助。一只手转向，一只手辅助，这基本可以应付 80% 的转向情况。当转向角度过大的时候，左右手就要交替握住方向盘完成转向。如果不是紧急并线，永远是保持一只手负责转向，另一只手准备随时接替转向的状态。

Tip3

管理好视线

视线永远保持在座驾要去的地方，而不是车头或是别的地方。遇到弯道，视线应尽量放在弯道的出口。如果紧盯弯心或者弯外，那么离失控就不远了。人体的神奇之处就在于，视线能指引身体完成转向、油门、刹车等一系列复杂的动作。看哪儿去哪儿，只需管理好视线，其他的尽管交给肌肉记忆好了。

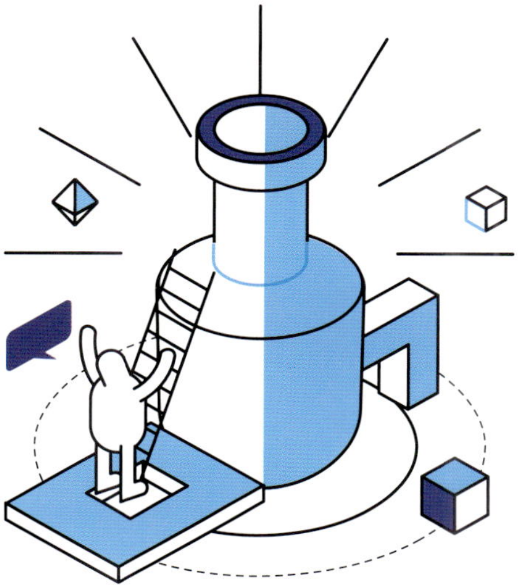

Tip4
掌握油门技巧

温柔地控制油门，特别是驾驭那些大马力后驱车。要做出漂亮的连续漂移动作，油门的控制必须足够精准，一脚全油让轮胎失去抓地力之后，就要一脚深一脚浅地控制油门，维持发动机的转速和车轮的打滑状态。

Tip5
不要在公共道路上挑战车子的极限

肆无忌惮地挑战交通信号灯和速度限制将为大马力车的未来蒙上阴影。在公路上关闭车身稳定控制系统是非常不负责任的举动。无论再好的车子，入弯前都需要减速，离车子的极限越远越好。

如何准备第一次长途骑行

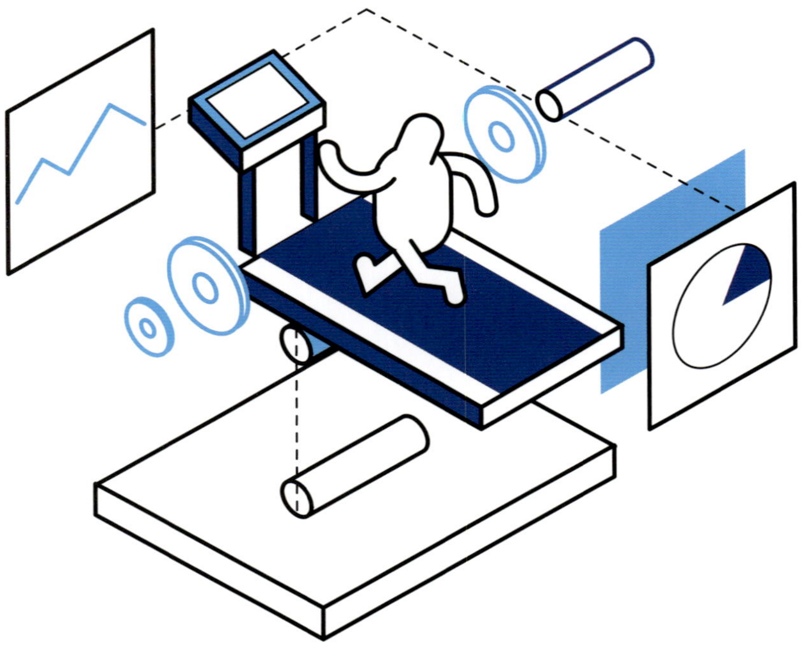

Tip1

储备体能

长距离骑行比开车要更耗费体力，出发前一个月就要做好体能储备，保证充足的休息和营养摄入，辅以适当的有氧运动非常关键，如果有必要，还可以聘请体能教练进行专业的体能提升。切记不能带病上路，尤其患有高血压、心脏病、哮喘者，尽量不要骑行高海拔线路。

Tip2

购置服装

服装对于骑行的车手来说就是一切，准备充足的车友会至少穿三层服装上路，第一层大部分车友都会选择拉力服，这类服装是一种综合性的骑行服，在胸、背、肩、肘、胯、膝盖等关键部位会提供一定的保护，具有一定的防风作用，好的拉力服还有拉链风道，感觉热的时候可以将风道打开。

中间层是防水层，最好是 Gore-Tex 服装，它可以起到短时间的防水效果。

第三层是保暖层，最好是轻便的羽绒服。

贴身服装可以选择具有排汗和压缩功能的压缩衣。

不要小看传统的雨衣，在极端恶劣的天气下，它能为车手隔绝风雨和保暖。暖宝宝也是极端天气条件的救星。

手套：出行最好带两双，第一双是夏天用的骑行手套，第二双是具有 Gore-Tex 防水性能的手套。另外如果有条件还要再准备一个防雨的手套罩。

靴子：一定要选择 Gore-Tex 的防水拉力靴。

面罩：最好带两副，一副夏天用的透气排汗面罩，一副是 Gore-Tex 的防风防水面罩。可以再带一个抓绒的脖套，这样保暖性会更好。

头盔：一般会选择拉力盔，盔面有小的帽檐，可以遮挡雨水和太阳。也可以选择揭面盔，风阻比拉力盔更小。

袜子：专业的长途拉力骑行袜可以起到排汗的作用。

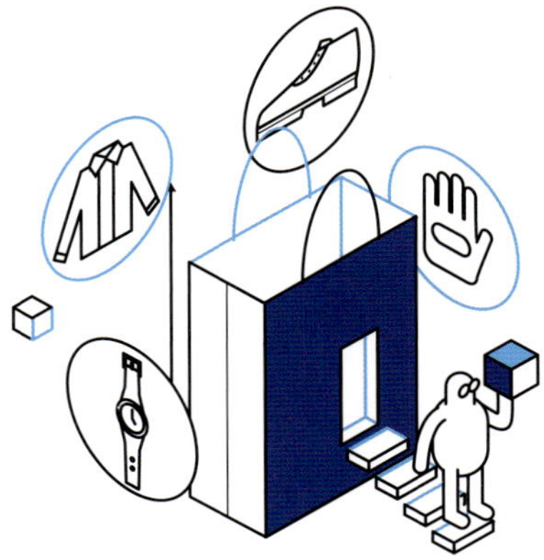

Tip3

检查随车装备

1. 检查随车的工具：如车辆维护的工具、手电筒、抽油管、燃油添加剂以及防身装备。

2. 丝袜：中国边境地区的油品都不太好，并且需要用油桶加油，这时丝袜可以起到过滤网的作用。

Tip4

调试车辆

1. 保证车子没有暗病，没有伤。

2. 可以结合路线规划，如果总行程超过5000千米，那么可以在出发前把车子的保养做好，这可以避免途中保养的麻烦，检查你的刹车片、刹车油、机油。

3. 根据路况更换相应的轮胎，并且确定轮胎寿命能支持你跑完全程路线。

4. 根据路线，对车辆进行必要的改装，如防摔胶、防摔杠、护手、电加热把手、边箱尾箱等储物空间的加装。

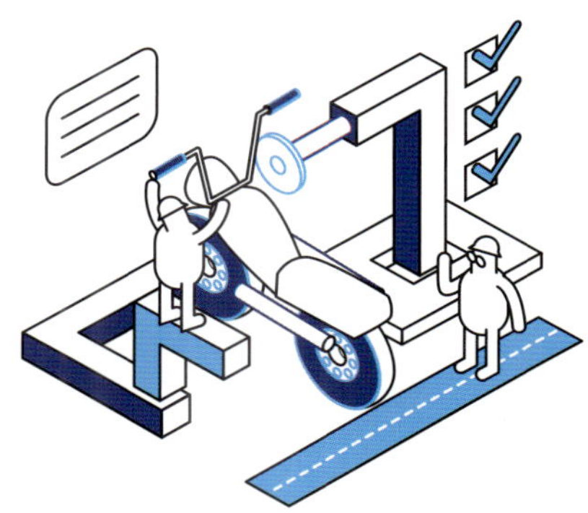

Tip5

路线规划

1. 网上多找骑行的资料。

2. 可以向骑行经历多的车友、俱乐部以及当地人请教有关路线。

3. 计算好旅程的总千米数以及每一天的骑行距离，规划好休息点。

4. 如果不是非要一个人上路，可以先跟随一支拥有向导、技师和领队的成熟骑行团队，很多问题都可以变得容易解决。

- 上路可以少带些现金
- 尽量保持低调
- 尊重当地的民俗

NEW MEDIA

The Washington Post Talent Network

talentnetwork.washingtonpost.com

面对各路新媒体的冲击，传统媒体并没有坐以待毙，也使出了浑身解数。《华盛顿邮报》（Washington Post）就在 2015 年 6 月份发布了一个名叫 Talent Network 的平台，希望通过它能号召全球各地的自由记者为其供稿。这个平台带有部分社交功能，同时也兼具项目合作告示板的功能，让《华盛顿邮报》各领域的编辑能更有效地和这些自由记者联系并分配工作。自由记者可以从 LinkedIn 把自己的信息导入这个平台，允许他们通过这个平台为《华盛顿邮报》的编辑推荐报道，或者了解编辑需要购买什么样的报道。由于这个平台能追踪自由记者的地理信息，《华盛顿邮报》的编辑就能更有效地安排和雇佣相关自由记者来报道突发性新闻，提高新闻的时效性。

Pinterest

www.pinterest.com

6 年前，来自不同领域的 3 个人 Ben Silbermann、Evan Sharp 以及 Paul Sciarra（已离职）创立了一个名叫 Pinterest 的网站，希望能作为一个书签工具来帮不同的人去发现那些能激发灵感创作的创意。没想到，Pinterest 一下子就火了，上线才一年就成为美国 50 大网站之一。据数据分析平台 compete.com 的分析，Pinterest 的独立浏览用户在 2015 年 7 月份时超过 4,700 万人，并有超过 500 亿的图片被转载到这里。Pinterest 能允许用户把网络上的图片分享进来，并在瀑布流式的界面中挖掘并收藏别人的创意。它不占用用户的硬盘空间，就相当于一个云端的创意收藏工具。Pinterest 兼具社交功能，你可以把挖掘到的灵感分享给朋友。同时，也允许你能和 Pinterest 里的其他用户进行沟通。此外，Pinterest 如今还引入电商功能，允许卖家进驻，通过图片的形式发布商品，而 Pinterest 的用户一旦发现感兴趣的商品，只需要按一下 Buy It 的图标即可进行购买。

BuzzFeed

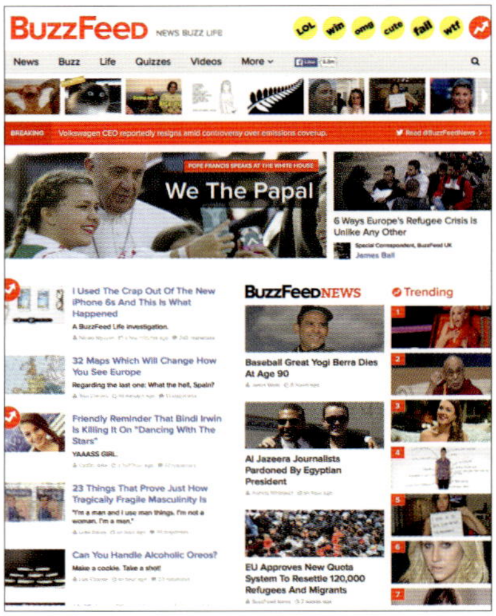

www.buzzfeed.com

BuzzFeed 是一个发迹于美国的网络新闻媒体，如今在全球有 10 个版本（包括英国、澳大利亚、法国、西班牙、德国、墨西哥等），用户数量超过 2 亿。BuzzFeed 起初专门发布病毒式内容，这些内容很容易被分享到各大社交平台里，从而在短时间里为网站带来大量的关注（据了解，有相当于 75% 的流量来自社交媒体）。不过随着 BuzzFeed 的发展，他们如今正逐步加强传统报道内容，涵盖的领域相当广泛，包括突发新闻、原创报道、商业、娱乐、政治等。BuzzFeed 并不仅限文字内容，他们还制作原创视频内容，更在 2014 年成立了 BuzzFeed Motion Pictures，打算在未来进行电影制作。

Tumblr

www.tumblr.com

拥有 2 亿 5 千万个博客，每日平均发帖数达到 6.3 千万，这些惊人的数字使得 Tumblr 成为时下炙手可热的轻博客之一。昔日繁荣的博客在微博、Twitter、Facebook 等冲击下逐渐式微。但以轻博客为主打的 Tumblr 却活得相当好，在 2013 年更以 11 亿美元的价格被雅虎收购。在 Tumblr，你可以用多种形式去发布内容，纯文字内容、图片、GIF、音频、视频以及网站链接等都可以。在发布内容的方法上，除了网页或手机客户端，你还能通过电子邮件发帖，甚至可以拨打 Tumblr 的电话来更新内容。你可以去关注别人，而其更新内容就会显示在你的页面。和 Facebook 那样基于熟人关系建立的社交关系不同，Tumblr 以兴趣为导向。你不需要和关注的人认识或有什么社交关系，让你感兴趣的内容才是要点。Tumblr 更是支持匿名浏览和匿名搜索，这对于那些没有社交目的的人来说是相当的方便。

Snapchat

www.snapchat.com

这个由一个斯坦福大学学生 Evan Spiegel 开发的应用，在国内被称为“阅后即焚”，在推出的时候旋即获得了广泛的关注。因为它有一个相当“反人类”的设定，就是那些被称为 Snaps 的信息（文字、视频、图片）在发送给好友时可以设定读取时间（1 ～ 10 秒），阅读时间一过，这些信息就会从应用上删除，这个功能对于那些发送私密内容的人来说相当有用。在获得大量用户之后，Snapchat 于 2015 年增加了 Discover 功能，旨在为用户提供来自 CNN、ESPN、BuzzFeed、VICE 等媒体的各种资讯内容。此外，Snapchat 还自制一部名叫“Literally Can't Even”的电视剧，第一季已经完结了，听说还要准备制作第二季。

Vox Media

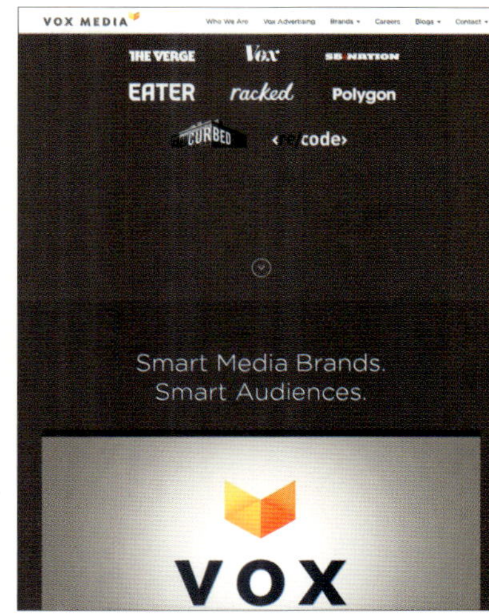

www.voxmedia.com

Vox Media 听上去似乎有点儿陌生，但事实上它已经是美国甚至是全球发展势头最厉害的新媒体集团之一了。Vox Media 旗下有多个知名网站，包括 vox.com、The Verge、SB Nation、Polygon、Eater、Racked 以及 Curbed。它们之中有的是各自领域里相当知名的垂直网络媒体，例如 The Verge 以科技报道为主，你可以从不少的科技公司或产品里看到它的评论（如果你是个果粉，对 The Verge 会相当熟悉，因为苹果经常引用 The Verge 的评论）。垂直化是 Vox Media 的主打，它让每个网站各占一方，彼此不打架。Vox Media 采用传统的编审制度，再结合新媒体的形式推出优秀的内容。此外，Vox Media 还自己开发了一个名叫 Chorus 的平台，让编辑在没有美编的帮助下也能够自我进行复杂的网页排版，用更丰富的形式去传达内容。

DAILY DOT：另辟蹊径，挖掘互联网故事

自从踏入 21 世纪，互联网每天都和我们的生活接合，从早上利用 Instagram 发一杯咖啡照片，到晚上用微信发送最后一条信息，通过各种社交平台去了解世界，通过各种应用去看实时播放的社会事件视频，这个虚拟的世界正切切实实地改变着我们的真实生活。那些网络舆论不容小觑。然而，世界上大多数媒体很少去关注互联网的世界，那些因互联网而诞生的群体和社区似乎总被忽略。而 Daily Dot 这个网站因此而诞生，只对网络文化和生活进行报道。我们在如此特立独行的新闻网站里找到了他们的编辑主任 Austin Powell，他要告诉你新媒体正如何发展。

GQ：Daily Dot 是怎么出现的?

Austin Powell：Nicholas White（Daily Dot 的创办人）所在的家族从 1869 年就开始经营一份名叫 Sandusky Register 的报纸，而 Nicholas White 作为家族第 6 代新闻工作者，他离开了报纸行业，以另一个形式去继续新闻工作——利用网络去思考及传递新闻。于是，2011 年他在得克萨斯州组建了一个小型编辑团队，创办了 Daily Dot，起初是利用 Google 文档的形式来报道关于网络世界的时事。Daily Dot 逐渐发展了起来，如今在纽约和旧金山设立了办公室，在英国和美国各地都拥有网络团队，并在电子竞技和网络娱乐的报道上获得了行业领先的地位。

GQ：Daily Dot 有什么特点？你认为它和其他新闻网站有何区别?

Austin Powell：我认为区分我们和竞争对手的不只是报道了什么，还有我们怎么去报道它。Daily Dot 编辑和记者走进网络世界黑暗的角落，奔赴到第一线去寻找互联网世界那些数不清的故事。例如，在 Reddit 和 Tumblr 成为主流网站之前，我们在多年之前就开始关注并报道它们了，这也使得我们的团队对这些社区和平台有更独特的洞察力和深度报道能力。我们最权威的内容是关于电子竞技，在报道 YouTube 世界以及黑暗网络（Dark Net，要用特定方式才能进入的网络）上都是领先的。Daily Dot 不只是告诉你什么事情正成为趋势，还要告诉你那些无法从别处获得的独家内容，例如那些被疯转的病毒视频或者恶搞文化的背后故事。

GQ：那什么样的话题和文章在 Daily Dot 最受欢迎?

Austin Powell：Daily Dot 里最受欢迎的并不像 Facebook 或社交平台里的那些热门话题，而是经过我们独家调查、亲身体验的并对很多人来说是全新的故事。Daily Dot 里的读者其实很开放，他们对社会事件和新技术都能第一时间去接纳，这也是我们选择内容的导向。我们的网络周刊 Kernel 就能很好地说明这一点，这本网络杂志致力于探讨互联网世界以及互联网背后的人。在这里，我从 Daily Dot 里推荐 3 篇文章给大家。

第一篇是 *I went to Tyler Oakley’s slumber party with my mom*。Tyler Oakley 在 YouTube 里相当火，他最近也和别人联合创办了 Streamy 网站。在这篇特辑里，我们的记者 Rae Votta 对 Tyler Oakley 最近的各种幕后故事进行全面而深入的报道。

第二篇是 *Anti-NYC hacker takes New York*

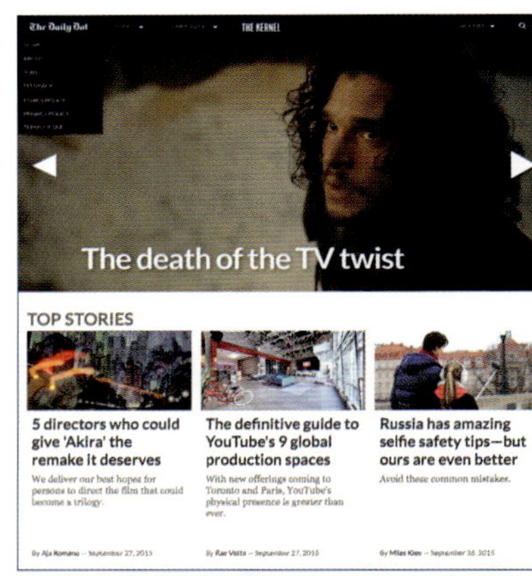

magazine offline，Daily Dot 不仅成为第一个去报道 *New York* 杂志网站而被 DDoS 攻击（一种网络攻击的手段）的媒体，我们还和发动这次攻击的黑客做了独家的采访，而负责这个报道的记者 William Turton 才 17 岁而已。

第三篇是 *I spent 2 hours in a virtual private world—and I didn't want to leave*，我们总是新兴前沿技术的报道者，这次科技编辑 Taylor Hatmaker 就在这篇文章里告诉大家虚拟现实技术的最新发展。

GQ：你认为新媒体如今的发展形势是如何？你认为它有什么趋势呢？

Austin Powell：我觉得我们正在快速接近出版业一个新的黄金年代。如今很多出版集团正在推动用新颖及有趣的形式去报道内容，例如 Nate Silver 创立的 FiveThirtyEight 网站是利用数据分析进行报道，VICE 则采用 Gonzo 的平台框架。大量优质新闻报道以惊人的速度出现，也同时让人难以跟得上。

在我看来，如今新媒体的主要趋势是在发布内容上寻找一枚黄金子弹。这涉及尽可能多的形式去制作内容，而不只是建立社交渠道（如 Facebook、Twitter 等）或者在视频网站里发布内容，还得探索各种新式的发布平台，例如 Apple News、Facebook Instant Articles 以及 Snapchat 等。我们希望能更直接地把新闻和报道送到读者的眼前，无论采取什么样的方式，这既是我们 Daily Dot 一直以来的核心，也是我们一如既往坚持的目的。

VIMEO：不插播广告的视频网站

YouTube 的大名相信你会知道，但紧跟上来的 Vimeo 你应该会比较陌生。然而，全球第一个支持 720p 高清视频播放的网站是 Vimeo，这里只允许上传原创视频，那些非原创的、带有商业性质的视频都被禁止。而聚集在 Vimeo 的大多数都是视频行业的专业人员，因此你在 Vimeo 可以看到各种相当有创意和质量的视频内容。事实上，Vimeo 的出现是其创办者的兴趣所致，在 2004 年的时候一群电影工作者希望能把自己制作的创意视频以及生活中捕捉的视频和他人分享，于是他们组建了 Vimeo 网站。没想到，这个不靠插播广告盈利的视频网站发展得红红火火，如今 Vimeo 已经有超过 3,500 万的注册用户，平均每个月有超过 1.6 亿的人来这里观看视频，是全球最大的支持开放交易的视频点播平台之一。关于视频网站领域，Vimeo 的首席技术官 Andrew Pile 跟你谈谈他的看法。

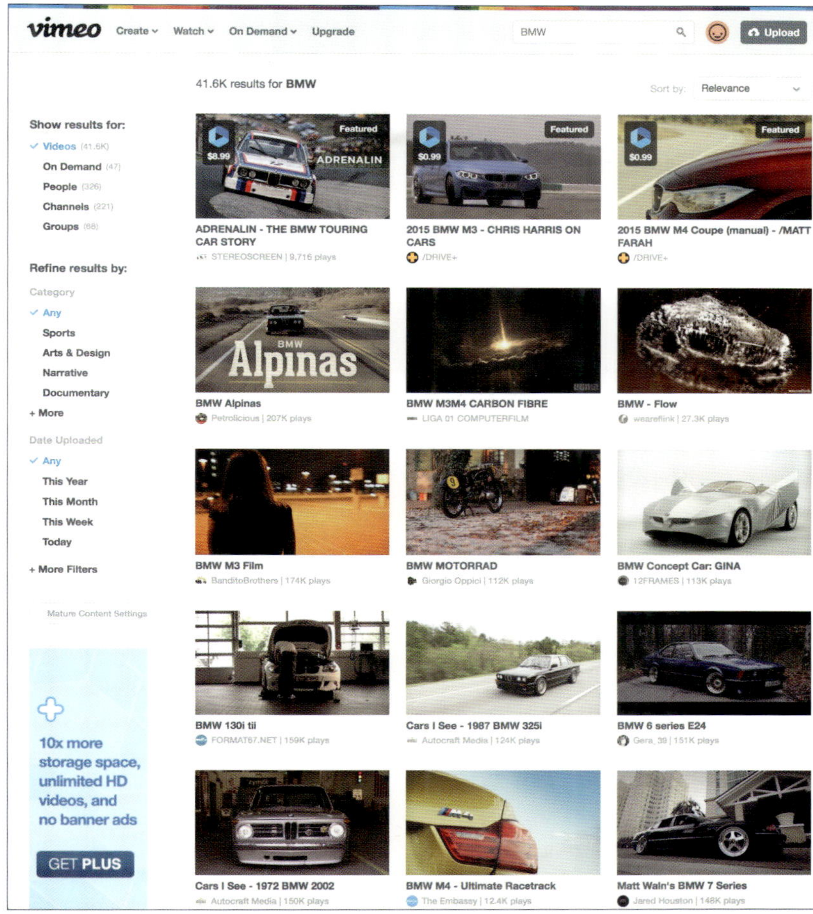

GQ：Vimeo 有什么特点呢？

Andrew Pile：Vimeo 是第一个面向全球的没有广告插入的视频分享平台，我们会给创作者提供不同的方式去分享和发布高质量的视频。Vimeo 里的原创视频涉及多个领域，包括长篇电影、短片、教学教程、运动视频等。我们还设置了 Staff Pick 的栏目，你可以从里面看到我们 Vimeo 的编辑精心挑选的视频，而我们发现的这些人才不少已经走上导演和制作获奖作品的道路了。

GQ：Vimeo On Demand 是一个什么样的项目？

Andrew Pile: Vimeo on Demand 是目前世界最大的视频点播平台，它允许在我们的高级用户区售卖或租赁自己的作品，而我们只会收取 10% 的交易费用。此外，我们还找来顶尖的制作者合作，为我们的付费用户提供独家自制剧的点播服务，*High Maintenance* 就是我们推出的第一部自制剧。在接下来这个秋天，我们会陆续发布新的作品，它们都代表了 Vimeo 里最优质的制作水平。

GQ：除了上述所述，Vimeo 还有什么样的商业模式？

Andrew Pile：除了我们的视频订阅业务（Vimeo Plus、Vimeo Pro）、Vimeo On Demand 之外，我们还以独特的方式和一些品牌进行合作。我们从 Staff Pick 里选出优秀的创作者来和品牌进行原创内容的制作，Charles Schwab（美国最大的金融服务公司之一）、三星和我们合作的内容都值得大家去关注。

GQ：你认为网络视频如今是什么样的发展状态？它的未来是怎样的？

Andrew Pile：我们正在进入网络视频发展的第二阶段（靠广告支撑是第一阶段），Vimeo 正在引导网络付费视频的消费模式。事实上，如今的网络在线视频生态系统更像是早期的广播电视，YouTube 作为最大的广告支撑平台给大众提供内容，就如 CBS、ABC 和 NBC 那样。而 Vimeo 就如网络界的 HBO，为那些愿意付费的观众提供优质的体验，在没有广告的打扰下观看高质量的内容。随着流媒体的盛行，我相信越来越多的用户会愿意为优质的原创视频付费。

VICE：严肃内容从不缺阅读量

你万万都没想到，这个据估计市值达到 20 亿的 VICE 当初竟然是从加拿大政府资助的免费杂志发展起来的。提到 VICE，大多数人对其的印象就是“反叛”一词。确实，从创刊初期，VICE 在内容的选择上和主流文化扯不上多少关系，他们更在乎那些被大家定义为非主流的、边缘的次文化内容。然而，这些带有街头文化气息的内容却吸引了全球青年的关注，VICE 逐渐获得了大量的人气。VICE 并不只是靠噱头来博取眼球，如今他们也会去制作严肃的内容，以更贴合年轻人的角度去报道新闻。VICE 并不止步在平面内容，他们还涉足视频领域，自制视频内容，和多家主流媒体或平台合作（如 HBO、Verizon、Youku 等），或许在不久的将来 VICE 还会拥有自己的电视频道。这个被年轻人关注的 VICE，在 2012 年从大洋彼岸漂洋过海正式进入中国内地（其原创想计划于 2011 年进入）。我们找来 VICE 中国的主编王戈分享他对 VICE 的发展以及新媒体的看法。

GQ：什么样的内容在 VICE 中国里更受欢迎？VICE 在进入国内后，在内容上做了些什么样的本土化？在选择内容上，你们更倾向于制作什么样主题的内容？

王戈：与其说“什么样的内容更受欢迎”，不如说质量高、角度好的内容更受欢迎。这不是大空话，是经过实实在在的浏览量验证的。起初我们也很主观地认为，长文章不太会有人读下去，但事实并非如此。当然，一些噱头比较强的（尤其是跟成人产业／生活有关的内容），会在短时间内积累很多浏览量，无论 VICE 中国还是 VICE 美国都这样。但内容质量够高，再长的文章、再严肃的主题都是会有人看的，而且浏览量会随着时间的推移慢慢累积，最终你会发现，一篇讲世界最大鸡鸡的文章和一篇讨论切尔诺贝利核灾难的文章，在总阅读量上并没有那么大的差别，只是积累的速度有快慢而已。

目前我们的本土内容明显并不多。本土内容的制作是我们一直在探索的领域，因为这其中涉及文化差异和社会环境的问题，我们一方面希望能带给读者更广阔的视野，另一方面希望能引发读者的讨论。我们并不倾向于在话题类别上纠结，而更希望能建立一种说话和看待世界的方式，具体来说就是：自己去找答案，什么事都可以想一想“有什么意义”。举个例子，我们 2015 年做过一篇叫《为了搞清公交车上那些性骚扰者都是什么人，我混进了这群 LOSER 的根据地》的文章，讲的就是在百度贴吧一个叫“顶友”的贴吧里，很多 loser 分享着靠在公共场合用生殖器触碰女性达到快感的经历。作者是我们现在的一个编辑，当时她还是实习生。文章的想法就是在楼下抽烟的时候聊到的，后来她就去执行了——这是个很有噱头的选题，但结果引发的就是关于公共场合性骚扰的讨论。混入贴吧就是“自己去找答案”，引发的这些讨论就是“意义”。还有一个方式就是：如果你对某个问题有疑惑，自己又不懂，那就去找懂的人问问——“我们和 ××× 聊了聊 ×××”。另外，我们希望制作的内容更多是跟今天与未来有关的，即使在谈论历史和老的东西，也必须探讨其对今天的影响。

GQ：你认为国内和国外在新媒体环境上有何分别？

王戈：就我个人和新媒体打交道的经验来看，最大的区别就是分享氛围。国内的很多

社交平台，其实很难说是真正的“社交”平台，因为分享的氛围很差，只是想把分享、阅读、支付所有功能都包揽。很多社交平台起初做得挺好，大家都在分享东西，后来就变成：一切都要在这个平台上进行。

VICE 美国一直秉承着内容为王的宗旨，即使有再多的商业拓展与合作也是这样，你需要真正花时间去找到年轻人的语言，找到年轻人真正会感兴趣的内容（包括“已经有兴趣的”和“不知道自己居然会关心的”话题领域）。我们在这点上绝对是保持一致的，但会在推广手段上有些差别——毕竟像我刚才说的那样，文化有差异，社会和网络的环境也不同。

GQ：VICE 中国在国内推进新媒体的项目时，遇到什么样的困难？

王戈：困难其实还谈不上，就是有很多人不读文章就评论，当然这也是全世界的通病，不单是中国读者的问题。

再就是没有意义的评论，比如“然并卵”和“什么鬼”，我挺难理解这种评论的：我如果没什么可说的，我就不说了，想找存在感的话我有其他的方式。然后就是（特别是微信公众号上的）抄袭，不过我想这也是所有媒体都面临的问题。除此之外，我还真没感受到什么困难，都不是什么大事。

GQ：创想计划是一个怎么样的项目？为什么会进行这个项目？并举例介绍 1-2 个在 VICE 中国推进下比较有代表性的创想计划。

王 戈： 像 NOISEY、MUNCHIES、i～D、FIGHT-LAND 等众多频道一样，创想计划（The Creators Project）是 VICE 下面的垂直媒体频道之一，专注于“科技与艺术文化的结合”。开始这个项目的理由很简单：VICE 从杂志、互联网到多媒体，经历了不同科技环境下的不同变化，所以也希望有一个媒体平台，展现全球范围内在新媒介环境里产生的艺术创意。创想计划是一个每日更新的媒体频道，近几年的时间也介绍了大量来自中国的优秀艺术家、音乐人、设计师等等，我们希望在一个国际环境里，把他们呈现给更多人。

创想计划是 VICE 在中国启动的第一个频道，在 VICE 中国网站上线前就以线下活动的方式在中国落地。最早我们与服装设计师王在实（Vega Wang）就进行过合作，发布了她的冷光片系列“Alpha Lyrae”；后来也一直持续报道着中国年轻艺术家在科技和手工 DIY 上的尝试。

GQ：对于新媒体未来的发展，有什么看法？VICE 中国会有什么打算？

王戈：我的看法就是不要再讨论“新媒体的未来了”，说实话，就现在中国的网络环境，这个词跟我们还没什么关系。前段时间，我们刚刚上线了自己的 iOS App，也是非常简单的展示内容而已。这就是我眼中的新媒体——换了个载体。新媒体带来的改变更多是阅读和观看习惯上的，跟内容本身并没有关系。没有合适的、好的内容，什么平台都是扯淡。

未来我们的主要精力一定还是放在内容上的，其次也会有更多的落地活动。对了，说到新媒体，我想推荐一篇最近发布的文章，叫《我们和第一次上网的古巴人聊了聊他们上网都干什么》。很简单的街头采访，但能让你在读完后好好想想当初为什么上网，以及你现在上的是什么网。说到底，互联网就是为了让你跟世界相连，分享更多你以前接触不到的东西，激活你的思维和看世界的方式，这个初衷从来就没改变过。

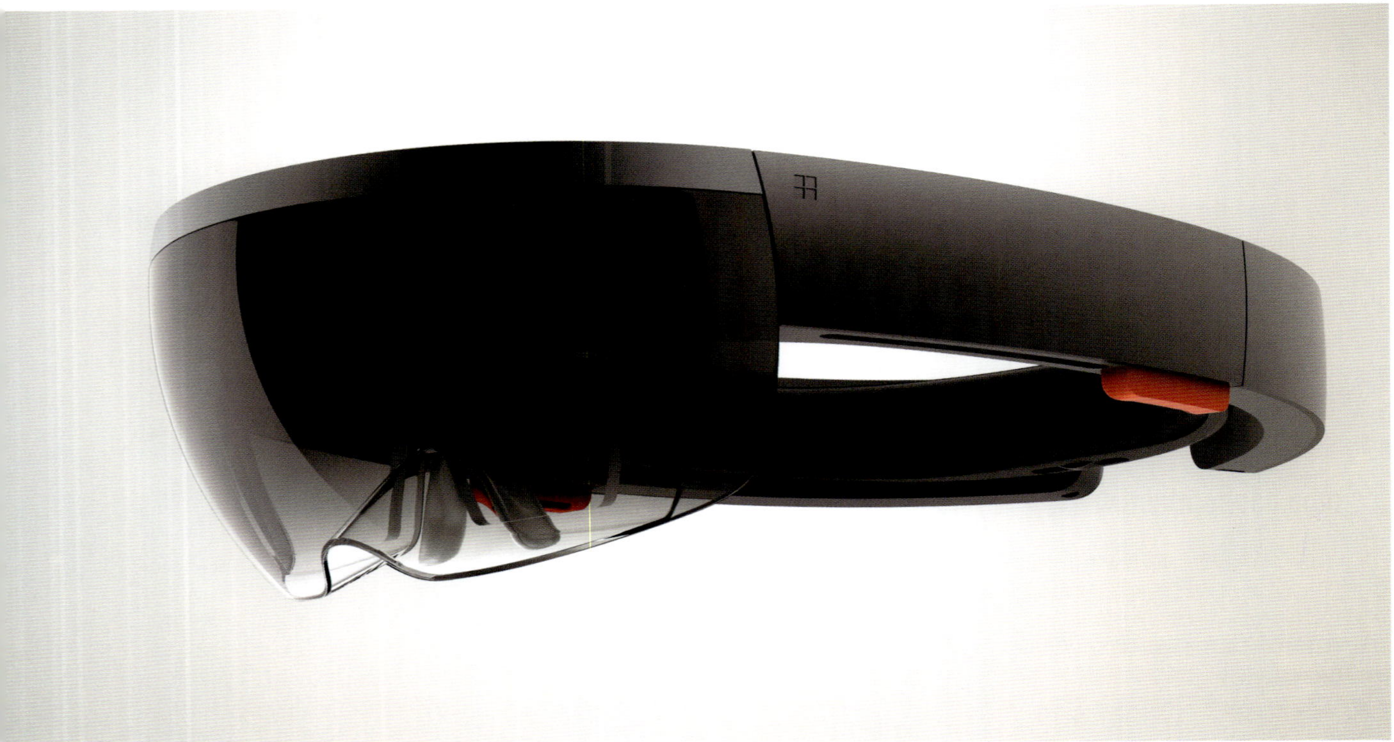

MICROSOFT HOLOLENS

作为全球首台运行 Windows10 系统的全息计算机，Microsoft HoloLens 采用了增强现实技术（AR）以及全息投影技术（Windows Holographic）。它可以将虚拟物体或非几何信息叠加到真实世界的场景之上，逼真的全息效果足以欺骗你的大脑。

微软在外观设计上更加注重其舒适度，整个设备的重量被环状分散于头部四周，这让你的耳朵、鼻子如释重负。通过后侧滚轮，你可以根据自己的头型对它进行大小调节。

内部的可蓄电池容量超过一台笔记本电脑，你不必再为随时充电而苦恼，没有风扇也能自动排热。Microsoft HoloLens 并没有烦琐的电线和外置摄像头，使用起来也无须连接手机和 PC，戴着它你可轻松游遍房间的每个角落。

位于镜片后方的内置摄像头，可覆盖的水平视角和垂直视角达 120°，也就是说当你透过它看时，几乎无死角。这次微软通过特制的硅材料打造了全息处理单元，每秒可以通过传感器获取大量的数据。它能迅速地知道你在看哪儿，以及你周围的环境。

只享视觉当然不够，它还可以为你打造身临其境的无耳机音频体验。微软通过分析人耳接收声音的特定位置，研发了还原真实的内置发声器，你可以清晰地听见房间内任何角落的全息声音。

通过 Microsoft HoloLens，你甚至可以利用手势对全息图像进行微调整。无须任何按键触碰和点击，而只是用手指在身体前方比画。这方便了想要时刻分享灵感和创意的你，不经意的想法立刻跃然纸上。

SONY PROJECT MORPHEUS

这个看着很酷的家伙，基本上算是第一代 Project Morpheus 的升级物。它配备了 1920×1080 RGB OLED 显示屏，5.7 英寸屏幕的可见视角范围扩大到 100°。刷新率为 120 Hz，延迟时间相比第一代的 36 毫秒，它只有 18 毫秒。

新版 Project Morpheus 增置 1 前 2 后的 3 个 LED 灯光来使其支持 360°的动态感应，共有 9 个 LED 动态追踪器，能够快速感应头部位置，让你能更直觉地体验第一人称游戏的真实感。逼真的视觉效果会让身体做出各类本能反应，所以使用时请留意周围是否有人围观。

佩戴方式也由原先的双固定带简化为单固定带，且增设了快速脱卸按钮。索尼在提升佩戴感受的同时也减轻了设备的重量，你不再需要利用橡皮带将其紧紧扣在头上，重量分散于头部四周，不会对面部及耳部造成负担，更不用担心因为佩戴不当而造成漏光。

LILY

无人机横生的时代，Lily 脱颖而出。光是“一抛即飞”的操控方式就能让你玩上好一会儿了，无论是平抛还是侧抛，它都能快速地进行自我平衡飞行。别担心，即使它飞得再远，也都能通过计算机视觉技术和内置的摄像头，自动停降在你的手上。

Lily 只有 1.3 千克，一个巴掌就能稳稳握住。26.1 厘米 ×26.1 厘米 ×8.18 厘米的尺寸能让你将它纳入囊中，随身携带。按下开关，当它位于正面萌萌的眼睛变成蓝色，就表示已经蓄势待发了。

它的外壳采用了聚碳酸酯材料，从而能够抵御猛烈的碰撞或者硬着陆。除此之外，其额定防水等级达到了 IP67，等同于三星 Galaxy S4 的防水性能。即使将它扔进水里，也能轻松起航。

Lily 配置的相机采用了 Sony iMX 117 模块，可拍摄 1200 万像素照片或 60fps 帧速率的 1080p 高清影片。不同于往常，它并没有外置防抖措施，而是采用了类似于 Instagram、Hyperlapse 的数码修正技术。

Lily 还配备了一只小型 GPS 定位器，将它戴在手腕上或置于口袋里，Lily 就能对你进行准确的跟拍。GPS 定位器内置了小型麦克风，近距离地收集你的声音，最后与拍摄画面相结合，还你真实的现场效果。

当定位器感知到用户的快速运动或者缓慢运动时，传感数据可以自动触发无人机的“缓慢拍摄”或者“快速拍摄”模式。通过 App 或者定位器设置，还可以从跟随拍摄模式切换成 360°自拍模式，最后你会摇身出现在一段看似大规模制作的短片之中。

通过 App，能够实时传输低码率的流媒体视频，你可以根据喜好控制各种可自定义的拍摄参数。还能对它进行编辑和分享，让人一睹你的精彩瞬间。

Lily 内置的电池能够支撑 20 分钟的飞行，电量耗尽之后只需 2 小时又能轻松上阵。它内置了 4GB 的内存卡，你也可以插入外置的内存卡扩大空间。

IMMERSIS VR PROJECTOR

Immersis VR Projector 的外形，酷似邪恶版的皮克斯标志台灯。不同于头戴式设备，它是一款能直接将你所在空间融合到全景视频和游戏中的新硬件。只需连接 PC，它就可以在 180°的空间内投射出照片、视频甚至游戏等各类影像。

Immersis VR Projector 所依据的原理是针对你所在的空间进行 3D 建模，由此确定每个投射像素的 3D 位置，并根据内容来判断投射的是平面还是 3D。Immersis VR Projector 能投射 1080p 分辨率的画面，其对比度达到 100,000 ∶ 1，良好的画面提高了虚拟现实的体验。

屏幕、平板或电视机都可以和此投影机进行整合，也就是当 Immersis VR Projector 所投影的空间里有屏幕时，此机器会把整个画面中屏幕所占的画面串流入屏幕，从而获得更加清晰的画面，并且允许你和屏幕进行交互，例如使用鼠标、键盘等输入控制工具。

当然，你也不用担心效果因家庭墙面结构而受影响。因为在对 Immersis VR Projector 进行设置前，你可以描述家里的墙面状况，如此它就能根据实际的场景对投射的画面进行调整，使它看起来是一整幅平滑的画面。

Z CAMERA E1

国货来了。Z Camera E1 身材虽只有 GoPro 大小，却是一款可更换镜头的数码相机，体内塞入了一块松下 1600 万像素 MN34230 CMOS 传感器，可自动控制且兼容 M4/3 镜头，也支持快速自动对焦。视频拍摄是它的强项之一，最高分辨率达到 4096×2160（在 24fps 的帧速率下），可连续拍摄 45 分钟以上的 4K 视频。

外观设计十分简洁，除了镜头释放按钮、快门和电源键之外，你还会看到一块黑白的 LCD 状态显示屏，以及后端一块 320×240 分辨率的非触控彩色显示屏。它提供了一个麦克风插孔及 I/O 端口，可实现相机的远程控制，比如和无人机进行同步。

必不可少的是 WiFi 和蓝牙 4.0，将它与手机连接后，你可以通过安卓或者 iOS App 直接对它实施操控。带上镜头和电池的机身重量仅为 209 克，与无人机作为搭档再适合不过了。

NOKIA 360 度虚拟现实摄像机 OZO

这个有 8 只眼的球体就是诺基亚的 OZO 摄像机，在球形表面，8 个光学传感器之间的间距基本相当于人眼的间距。内置的 8 个麦克风录制三维声音，能够为你提供更真实的视听感受，完全可用它独立拍摄全立体的虚拟现实视频及音频了。

OZO 还支持快速回放功能，你不需要像以前一样通过专业软件耗费大量时间拼接才能预览，它的快速回放功能可以在几分钟之内渲染出低分辨率的视频，为拍摄者预览当前效果，并且做到无缝整合。

别以为可以轻易买到它，OZO 并非是一款消费性电子产品，而是只面向行业用户。诺基亚的初衷是利用它来为好莱坞或广告媒体行业制作 VR 视频，虽说诺基亚做影像产品听起来有些突兀，但说不定哪天你就能看到由它完成的好莱坞大片！

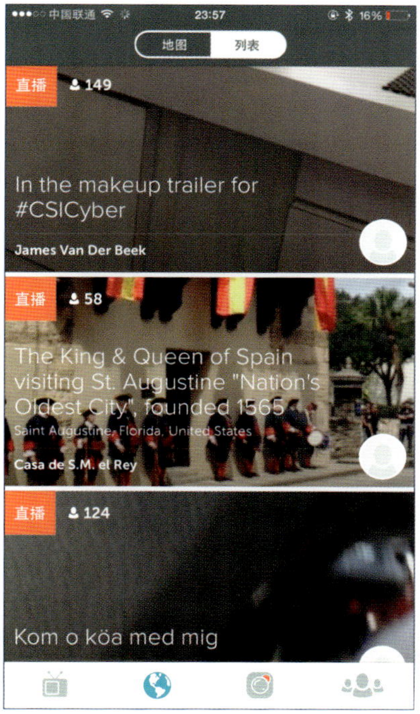

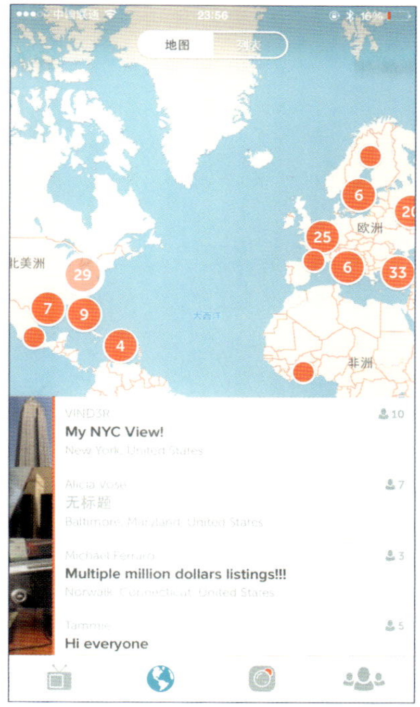

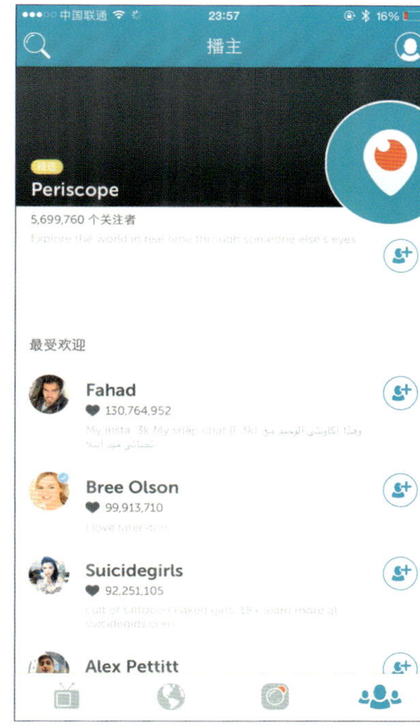

PERISCOPE

直播并不仅限于新闻报道或是美女主播，Periscope 更全方位地定义了直播的概念。通过它，任何人都可以在网络上开启一个直播，与全球的用户分享你的所见所闻。你可以在 Periscope 的发现功能一览世界现状，说不定某位好莱坞明星正在晒自己的度假时光。

当你关注了感兴趣的播主，就能随时看到他正在直播的内容，这绝对比追剧精彩得多，因为你完全不知道下一秒的剧情，更何况这是真实发生的。

Periscope 提供两种方式观察世界。你可以选择地图模式，根据地域性去观察某地某时正在发生的事儿；或是选择列表模式，立即看到此时最新的直播。界面会直接显示直播当下的观众数，数据可以提示你是否值得一看。

看腻了别人身边发生的，那何不自己也来做播主？你只需简单对它进行描述，并用镜头对准你想分享的即可。当你的内容足够精彩，就会引来关注者，他们甚至可以在你的直播界面上进行实时点评，请热情地跟他们打招呼。

虽说服务器位于海外，但 Periscope 的卡顿状况也属于可接受范围之内，并不会影响直播的流畅度。即使 2015 年 3 月被 Twitter 收购，Periscope 也不仅限于 Twitter 账号登录，手机号码登录的方式成为了国人的福音。

WIKILINKS 3

如今，维基将浩瀚的字条数量以及丰富至极的字条解释装进了移动端。在搜索界面结合了维基百科和维基词典两项服务，根据你的需求轻松切换。当输入条为空白时，下方会出现你所在位置附近的热门词条。

WikiLinks 3 最值得一提的非其交互设计莫属。当你搜索某个词条，它会以此为中心向四周扩展出 7 个相关的词条，形成动态的关联图。操作起来相当简单，拖拽或双指缩放即可。通过长按词条，就能预览信息摘要来决定是否收藏、详细阅读还是从关联图上消除。

维基还考虑了你的视觉感受，WikiLinks 3 共有 23 套主题，并且在阅读过程中，你可以随时切换语言类型以及全屏查看图片，也可通过左右滑动的方式浏览图片，点击图片就会立即跳转到该图片在文中的位置。

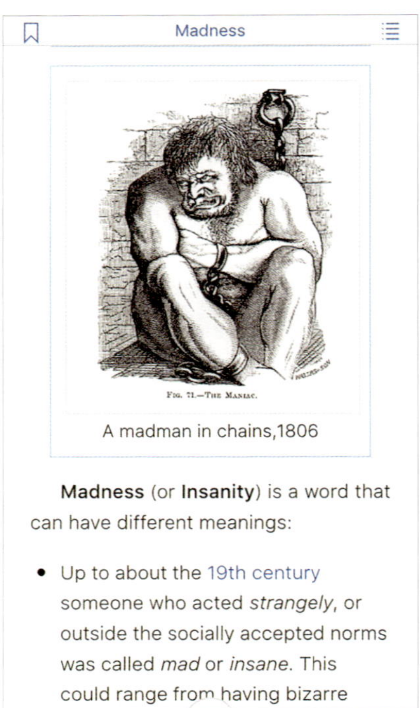

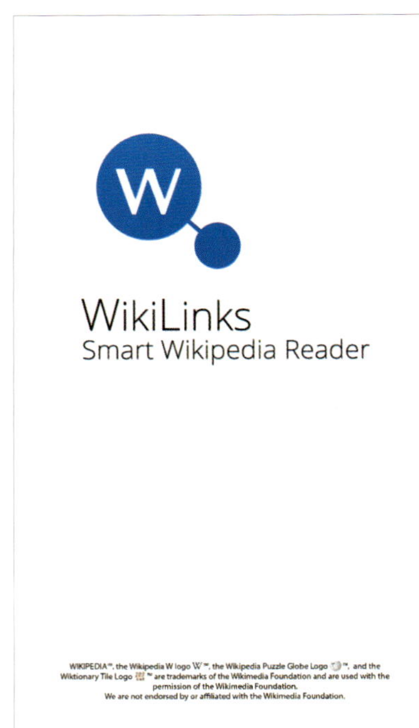

WONDERS

移动端看世界对你来说也许不再新鲜，但 Wonders 却一心只想为户外爱好者提供更好的视觉享受和旅行参考。图片的角度独特有趣，你总会被某一张吸引。［shots］一栏每日为你推荐不同类别的风景图片，而这些图片同时会出现在［stories］一栏相对的故事集中。如果你喜欢它当然可以收藏并分享。

你甚至可以在［explore］一栏中根据不同的类别去发现世界，例如冲浪或是雪景等，关注的主题将会在［shots］进行每日推荐。

界面简洁分明，图片的大色块让画面看起来很有质感，每一张图片都让人想身临其境去感受一下。它甚至会为你介绍世界各地的美景，你不妨在欣赏完美景后看看那背后的故事。

MONO

如果你此刻正坐在办公桌旁无聊，不妨让 MONO 为你呈上可口的下午茶。它集合了 VICE 中国、煎蛋、返场 Eardrum 等众多青年人所热爱的媒体内容，千奇百怪的冷知识和有趣新思维都值得你一阅。

除了推送内容风趣之外，周边内容也下足了心思。当你看完推送内容却还意犹未尽时，只需用手指下拉，即会弹出边栏：玩个游戏、看个视频、听首歌，丰富的选择足够让你在办公室假装很忙了。

改版后的 MONO 一甩之前统一推送的单调模式，你可根据自己的喜好选择主题，订阅之后的更新内容也会在专题时间流中显示。下午茶板块更是在同一个主题下聚合了相关的文章、视频、音乐等内容，涉及有趣的话题和领域，精彩程度轻松超越朋友圈。

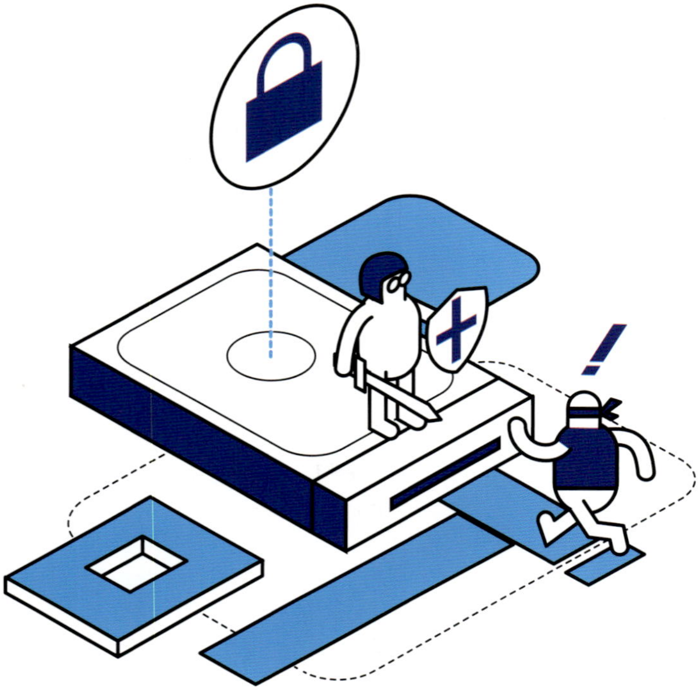

ACT NOW

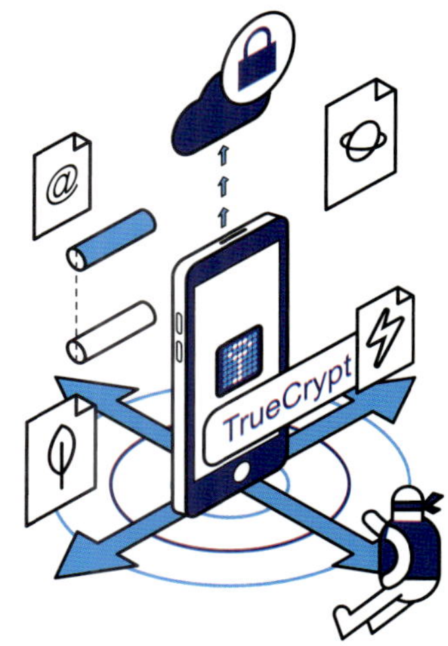

如何保护你的私密数据和文件

我们的硬盘和手机都保存着大量的个人信息和数据，然而它们又是如此的容易被盗或遗失。并没有一个万能的方法可以解决这个问题，但你不能坐以待毙，应该采取一些措施来减少风险，防止私密信息泄露。

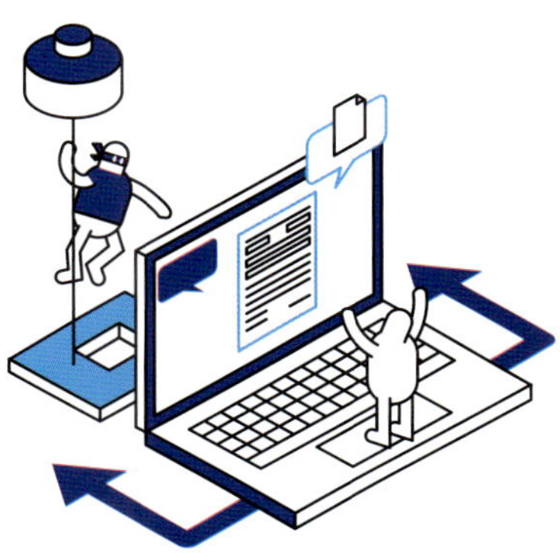

TIP1

为硬盘进行加密

据了解，每年有很多人因为使用免费WiFi后而导致自己的隐私数据泄露（例如银行密码或者私密照片）。不要做这样倒霉的人，你可以对硬盘数据进行加密。根据操作系统的不同，协助的软件都有所不同，这个需要你自己去查找一下，找出最适合你的个人设备的加密技术。

TIP2

加密云端数据

TrueCrypt 这样的插件可以允许你对自己的云端数据进行加密，不过你要知道这会有一个缺点，就是你无法随时随地地在手机里打开储存在云端的文件，或者分享给朋友。

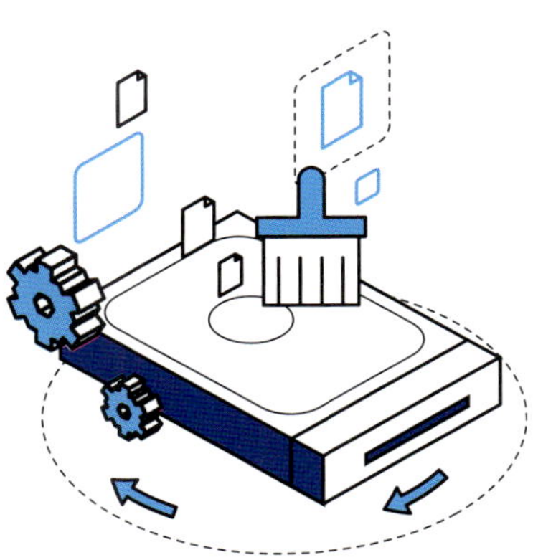

TIP3

保证重要文件的安全

U 盘、SD 卡、备份硬盘等都是容易受到攻击的，不过刚才提到的 TrueCrypt 能再次帮到你，由于它是开源的，因而能在时下各个主要的操作系统中运行。

TIP4

不要用你的数据来测试软件

由于方便性，不少人会用真实数据来测试最新的加密软件，但切勿这样做。已经有不少媒体报道过类似的问题，不少软件是骗人的，或者它们的技术还需要时间来成熟。

TIP5

了解隐私政策

当你把数据存在网络云端时，你应当认真了解它的隐私政策以及其安装在电脑上的用户端的协议。如果一个网站没有隐私政策但又想读取你的个人数据时，请赶紧躲开它。

TIP6

把数据垃圾彻底清除

当你把任何储存设备借出或者卖掉时，一定要把里面的数据彻底清除。简单的删除不足够，利用一些数据擦除软件进行清除吧。

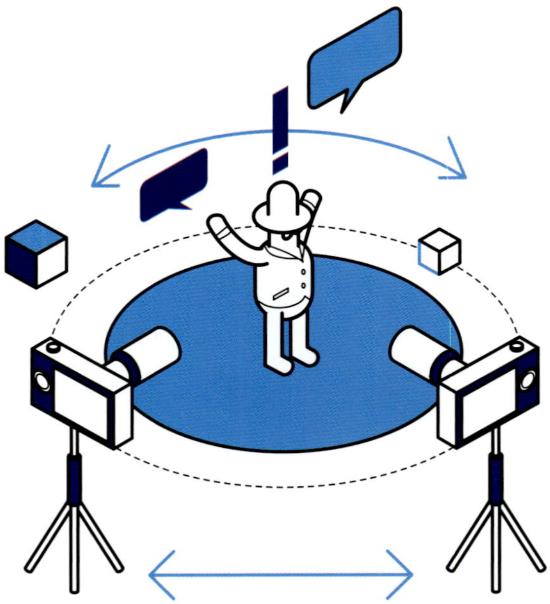

如何做一个 3D 的 GIF 动图？

当我们提起 3D 影像时，通常第一时间想到的便是那个特殊的眼镜。而那些能在电脑屏幕上显示的 3D GIF 动图其实能用一般的相机来制作，以下就学一下怎么去把 GIF 动图和立体摄影技术结合吧。

TIP1

准备这些设备

事实上，利用两张稍微有点儿不同的图片来模拟 3D 视觉的技术相当古老，早在 19 世纪就有摄影师那样做了。因此，你所需要的是一个照相机和相应的图片编辑工具。我们推荐你用 Photoshop，如果你没有购买，那免费的 GIMP 编辑软件也可以解决这个问题。尽管任何相机都可以使用，但具备手动曝光功能的更好。

TIP2

找一个适合的拍摄对象

这个被拍的对象应是不能移动的，并且前后景都有清晰的细节。对焦到这个物体上，然后拍一张照片，稍微水平移动相机几厘米，再对焦拍一张。这个过程，尽可能地保持相机的曝光数值是一致的，同时利用三脚架来保证两张照片在同一水平进行拍摄。

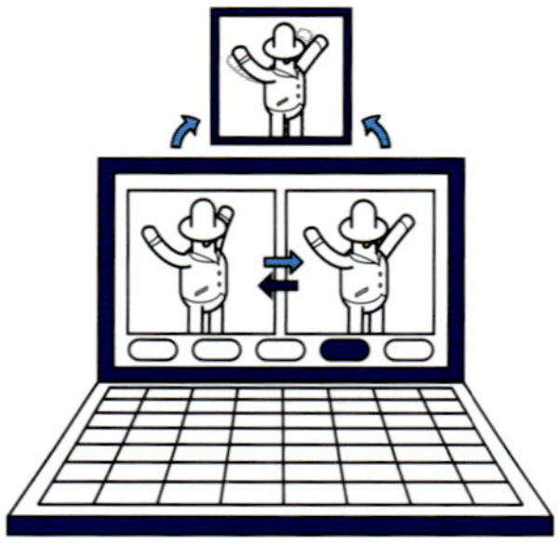

TIP3

合成照片

在照片编辑软件中打开这两张照片，通过被摄对象来把两张图片对齐。把文件输出成 GIF 格式，并使这两张图片来回闪烁。每一帧画面应该保持 1/12 秒，如果按照英国电视节目的设定（每秒 25 帧），那就是大概一秒内放 2 帧。当这个 GIF 在播放时，两张照片会循环闪烁，你的大脑就会误以为看到一个 3D 立体影像了。

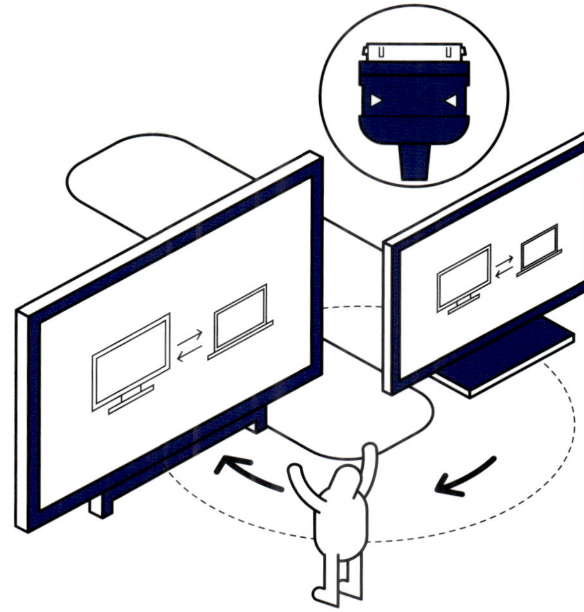

如何把你的电脑转成家庭媒体中心

如今，像 Apple TV、小米盒子之类的媒体播放器十分受欢迎，但并没有一个“盒子”能给你提供一切。所以当这些流媒体盒子无法提供你需要的服务时，你该做些什么呢？有一个解决办法，就是你自己动手把电脑的内容串流到电视里，也就是我们常说的家庭影院电脑（HTPC，Home Theater Personal Computer），能从互联网或者各种数据储存设备里读取各种内容。

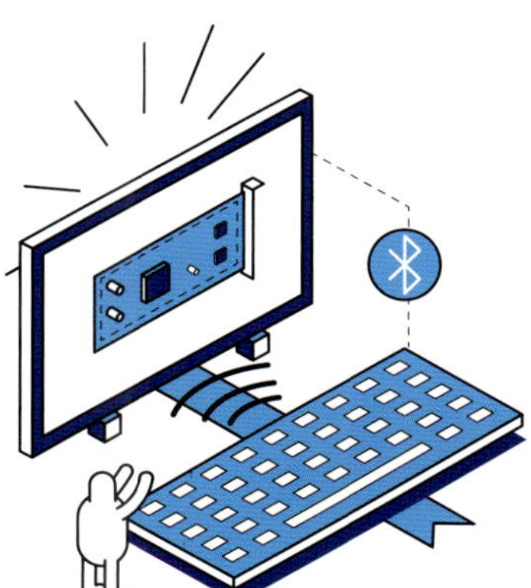

TIP1

基本知识

你不需要准备繁复的设备，只需要的是能把视频从你电脑串流到电视的 HDMI 输出口。把电脑的 HDMI 端口和电视的 HDMI 端口连接，由于电脑和电视机的分辨率不一样，所以你可能需要在电脑里调整一下输出分辨率，使串流到电视的画面正确显示。因此，在你设置好画面之前，你应该保持电脑本身的显示器继续显示，以方便你进行操作。

TIP2

有用的硬件

一旦你要开始进行串流媒体，那不妨购置一个无线键盘吧，确保它有足够的覆盖范围，因为不少无线键盘的信号无法完全覆盖一个大空间。一个没有风扇的显卡也是好主意，毕竟你也不想在观看喜爱的节目时被电脑那风扇声打扰吧。当你正欣赏你最喜欢的节目时，你的电脑风扇在工作时发出的声音会分散你的注意力。最后，一个电视调谐卡可以用来接收并录下电视信号，就如数字录像机差不多。

TIP3

有用的软件

如果你想观看如 Netflix 那样基于网络的串流电视，那网页浏览器就必不可少了。还有，你可以安装 AutoHotkey（可免费安装）这样的程序，它允许你按照自己的喜好来设定热键，例如 F6 打开某个视频网站，F7 可以是打开你硬盘里的某个已经存下的视频。还有不少软件能增强你电脑成为媒体中心的能力，例如 Xbox Media Center，它就是一个受欢迎的跨平台的选择。

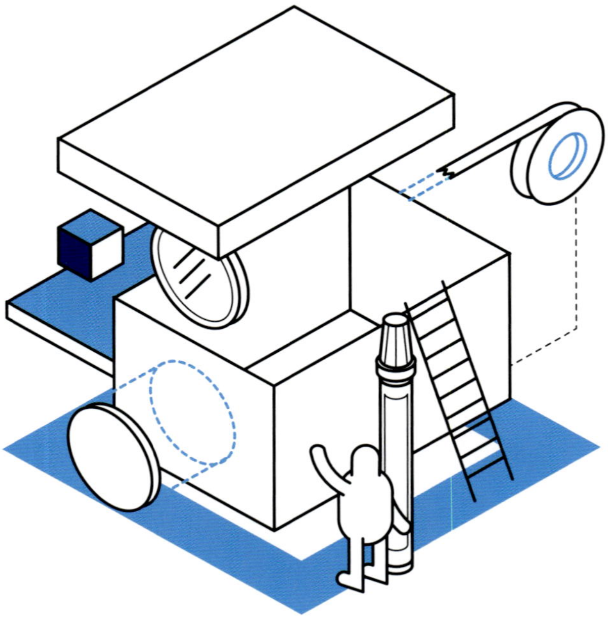

利用鞋盒为手机制作一个电影投影仪

家庭影院需要耗费你一定的资金，但利用一个鞋盒和放大镜片，你也可以用廉价的方式去做一个投影仪出来。

TIP1

组一个鞋盒

构建投影仪你需要：一个鞋盒、一个大回形针、智能手机、尺子、马克笔、放大镜、手术刀、胶带以及黑漆。盒子的里面先涂成黑色。在鞋盒的一个短边中，按照放大镜的大小来裁出一个圆圈，尽可能地跟放大镜贴合，以防漏光。在另外一个短端剪一个小孔，用于手机充电线的穿入。现在把放大镜置入刚才的圆圈区域里，一定要保持它和这个圆圈贴合。

TIP2

做个手机支架

你的智能手机放在纸盒之中时需要保持垂直。把回形针弄直，并剪到 15.5 厘米长。然后标出 6 个点，从两端开始算分别是 1 厘米、4.25 厘米以及 7.25 厘米（最中间的两点之间的距离应该是 1 厘米）。从中间两点分别弯曲这条铁线，分别是 95°，形成一个平底的 V 形。保持这个平底是在桌面上，在刚才的两个 4.25 厘米的位置再折合各形成一个锐角，并保持这两条直线平行。最后在那两个 1 厘米处继续弯曲铁线，并形成钝角。把这个架子倒置，就是你手机的支撑架了。

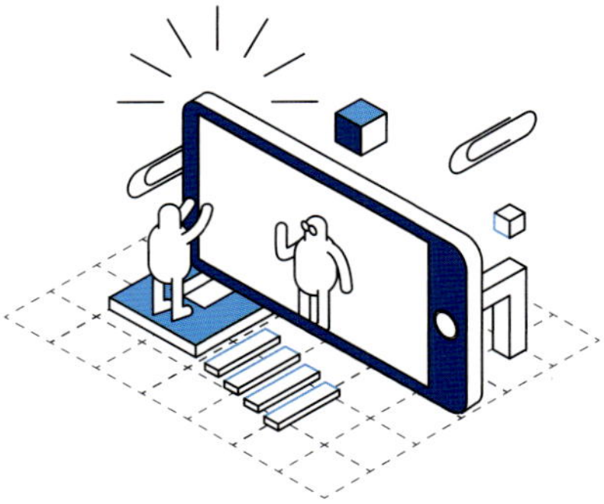

TIP3

开始投影

把手机屏幕设置成横屏，并且要上下颠倒，因为光线透过放大镜时会上下颠倒。利用墙面或者薄板作为投射屏幕。你要确保整个环境尽量黑暗，并把手机屏幕的亮度调到最高。把手机和支撑架放在盒子中，开始投影到墙面上。前后移动盒子来调节投影焦点，再把手机前后移来微调。

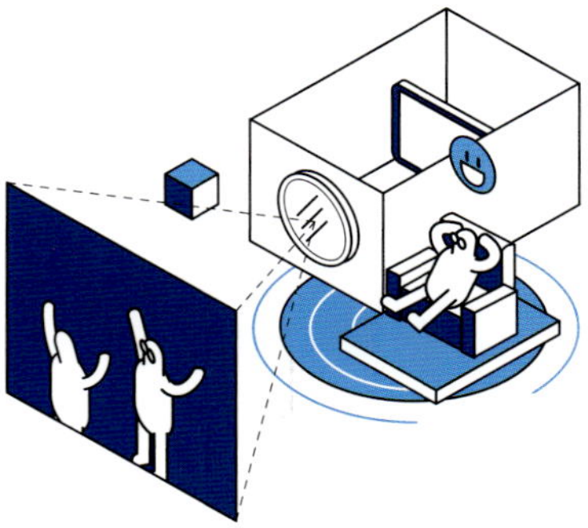

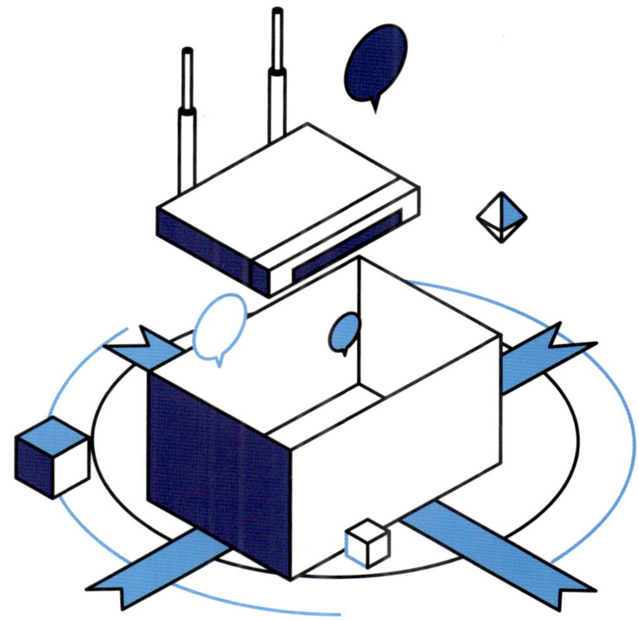

如何推动你的路由器

为服务器定义 IP 地址、跟踪带宽或者设置无线热点，这些事情都很简单。我们来学学怎样让你的路由器更加专属且智能。

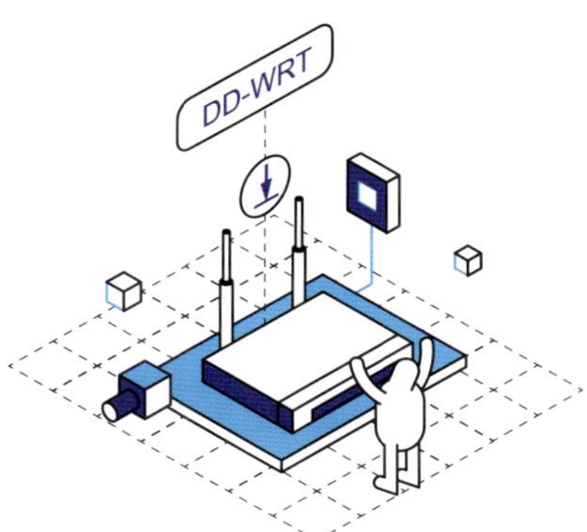

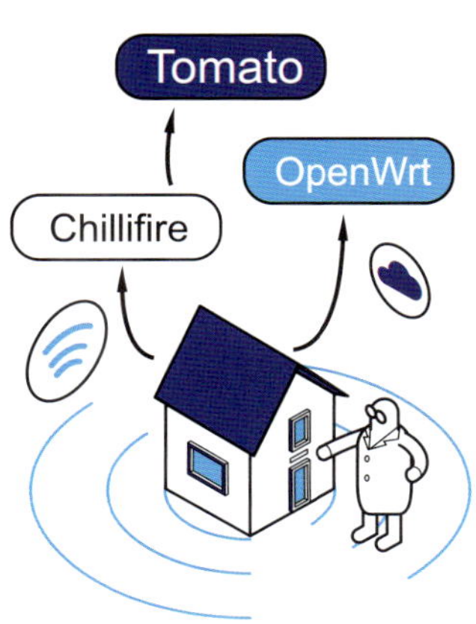

TIP1
选择正确的硬件

你能在一些二手店或者淘宝上找到如 Linksys WRT54G 这样经典的路由器，并且价格也便宜。它们的内置固件限制了这些路由器的能力，但现在很容易改变它。

TIP2
下载新固件

有一个名为 DD-WRT 的项目，它是基于 Linux 的无线路由固件，能提供一些一般的路由器固件不具有的功能，如 XLink Kai 游戏协议、IPv6、无线网桥和无线中继功能、超频能力、控制无线输出功率、超频等，也能对 SD 卡等硬件配置提供软件支持。它能为众多厂商的设备提供替换固件，你要确保自己下载的固件适用你的设备。

TIP3
刷机

从 DD-WRT 的网站里，你可以查到相关的步骤。刷机步骤能在路由的网页端界面操作，但关键是需要你的耐心，因为这需要一定的时间来更新路由的固件。

TIP4
让你的 ISP 路由器休息一下

你现在使用的路由器更乐意担任 Modem 的工作，把那些粗活留给这个刚被刷新固件的路由器吧。把你原来的路由器设置成 Bridge 模式，也就是桥接模式，能把网络连接范围扩大，解决路由器无法把信号全面覆盖所在区域的问题。这个设置过程因不同路由器而会有所不同，你可能需要上网查找一下相关操作。

TIP5
启动路由器

通过以上的方法，你就能以相对划算的价格来提升路由器的能力。DD-WRT 是目前最受欢迎的，如果你发现它和你的路由不适用，那试试去 Tomato、OpenWrt 或者 Chillifire 这些路由固件中寻找。

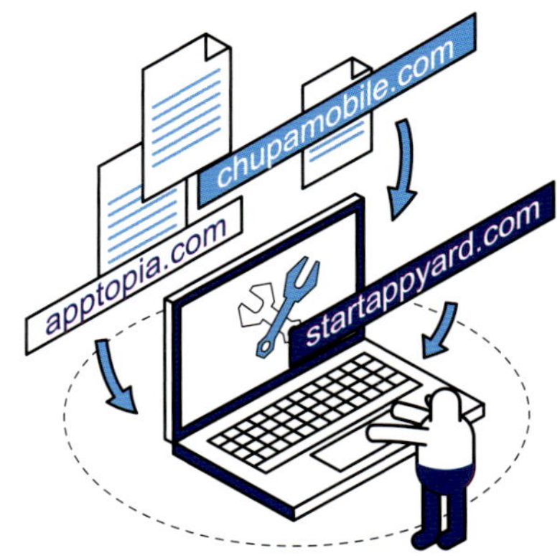

如何克隆一个手机应用

开发一个手机应用相当耗时。事实上，市面上有不少手机应用模板在售卖，你可以选择一个合适的，在其基础上继续开发和改善，从以下几步开始这个克隆吧。

TIP1

获得一个开发者账户

拥有这个账户你才能发布应用，你可以考虑 Apple Developer（年费是 99 美元）。同时，你也需要一个应用程序（如 Xcode）来修改源代码。你不必成为专家，但你还是需要懂得代码。

TIP2

购买源代码

在不同的网站（如 startappyard.com、apptopia.com 或者 chupamobile.com）你可以购买到源代码。如果你是新手，尝试从 startappyard.com 里购买 Flappy Crocodile 的源代码，它很受欢迎，也容易让受众着迷，并且还附有开发者教程。

TIP3

改变这个游戏

改变声音和图像是最简单的，只需要把那些新文件替代源文件，并在 Xcode 里更新细节就可以了。利用“Product Clean”功能，你还可以对这个自己制作的游戏进行代码上的精简。在发布游戏之前，你得在模拟器里先尝试一下。

TIP4

上传并发布应用

如果你打算贩售你的应用，那你得更改一下广告设置，确保你是在推广自己的应用，可在 Xcode 里对应用改名以及添加其他识别信息。在你把应用提交给应用商店之前，你应该让手机应用大小低于 20MB，除非你的应用是一个大制作。

如何让你的家更智能

借助各种环境感应器，位于旧金山的英国技术专家 Tom Coates 能够和他的住房进行“沟通”。通过这个房子的 Twitter 账号（@houseofcoates），这个房子会把房子的状况（如房间温度、报告灯光开关状况或者是否有人闯进了家里等等）告诉他的主人 Tom Coates 以及其他关注者。借助传感器、开关以及一些应用服务，你都可以提高你房子的“智商”。

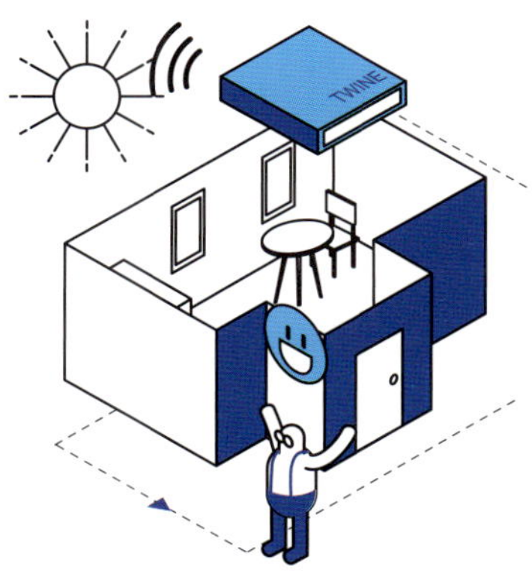

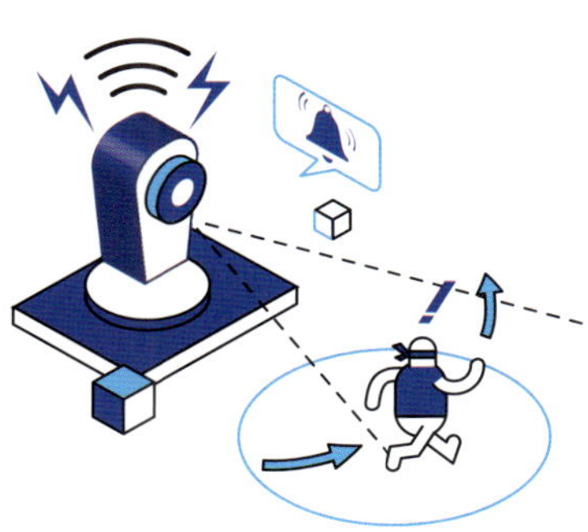

TIP1
获取工具

根据 Tom Coates 的经验，Belkin 的 WeMo 开关系统相当有用。把它插进插座，任何设备就能通过智能手机的应用进行远程操控，例如你可以躺在床上就能控制房子其他角落的灯光。WeMo 可以和任何电源设备连接，如电视、音响、加热器等。

TIP2
制定规则

当你把这些设备连上互联网，并让它们和其他设备进行互动，那事情就会变得更有趣。你可以尝试利用一个名为 If This Then That（IFTTT）的网站来让传感器发推特或者微博，也可以根据环境改变而自动调整。例如，通过 IFTTT 你可以命令家里的灯光在日落的时候自动亮起来，或者让家里的灯光自动关闭来强迫你去睡觉。

TIP3
保持舒适

为了让房子能密切关注环境的变化，你可以使用类似 Supermechanical Twine（可于淘宝上找到）这样的传感器，它能对振动、温度以及设备的方向进行检测。借助湿度传感器，那你还能知道自己家中的植物是否需要浇水。

TIP4
提高安全性

你可以给家里安装一个运动感应器，它能对房子里的物体移动进行监测。当你不在家里时，感应器一旦发现有人移动，在 IFTTT 的帮助下，房子就会发警告信息给你，这是一个非常便宜的防盗报警器。在这个运动传感器旁边你还可以安装一个类似 Dropcam 这样的相机，通过网页或手机应用就能随时查看家中即时影像。Dropcam 有夜视功能，并带有麦克风和扬声器，此时你可以跟那个闯进房子的人说：“你在我家干什么！”

TIP5
更聪明地使用技术

互联网连接并不足以让设备智能化。Tom Coates 就不会为那些没有明智地使用技术的设备买账，例如带有屏幕能显示网页的冰箱。他认为有一个 iPad 就能浏览网页了，干吗要花大钱去买一个这样的冰箱呢？他为自己的 iPad 安装了一个名叫 Status Board 的应用，能够追踪各个传感器的信息。他希望智能设备能往有用的方向发展，例如冰箱门没关好时能自动告诉你，这样才是有用的智能化功能。

760Li
M CV 1154

如何定义现在所拥有的生活品质？当生活方式被投射于品质，它应该是够多、够精良的选择所决定的个人化，也更是安全。就像本书的策划者所说的那样，“安全是生活之本，没有它也就没有生活质量可言；个人化则是一件锦上添花的事”——即便是在人对未来的设想和实践当中，品质也始终由此而来。

睿见

132

品质

安全、丰富和精良的个人化选择

仅仅在前几年，当我们想要了解一个陌生人对待自己生活的选择和态度时，还需要设计一份调查问卷，其中的问题也许会包括：兴趣爱好、收支比例、偏好品牌……种种种种，不一而足。

而现在，想要判断一个人把自己的生活置于哪个时代，或许应该问：你熟悉掌握了多少种购物方式？

是的，你没看错。“把自己的生活置于哪个时代”。即使所有人都生活在 2016 年，但是同一的时间维度并不能决定我们拥有着一样的生活态度，更别说是否选择相类的生活方式了。

这是一个革新精神催化着一切飞速变革的时代。短短几年，有些人所固有的生活习惯早已被新兴的事物颠覆：当你需要通过消遣放松自己时如何开启一场旅程，会住青旅穷游世界过间隔年，撅掉手机揣着《瓦尔登湖》去印度灵修，还是到最新最酷的邮轮上体验动力伞？当你对任何问题感到困惑、心存疑虑时，是向朋友求助、自己去图书馆查阅资料，还是选择打开手机里的 App？当你产生社会消费需求时，是选择出门购物还是网购，或者干脆使用移动客户端解决一切问题？

这是一个速生速朽的时代。刚有人彻底抛开电脑，宣布用一台时刻不离身的平板就能解决一切问题，立刻又有人声称只要一部智能手机在握就能足不出户度过余生；昨天还因为出租司机拒载而引发社会热议，今天就为叫车软件哪家强而争论不休；刚刚教会自己身边的上一代人如何用网络购物打

更新、更快捷、
也更具想象空间的革新力量
正在我们身边不断落地，
随之而来的是催生出了
人类更为细致
和深入的社会需求。

酱油，回过头来连奢侈品都已经开始在线闪购了。

好在这同样是一个由丰沛物质和自由思想为我们带来更多选择权的时代。我们可以支配自己的生活方式个人化；好在当下人人都是消费者，眼下的购买选择即你对何种生活方式所做出的投票。

比如爱逛百货的消费者你是否体验过 Both ShowRoom 这家将欧洲原汁原味的 Boutique 文化带到中国与当地文化融合的“一站式时尚精品贸易服务平台”，要知道它们可声称自己的使命是——为中国精品业界与国际时尚舞台零距离创造生态；或许你更钟情于 1990 年创立于米兰的 10 Corso Como，毕竟它从画廊到咖啡馆、书店一路走来、最终成为体现当今生活方式的时尚场所，实在让人不忍辜负；同时钟情于在线交易和手工制品？国外有 Etsy，我们有“我的手艺”，这里从一万八的中式水烟袋到三万九的品酒壶一应俱全；具体说到如何闪购一件超划算的奢侈品，不妨试试用你的亚马逊账户直接登录 MY HABIT，而 Indochino 则可以让你享受上门测量尺寸后定制西服的服务……

毫无疑问，这些存在于消费方式、途径和体验中的变化正改变你的生活品质。而新一代中国人对品质的追求也正促使各领域对于豪华的认知发生改变。

更新、更快捷、也更具想象空间的革新力量正在我们身边不断落地，随之而来的是催生出了人类更为细致和深入的社会需求。越来越多的一部分人携带着好的或者坏的点子投身创业大军，于是为满足另一部分人被越发细分化的、对于极限生活品质的需求而诞生的新兴产业不断迭代。

这使得人类对生活的理解和思考受到了冲击。对于物质和空间我们拥有了更多维度的感受方式、关于科技和对未来的想象力，我们拥有着无限可能性；至于对品质的极致追求，在这个始终被划分到豪华概念中的命题里，不仅那些几乎被细分到每个人的需求被关注、被解决，安全也是其中一个永远值得讨论和关注的基础部分。

当全新的豪华投射于品质，它是够多、

够精良的选择所决定的个人化，更是安全。

对自身健康的关注和投资永远应该是你的头等大事。医疗是人生中与安全关联度最高的命题，也可以被看作聚焦自身的投资。

这个命题目前有多少种解决方案？至少海外就医是其中一个。

近在眼前的就有北京盛诺一家医院管理咨询公司，专为那些有出国就诊需求的人群提供服务。出于对自身健康的安全考量，你需要知道的包括它是国内最大的出国看病全程咨询与服务机构，并且已经于2011年获得了美国联盟医疗体系（PHS）的官方认证。

其实出国看病这件事早已正规化和产业化，这家机构的官网上就明明白白地写着“专注于严肃医疗，只与美国、英国、德国等排名前10的医院合作；不介入抗衰老、美容、海外产子等非严肃医疗项目”，而作为美国医疗旅行协会唯一的中国官方成员，盛诺一家与国外多家权威医疗机构签署了战略合作协议，可以为国内居民提供全面、权威、可靠的出国看病、质子重离子治疗等海外医疗一站式服务。

在这之外，值得提及的海外医疗名单还包括：综合类医院中的佼佼者、创立于1863年的梅奥医学中心；位于美国俄亥俄州，作为心脏、血管中心和泌尿肾脏中心的克利夫兰诊所（Cleveland Clinic）、专注于癌症的德克萨斯大学MD安德森癌症中心；以及针对儿童的综合类医院：波士顿儿童医院等等。

现在不仅出国看病已经被越来越多人接纳并且付诸行动，利用可穿戴设备来缓解病症的新举措也在被逐渐推广；如果您在就医之前更习惯于先一步了解医疗信息，不妨先登录好大夫在线网站；想知道更多的疾病知识？打开手机里的丁香医生App就好。

当这种对于品质的追求被投射于一台车上，安全、丰富和精良的个人化选择同样是对豪华的全新解读。在途中座驾对人的保护就是安全的缩影，而全新宝马7系安全性能的演进正好像医疗、养生科技与观念的更新一样引领时代：置身2015，你如何定义“超级材料”的概念？全新宝马7系用这种比钢的强度高5倍、而比铝轻30%的高强度碳纤维内核来触发新一代材料革新；当品质投射于更强的功能性和人性化关怀之上，全新宝马7系带给我们这样一种光源：它比LED射程远300米，耗能更低，甚至可以自动规避同向和逆向行车的眩光风险；而头等舱级别的后排独立座椅更汇集了无数前沿科技，并以之来缔造以人为本的乘坐体验，只为了关注到每个乘坐者最细微的需求……

我们对个人化的追求不停于表面，和一枚大三针腕表所含机芯不同一样，也跟宝马全新7系在个性定制方面的革新一样，即将以够多、够精良的选择来改变你的生活。

生活方式包罗万象

八年前，孙赛赛所供职的杂志决定让他担任生活方式板块的内容总监。那时候国内杂志还都没有生活方式组，也没有这个板块的编辑。

“当时的老板说，你来当这个板块的总监，自己起个名吧。”孙赛赛就想，大家都用“lifestyle”来给杂志归类，这个板块也是生活方式啊——后来名字就这么定下来了。在这之后，各家杂志渐渐开始有了生活方式板块，他也就这么成为了整个中国媒体行业生活方式领域的创始编辑。当然，如果让他自己把这段故事讲给你听，他会谦虚地在后面加上一个“之一”。

2015 年 9 月，时逢孙赛赛供职的《智族 GQ》中国版创刊六周年。这本刊物在它的新媒体平台上推送了 18 篇“过去这 6 年来最能呈现这本杂志基本面貌和品质”的作品，而这之中就包含了 2 篇由他编辑制作的专题内容，《海岛人生》和《GQ 暗访完美服务》。

这些年来，作为一名一直专注生活方式的媒体人，孙赛赛给读者和自己所在的行业带来了很多有趣也有所启发的内容。那么由这本杂志乃至生活所给他带来的东西又是什么呢?

“在《智族 GQ》，尤其是在生活方式组有很好的机会，关于生活的所有领域你都能看到。无论是从车到表、到美食、到酒。我算了一下，自己工作十年去过大概一百多个品牌的总部或者工厂；光酒的产区我就去过三大洲的好几个产区；采访过大概三百多个 CEO 和总设计师。”

孙赛赛说，当你看到过特别多最好的东西或者是经常跟每个行业里最领先的人在一起的时候，无论是工作还是生活都会更挑剔；另外一方面则是对更多的事情有更多的容忍度——因为你同样看到了另外一些人是怎么过人生的：你知道这些大牌的设计师背后是什么、他们的工作是怎么样的，所以对更多的事有了更多的理解力。

品质就是立稳基石，然后锦上添花

现在距离他给杂志的生活方式板块命名已过去了 7 年，媒体人的身份也已经持续了整整 10 年。他怎么理解这个与自己结缘匪浅的词呢？

孙赛赛的原话是：“其实生活方式包罗万象。所有跟你生活相关的，或者能够让你喜欢的各种各样的领域、对你生活品质有所提高的事物都是生活方式”。

优悦是一种感受

孙赛赛说《智族 GQ》所倡导的第一个价值就是并没有一个统一的价值：你的生活应该都由自己做主。

这本杂志把“过跟别人不一样的生活”当作母题，所以会有《海岛人生》这样的专题，去讲那些原来跟我们一样在城市里工作生活的人群，突然有一天被各种的事情改变了想法，而去海岛过另外一种人生。

“我们通过这样那样的专题告诉你说其实生活不是只有唯一的传统哲学，你的生活有另外一种并行的还没有被你发现的世界，那是另外一种活法。但是我们通过这本杂志，想告诉你的是这些平行的东西有一天可能也会跟你相交织，只不过是换一种想法，换一种心境。其实我们传递的生活方式是多元化的。”

这本杂志对孙赛赛关于生活的理解影响深远，他从工作中得到的触动太多。

和主编王锋一起工作的第一年就被告知做杂志是要埋炸弹的，意思是说杂志要给人惊喜。“‘暗访完美服务’就是我们埋的一个炸弹，那时觉得国内的时尚杂志都过于谄媚，需要这样一个对品牌或者对目标比较公正的内容。”他说。

于是后来他找到 5～6 个分别来自航空、酒店领域的业内人士，一起总结出一百多个细节作为这个选题的衡量标准，细致到了打酒店预定电话时响了几声、check in 等了几分钟、等待的时候工作人员有没有微笑和提示，并且每到一家酒店进房间就画图记录，他和同事检查水渍、通风口的灰尘，甚至吹风机的插头连接电源是否牢固……实习生则在身后全程计时跟拍。

当这样严苛的内容操作遇上以同样的严苛程度作为标准的品牌，那些优悦品质背后所蕴含的东西几乎令人动容。

这些年，他见证过那些开业前为了把淋浴间密封做到完美而重新装修整个酒店每间浴室的酒店品牌，制作一款腕表会从机芯开始自造的奢侈品牌，为了一颗纽扣而开设工坊亲力亲为的服装品牌，以及甚至连产品上的金子都要由自己炼制的腕表品牌，正是它们让“优悦”这种品质真实地存在于世界之中。

而亲历过这些之后，孙赛赛更愿意把这个词描述成是一种体验，一种由外物带给人的感受。

他说，我们会选择一种更优质的生活、选择多花十几倍的钱去买一瓶很贵的香水，买的就是这样一种感受：你在喷出香水的同时得到了一种情感，因为这个味道而产生跟以前情感的连接——这是由品牌给你带来的感受，建立在一切严苛的细节和美好的过程之上。

它从每一处的细节之上一点点附加上去，可以给你情感上的喜悦。

那么更具未来感的优悦呢？孙赛赛说它应该“越来越实用化”“可能会更智能”。而在这之外，另外两个更加不容忽视的趋势就是：安全和个人化——即便是在人对未来的设想和实践当中，品质也始终由此而来。

安全是基石，个人化来锦上添花

制作这本书的时候，孙赛赛专门飞到旧金山采访了一个人。

那是个挺年轻的飞行总监，今年才 28 岁。他从 5 岁开始飞商务舱和头等舱、在 24 岁的时候就已经有了自己的第一个百万里程，后来成立了公司专注于做私人飞机代理。这就是那种最能讲出怎样订到好酒店、比较私人飞机的差别、告诉你头等舱和商务舱哪个更好的人。他由此来给客户提供建议，做定制旅行。

世界总是需要具备了各种丰富经历的人，从而对某一领域有着别人难以企及的深度认知。

而孙赛赛所擅长的事情之一就是找到这样的人，然后通过他来为读者提供最切实际、又最高端优质的建议。

这样的阅历和见闻让他对无论工作还是生活都越发挑剔，据自己说，他现在已经变成了那种买车的时候会自带一张 CD 去试听音响效果的人。他不得不承认的一点是，这份工作让自己变成了“不是一个普通消费者，而是一个能够更加深刻理解产品设计的人”。

而在这之外，他还需要比绝大多数人都先了解那些可知的未来。比如日本已经有医疗手段为人们做最早期的癌细胞排查，那么他要找到与之相关的人，并在完成一次深度采访之后，把它纳入到这本书里讲述安全相关的那部分内容当中去，然后呈现在读者眼前——用以说明现在的生活当中与未来最贴近的那一部分中，我们可以选择的某种维系自身安全的手段和方式，并能够以此来为生活品质得以保障打下坚实的基础。

孙赛赛相信安全是生活之本，没有它也就没有生活质量可言。

个人化则是一件锦上添花的事。相较于安全，孙赛赛更愿意把它描述成一种源于人情的关怀，这就像酒店给人的感觉一样，你去过的每一个五星级酒店环境都特别好，但是长久以来会让人记住的都是它对你个人化的关注。你的电脑屏幕脏了，一张客房服务人员手写的字条、电脑旁边一块擦屏幕的纸就能让你察觉到外界对自己的关注。

“个人化就是这个特别能触动你的东西，它对我们生活的重要就体现在很多时候很美的东西可能最后会被忘掉，但是始终留在记忆里的正是这些在感觉上曾经打动过我们的部分。”他说。

关于优悦的品质、或者关于未来生活本身，安全和个人化的迭代即将以足够多、也够精良的选择来引领你进入全新的时代之中。

Q+A

Q：作为这本书的策划者，你为它甄选内容的标准是什么？

A：首先我们梳理了整个下半年所有的关键趋势，比如说为什么要说邮轮、说“海洋量子”号而不说别的东西？第二，我觉得这本书里出现的内容是要跟中国人有些关系的，不会说读完这个完全跟我没有关系，是在国外特别远的地方才能有的东西。“海洋量子”号就是以天津作为母港的，而且中国到了一个邮轮会是现在和未来的时代，中国游客将会是全球第一大游轮客源，但是中国人还在把邮轮作为一种载体，没有享受邮轮生活本身，但是将来中国人的邮轮生活和邮轮旅游是更加向欧美靠近的。选择它作为内容，是因为我们看到了中国人的旅游方式的演变，这其实是一个大趋势。再有就是高端生活，所以我们为此飞到世界各地去采访的人也都应该是符合高端生活的。这些之外它还需要有实用的这一面，就是你看到书就能用到这个东西。比如我在这里看到了一个健康体检的内容，我知道自己可以去做这个检查。其中还有一个标准就是它应该像这台全新宝马 7 系一样，能够在这个行业中具有引领的意义和指导性。我们为这本书甄选的事物要能够说明未来的消费趋势，或者是未来的生活方式趋势。

Q：作为驾驶者，你对未来的高端车有什么样的期待？

A：我觉得首先它最好是能更人性化一点。其实全新宝马 7 系现在有这样一个简单的功能：驾驶者在疲惫的时候对车的掌控会削弱，一旦偏离道路它能监测到并且提示你，这样就能有效地减少碰撞发生的可能。再例如主动式的安全刹车，当你的车靠近其他车，有可能发生碰撞的时候它可以自己减速停住，能有效地减少碰撞发生的可能。这样的功能结合了车辆的安全性和人性化的考量，在驾驶员走神或者控制力下降的时候会非常有效。另外就是更多对对方的保护，比如在发生碰撞时车辆可以弹出外气囊保护行人、保护车身之外会碰到的物体；全新宝马 7 系也开发了带行人识别功能的夜视系统，夜晚开车，路上一旦出现人或者大型动物就会提醒。这些都是让驾驶变得更人性化的设施，可能是未来我们关注于各种环境上的敏感度，以及更全方位的安全保护。

Q：宝马本身是高端车品牌，当优悦的概念被用一台车来诠释的时候，你觉得它需要具备怎样的特质？

A：比如这台全新的宝马 7 系的车身结构就有高强度的碳纤维内核，它比钢的强度高却比铝还轻。我觉得这种骨子里的构架也是优悦，它从核心框架选用的材质就不一样；另外就是内饰空间的不同，我们最直观感受到的就是车里的座椅材质和内饰木头的质地，它的整个呈现也是优悦；另外就是更多的人性化，比如一台车它的导航可以投射在前车窗上，你就不再需要看屏幕上的导航；甚至它的音响品质非常非常的好。我觉得很多消费者都跟我一样，其实买车不在乎动力，在中国的大都市开车是提不了多少速的，所以我不在乎一百米内它能提速到多少迈，没有太多机会产生这样的使用需求；我更需要的是用这台车给自己的生活方式带来一些改变。

Q：你觉得这样的全新宝马 7 系会给人们的生活方式带来什么？

A：这台车给我们带来另外一个维度的使用体验，这跟以前是不一样的。因为我不是一个普通消费者，我是一个能够更加深刻理解产品设计的人。从这个产品的创新程度来看，将来一代一代的迭代就会改变人们的生活习惯。全新宝马 7 系是另外一种维度的产品，我觉得这是很了不起的。

欢迎来到未来

Welcome to future travel

未来之所以成为未来，是因为人类的想象和创新。在当下，那些几年前甚至几十年前被人类畅想过的未来已经抵达眼前，新的未来又将带给我们怎样的期待？在这里我们将为你揭示其中属于品质的那个部分。关于未来，品质将以何种形式体现？它将始终以安全为基础，它又同时是精良而丰富的个人化选择。

1 主动保护系统

疲劳驾驶可不安全。全新宝马 7 系的主动保护系统就是为了解决这个安全隐患而存在的。它可以在探测到疲劳迹象时向驾驶者发出警告，更可以在发生危险情况时介入，并在事故发生后将车辆制动停车。

2 高强度碳纤维内核

面对交通事故，我们总需要防患于未然——于是人类在发明汽车之后又发明了安全气囊。但现在，在此之外，全新宝马 7 系还拥有了一种比钢的强度高 5 倍、比铝轻 30% 的高强度碳纤维内核。置身 2015，它就是“超级材料”的绝佳诠释，高强度碳纤维内核不仅触发了新一代材料革新，更为安全提供了更优保障。

3 用夜视系统识别行人

行车安全的定义不仅是指保护车辆中的驾乘人员，还包括避免行车途中存在的安全隐患。比如现在你驾驶一台全新宝马 7 系上路，当夜间的道路上有行人或者大型动物出现时，带有行人识别功能的夜视系统就会发出警告并将车辆前方区域以红外图像的形式显示在你的控制显示屏中。

4 防火喷雾

随着新型材料的开发，人们的防患意识和安全意识也终于得到更彻底的落实。防火喷雾以气态形式存在，成分中的粒子能有效中和火灾为空气带来的有害化学成分，并能在一定时间内隔绝烟尘和高温，可以帮助人逃离危险。

5 人体过滤仪

通过精准的光线照射达到彻底清洁人体的效果。根据你的实际需求进行设定，无论病毒、细菌、寄生虫，还是眼球里清理不出来的污垢、它从彻底治愈肿瘤和癌症到去角质无所不能，甚至心理洁癖都能一次解决。

6 万能杯

有多少人曾因为平时喝了太多饮料而导致健康问题？万能杯可以为你提供任一饮品的味觉体验。无论茶、果汁、咖啡、可乐，倒水进去根据每个人的需求提供不同口味。

7

便携医疗扫描仪

现在你家的医药箱里都有什么？感冒药和创可贴这类小玩意在未来已经可以淘汰了，你的医药箱将会被一台便携医疗扫描仪占据主要位置。它是最新高新科技的产物，结合了 X 光、CT 和核磁共振等等医学扫描的功能于一体。生病了？酌情扫描，上传到数据库里然后直接找医生要治疗方案吧。

8

多维体验式定制课程

未来科技的迅猛发展不仅让我们生活便捷，更让人类社会的生产力爆炸。那么多出来的时间都被用在哪里了？肯定有人喜欢用它学瑜伽、学油画、学芭蕾……不过你再也不需要从家楼下就近找一家瑜伽馆办会员卡了。多维体验式定制课程可以通过远程多维还原技术让你在家轻松享受到来自各领域大师的真人授课。

9

服装定制机

一直以来，几乎所有搞时尚的都在强调“服装是表达自我最为直观的方法之一”。你现在还在购买设计师的作品搭配自己的风格吗？没关系，等服装定制机被发明出来你就可以完全按自己的方式来表达你的自我了，从面料、工艺、设计、到尺码全都量身定做，然后穿一件完全属于自己的服装出街。

10

形体维持和肤色药丸

这个时代你为了塑形去上了一整年的形体课，他为了健康肤色去晒了一夏天的灯，人们为了达到自己认同的外在美，这些都是再平常不过的事。有了形体维持和肤色药丸可以实时监测人的能量摄入和代谢情况，并按照每个人的理想状态进行设计和改善。从此再也不需要为此踏上漫漫征途。

11

日常理容仪

这绝对是未来最有用的发明之一，它的出现将大大缩短男性群体和女性群体之间在造型上存在的巨大差距。传说中的男士理容仪就像传说中的化妆仪一样值得期待，不仅可以根据需求和实际情况制定方案，帮懒男人们修眉毛、去角质、打理你胡子的造型，甚至从发型到日常护肤所有功能一应俱全。

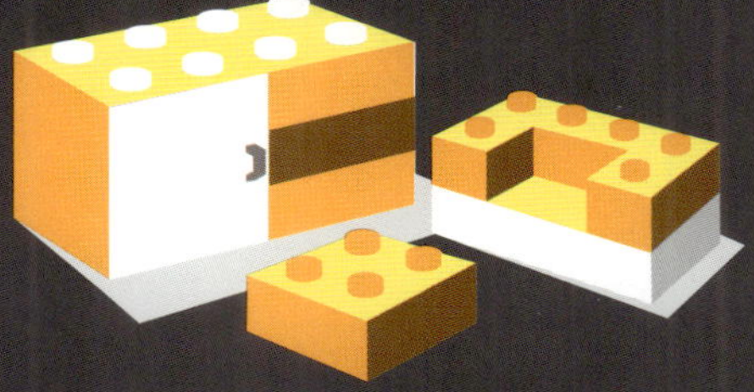

12

智能乐高家居

当你家里的所有家具都由大型乐高模块拼装，生活会变成什么样呢？别畅想了，那一定会非常闹心的。但是当所有模块都智能化之后，可以根据实际应用的位置来改变触感和材质，再进行一次全新拼装之后可以通过固化剂固化，那就真的值得畅想了。

13

自动适配镜

未来的眼镜镜片将采用新型材料制作，这种由最新工艺合成的粒子材料具有记忆功能，并且可以感应到人眼晶状体和其他屈光系统的变化，根据情况调整镜片弧度，为你提供最佳适配度数。

14

多种形态随身 wi-Fi

在人类想出更新的办法来之前，未来当然也是不能没有网的——不过未来网络信号的载体可以被多样化。这样我们才能根据自己的个人喜好把它制作成项链、腕表、甚至指甲油随身佩戴。

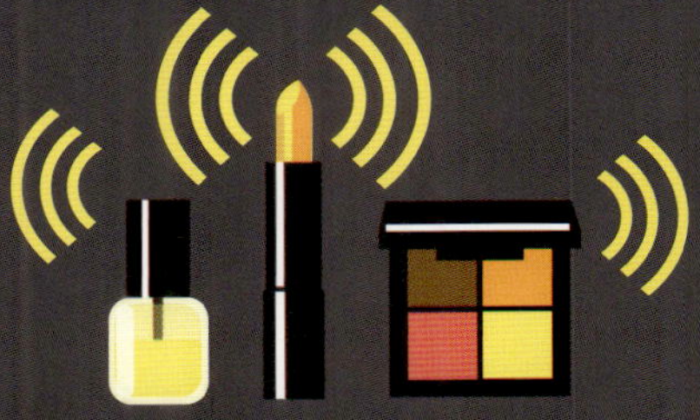

RETAIL

Warby parker
眼镜类电商

WARBY PARKER

www.warbyparker.com

四个沃顿商学院毕业的年轻人，因为丢了一副Prada眼镜，从杰克·凯鲁雅克的日记里截取了两个人名，在纽约开创了一家垂直眼镜电商。Warby Parker这个牌子的创业背景如此炫酷和怪诞，带着浓浓的嬉皮士风格（凯鲁雅克所代表的“垮掉一代”作家即为此种风格代表），而他们的销售策略也是如此：你一次最多选取五款眼镜，然后Warby Parker会把眼镜递送到你手中，你再择优选取一副，将剩下四副递送回去，递送费用由Warby Parker全部承担。这种创新的眼镜电商模式让他们获得了媒体的青睐，在GQ杂志将他们制作的“眼镜界的Netflix”的报道发刊前夜，这家公司的网站刚刚完成赶工，源源不断的订单一下排到了9个月后。这样的成功让投资人接踵而来，目前Warby Parker已经完成D轮1亿美元的融资，估值也达到了12亿美元。他们不仅维持线上业务，还进一步通过O2O跨入线下，他们的线下业务也表现十分惊人——每平方英尺销售额约3,000美元，仅次于苹果和蒂芙尼。在*Fast Company*杂志年初评选的“2015年50大创新企业“榜单中，Warby Parker成功登顶榜首，被他们赶下王座的，正是神一样的苹果公司。

经营范围：眼镜
商品：近视镜、墨镜

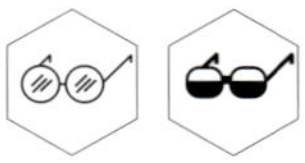

Mr porter
男装时尚电商

MR PORTER

www.mrporter.com

打开Mr Porter的的线上购物平台，你所看到的并不是一般电商那样千篇一律的照片和标价，相反，每件单品旁都有一段精心编写的编辑笔记，里面包含了各种各样的文字碎片：品牌的故事、单品穿戴场所礼节、单品与名人故事、单品使用指南……这家隶属于著名线上全球奢侈品专卖网站Net-a-Porter的男装时尚零售商，从2011年2月在伦敦上线起就开始按照男装零售与时尚杂志相结合的方式来卖东西，伦敦著名时尚编辑Jeremy Langmead亲自跨刀担任Mr.Porter的网站主编，亲自为其指导和把握内容方向，这种模式大获成功。目前，Mr Porter销售超过300个全球领先品牌，每周都会增加新品上线。更妙的是他们还提供给全球170个国家速递和退换服务。年初，短暂离开的Jeremy Langmead重归公司担任品牌与内容总监，随着母公司Net-a-Porter与Yoox的正式合并，Mr Porter将依托于新公司全球最大的在线奢侈品销售平台更上一层楼。

经营范围：奢侈品
商品：衣服、裤子、包、钱包、领带、鞋

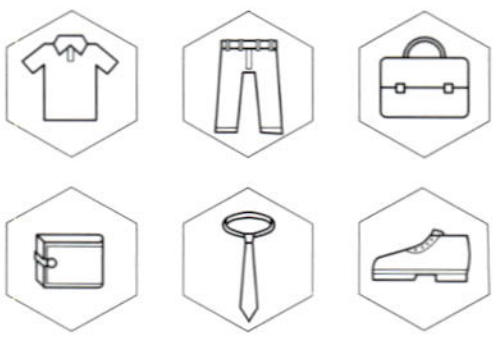

FETCH
个人助理软件

FETCH

www.buywithfetch.com

2014年的TechCrunch Disrupt纽约大会创业公司竞技场上，Fetch的创始人兼CEO汤姆·哈德菲尔德“一脱成名”。为了向观众说明自己比谷歌快递服务更好，他不惜当场脱下衬衫，引得一片笑场。不过Fetch接下来所走的路却要平稳得多，作为一款以私人消费助理为起始的App，在之后的封闭测试中，Fetch对用户提供的信息和照片的分析能力和专业推荐，以及快速而详尽的功能反馈，逐渐赢得了内测者的信任，营业额也开始呈现稳步成长。目前，Fetch的新版本里面已经包含了预订机票、饭店，租车、票务、鲜花快递、支付罚金等等业务，还开通了短信服务。听起来是不是有点儿耳熟？没错，Fetch现在的核心运营功能基本就是国内非常流行的短信/信息反馈，好比各大电商App的电子助手综合版，只不过Fetch大大推进了这一进程。汤姆·哈德菲尔德称这一业务为“商务会话”，并且在自己3月份的个人博客上深情地写道：“美国最终发现了一个亚洲已经知道好多年的‘秘密’：移动消息应用是一个商业平台。”在他的蓝图规划里，移动消息和商业平台的融合大势所趋，而Fetch的目标就是搭上顺风车，趁着大势做大做强。

经营范围：个人助理服务
商品：订机票、订饭店、租车、鲜花、支付罚金

My Habit
亚马逊旗下名品闪购网站

MYHABIT

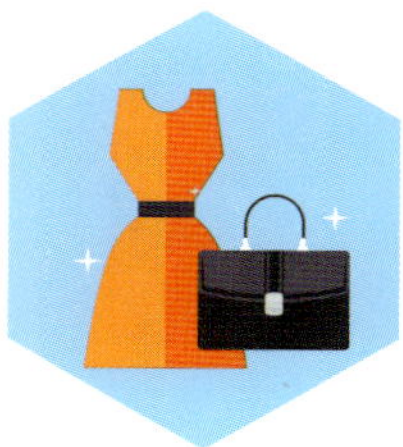

www.myhabit.com

My Habit 是亚马逊在 2011 年 4 月推出的一个会员制名品闪购网站：大牌高端时尚商品在三天的时间内限时上线，折扣最高可达到80%。而所谓的会员制可以兼容 Amazon 账号与密码登陆，不需另外注册，现金渠道和送货地址以及积分和亚马逊通用。依托着亚马逊如此强大的电商平台，My Habit 的商品也会提前存储在亚马逊的仓库中，以确保第一时间发货。而其他网站通常是“先出售，后采购”，或者要求品牌自主发货。因此，My Habit 甫一问世就茁壮成长。同时，他们也不忘不断改善自己的购物体验。My Habit 最被消费者称道的是他们的 360 度模特视频，该功能可以实现真正地全方位展示商品，让消费者在购买之前充分掌握商品的实际样子。随后他们又实现了美国国内的购物免运费，广受美国消费者好评。今天，不仅美国的消费者，中国的消费者同样能通过 My Habit 实现足不出户而海淘到白菜价名牌的享受。

经营范围：名牌商品
商品：衣服、裤子、鞋、领带

Birchbox
护肤和配件电商

BIRCHBOX

www.birchbox.com

Birchbox 的创始人海莉·巴纳就读于哈佛商学院，她有一位朋友是美容编辑，常常请巴纳测试各种经过策划的顶级美容产品项目。这给了巴纳灵感，她也想为其他人提供这样的体验，于是巴纳拉上和自己抱有相同想法的同学卡蒂娅·波尚一起开始将理想变成现实，经过两个月的测试调查，Birchbox 闪亮登场。Birchbox 主要通过会员订阅方式提供服务，具体来说：女性订户缴纳 10 美元的月费或者 110 美元的年费（男士为 20 美元和 220 美元），并再附上个人资料以及喜好和特殊要求，Birchbox 就会从 80 多个品牌里精选，按月向订户寄去包含 4 件以上化妆品试用装的盒子，同时附上产品介绍和使用技巧。如果用户对收到的样品表示满意，就可以直接到 Birchbox 网站上进行购买，如此还可以得到网站购物积分。Birchbox 通过这样的模式，大大降低了选购化妆品的成本，并且让过程生动有趣。用户通过她们节约了大量的时间和金钱，公司目前已经获得 B 轮 6,000 万美元的融资，估值接近 5 亿美元，前途一片大好。

经营范围：护肤品
商品：洗面奶、香水、乳液、定型产品、须后乳

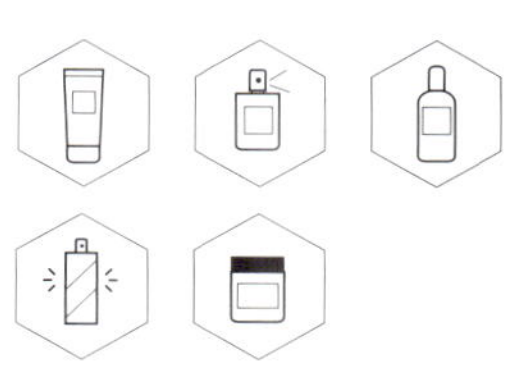

Rent the runway
服装租赁式电商

RENTTHERUNWAY

www.renttherunway.com

2009 年，年仅 29 岁，对时装和科技毫无概念的哈佛商学院是哈佛商学院毕业生詹妮弗·海曼想出了一个商业点子：批量购买设计师品牌服装，通过网络以远低于原价的价格出租一到两晚获利。最开始，投资人甚至对她的想法和创业嗤之以鼻，将其完全当作一个笑话。但海曼还是通过自己的口才和不懈努力拿到了投资，而到了今天，海曼和同学詹妮弗·弗雷斯一起在曼哈顿开办的公司 Rent the Runway 已经有了近 300 名员工，公司在全美共有 500 万名会员，每日网站及其软件需要处理并向会员寄出 65,000 余件服装及 25,000 余件耳环、手镯及项链。而公司运营的项目和当初海曼的创意如出一辙：用户在网站上选好自己想要租赁的服装后，就可以选择安排递送日期。Rent The Runway 会送上同一款衣服的两种尺码，以确保礼服会合身，配套的还有首饰和视频搭配服务。礼服的四夜租金从 50 到 200 美元不等，也可能会按照衣服零售价的 10% 计算。值得一提的是，海曼最开始产生这个创意要感谢她的妹妹，正是因为她在大二的时候妹妹花高价为活动买的一身礼服，刺激她灵机一动，才有了今天的 Rent the runway。

经营范围：男女宴会礼服
商品：晚礼服、外套、正装、外套、配饰

Indochino

西服定制电商

INDOCHINO

www.indochino.com

Indochino 由两个大学生（又是两个大学生……）Kyle Vucko 和 Heikal Gani 创办于 2007 年。两个人在上学的时候苦恼于一件事情：没有同时兼具品质和性价的正装。如果是一般人可能就是抱怨一下就算了，这两个人则决定打破沙锅问到底，超有行动力的他们在全球范围展开了搜索，终于在神秘的东方、遥远的中国上海发现有人能够做出他们想要的衣服，而且价格只有欧美的三分之一左右。于是两个人开始在学校贩卖自己的定制西装，小赚一笔之后，他们正式在加拿大温哥华创建了 Indochino。Indochino 除了提供在线定制，每年还会参考旅行裁缝店的创意，派出设计师去北美各地主动上门为客户定制西服，上门测量只需要 10 分钟，完毕后四周时间即可送到消费者手中，北美的消费者和上海的裁缝就这么被他们勾连在了一起。

经营范围： 西服定制

商品： 西装外套、裤子、领带、领结、马甲

Barkbox

宠物类电商

BarkBox

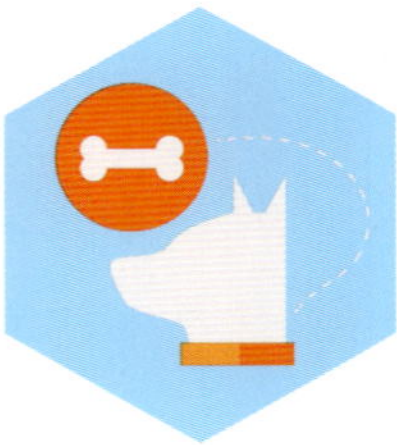

www.barkbox.com

提到按月定制模式，有一家公司居然把它用到了宠物服务市场，并且创业成功。2012 年成立的宠物狗商品电商 BarkBox 刚刚创业就拿到 670 万美元的风投，这让他们成了令人瞩目的创业明星。其实 BarkBox 的创业模式并不复杂：主人将自己狗狗的资料和健康数据交给 BarkBox，再附上每月 19-29 美元不等的费用，BarkBox 就会每个月给你个性化配送一个“BarkBox”，盒子中有狗粮、玩具、饰品和一些手册之类的东西，每只狗狗获得的东西不一样，每个月送来的也不一样。除此以外，BarkBox 还有数个姊妹项目，比如每月访问量超过 300 万的在线狗狗主题服务网站 BarkPost，还有提供给晒狗狂魔的利器——相机 App BarkCam，狗狗健康 App BarkCare，还有专门的狗狗相亲应用 BarkBuddy。看到如此全面的狗狗服务内容，相信你能想到，公司的联合创始人 Carly Strife 就是一个不折不扣的爱狗狂魔，她对狗狗的热情最终打动了另外两位联合创始人，进而打动了投资人和市场。这，就是一个爱狗狂魔创业的故事。

经营范围： 宠物狗商品

商品： 狗粮、宠物玩具、宠物营养品、宠物健康 App、宠物相亲 App

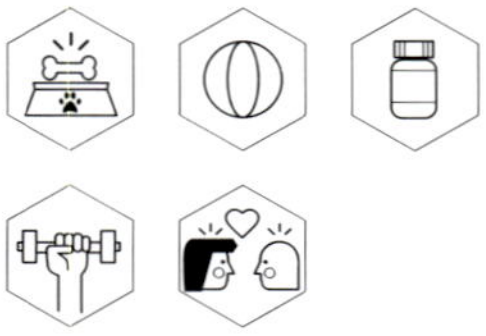

Best Made Co.

户外活动电商

BEST MADE

www.bestmadeco.com

职人精神，或者翻译成工匠精神，一个最近有点儿泛滥的名词，本意是日式职人对工作和技艺一丝不苟的精进和磨炼，更是对职业的自信和自爱，随着《寿司之神》《深夜食堂》这样的日本现代文化传播而在内地逐渐流行起来。其实早在 2009 年，纽约的一家公司就已经以职人精神作为创业的元素了。出生于 1972 年的 Peter Buchanan-Smith 在加拿大北部农场的工作经历让他认识到了一把好斧头对工作的重要性，设计师出身的他开始意识到现代主义功能至上的设计原则在远离城市重回旷野之后，是多么不堪一击。于是他设计了一系列斧头，并以此作为 Best Made Co. 的创业起点。创业之后，Peter 迅速找到了自己公司的定位——生产最好、最精工的户外工具和产品，以此激励现代都市人重拾自己的双手和劳动天性。Best Made Co. 不仅自己秉持职人精神，同时还鼓励客户动手实践，他们在曼哈顿的店铺里会提供一应俱全的各种工具和全方位的咨询，消费者只需要花 6 美元就能拥有一次手工体验。而他们家最著名的精工户外斧系列，售价则从 135-350 美元不等，因为在 Peter 看来，这些斧头不仅仅是简单的斧头，而是连接手、工艺和自然的桥梁，是引导现代人在城市中寻找原野的光亮。

经营范围： 户外用品

商品： 户外服饰、户外工具、户外包、精品斧头

Etsy

手工艺品电商

Etsy

www.etsy.com

2015 年 4 月 17 日，美国手工艺品电商 Etsy 在纳斯达克进行了首次公开募股，当天尾盘报涨 88%，公司市值达到了 33.3 亿美元。这是一次花了 10 年的上市旅程，早在 2005 年，公司创始人 Rob Kalin 打算开创这样一家网站：旨在为小型独立的商家创建一个展示的平台，让消费者可以通过线上购买他们制作的手工艺品。最开始，Rob 设定了近乎严苛的标准：每一件商品必须由设计者亲自设计，必须是手工制作，每件产品必须标有设计者姓名，绝不能售卖批量生产的商品。但也正是这种严苛的标准，迅速吸引了大量独立公司和艺术家，以及小众消费者。2013 年 10 月起，Etsy 放宽了标准，允许卖家将生产和客服外包，大大扩展了 Etsy 的主要收入——展示费用和交易佣金，Etsy 的营业额随之暴涨。截至 2014 年 12 月 31 日，Etsy 已拥有 5,400 万用户，其中包括 140 万活跃卖家和 1,980 万活跃买家。现在，全世界的企业、店主、手工业者和顾客都能在 Etsy 找到自己需要的东西，在这里你能找到真正独一无二的手工艺术品。

经营范围：手工艺品

商品：手工珠宝、手工包、手工家居饰品、手工新娘头饰

LittleBits

工程类手工制作，电路积木电商

littleBits

www.littlebits.cc

小时候，很多家长都为自己的孩子买过各种小手工实验室器件——显微镜、电路、放大镜等，很多人的第一步科学启蒙就是来自这里；又有很多家长给孩子买过乐高，希望锻炼孩子的动手能力，很多人的第一步工程学和建筑学启蒙也是来自这里。可是如果把两者结合在一起会是什么呢？来自纽约的模块化电子元件公司 LittleBits 给出了答案——他们销售的正是模块化的电子电路元件。LittleBits 兴起于小众化的“创客社区”，它把电子电路打包为一个个声、光、感和动力模块，让那些原本复杂艰深、属于专家和实验室的东西普及化、趣味化，让人们可以轻松打造出各种各样的东西——家庭安保系统、宠物自动喂食系统、农场作物监控系统、电脑外接设备，等等。他们开源的电子元件可以通过细小磁铁像乐高一样连接在一起，事实上，乐高现在就正在卖自己的 LittleBits 产品。现在 LittleBits 的产品已经发展出逻辑电路，刚刚拿到 4,400 万美元风投的他们志在全球市场，如果保持这个速度，也许未来的几年内，用 LittleBits 组装出的机器人就会出现在我们的生活里。

经营范围：模块化电子元件

商品：电子开关、家庭安保系统、宠物自动喂食系统、农场作物监控系统、电脑外接设备

Hi 百货

精品生活方式百货店

Hi百货 DEPARTMENT STORE

www.hilifestyle.cn

2012 年 10 月 25 日，广州正佳广场迎来一个神秘的百货店——Hi 百货，而店铺的创始人，乃是正佳集团的副董事长兼执行董事——80 后企业家代表人物谢萌。和一般的百货店不同，这里如果说是百货店，毋宁说更像一个艺术品展览中心：3,000 平米的复合空间里，充满了买手们从全世界搜罗的各种特色混搭优质生活产品，还有手工和艺术课堂，花香、书香和咖啡香在这里融为一体，共同组成一种令人向往的现代生活品质。Hi 百货的指导思想是美学经济 + 买手制，在这个方向下，店铺专业的买手团队从全球搜罗了包括有艺术家居、饰品、书店、食品以及日常用品等多种品类产品，集中了 150 多个设计师品牌，超过 300 个海外品牌，2 万余件商品，来自全球数十个国家、地区的产品都汇聚在这里。Hi 百货借鉴了在欧美新兴的买手百货制，为传统的百货销售注入了新的活力。2015 年，Hi 百货的第三家店面已经登陆北京，而在公司未来的蓝图里，他们将带着自己对现代生活审美的理解，向全国进军。

经营范围：生活方式类商品

商品：家具、家居装饰、个人护理、艺术装饰

ARRTCO collection
设计师买手店

www.hempelchina.com

说到买手制，不得不提作为中国最早的国内设计师买手店之一的 ARRTCO Collection。ARRTCO 从最开始会聚国内各路潮流设计师作品，到后来高端店 ARRTCO Collection 引入各种海外设计发展成真正的 Multi-Brand Select Shop，成为一个“让人喜欢待的地方”一直是 ARRTCO 的理念之一。2011 年，作为国内首家聚集当红国内设计师作品以及众多国际设计师品牌的 Multi-Brand Select Shop，ARRTCO Collection 独立艺术策展店在国贸开业，店铺的设计和体验都极尽艺术感，著名建筑师梁井宇为店铺的空间注入了灵动的私密感和交流感。服装、音乐、文字、雕塑等现代艺术形式在这里共同构筑成一个整体，同时每个季度都会邀请不同的艺术家，利用店内空间进行艺术创作与艺术展览。ARRTCO Collection 以汉语拼音“Sheng”为主题概念，在这里，艺术与生活交汇成了一个充满惊喜的创意空间。

经营范围：设计师作品
商品：衣服、裤子、正装、配饰

ALTER
前沿设计概念店

www.alterconcept.wordpress.com

路过上海的新天地，你会被这样一家店吸引：复古的橱窗陈列、错位的阶梯、天花板上倒坐的模特……各种新奇的艺术元素让你目不暇接。这家店就是“Alter 凹凸前沿设计概念店”。

店铺的创始人龙霄毕业于 Polimoda Firenze 学院的时尚管理及奢侈品零售管理专业，在环球的艺术旅行和学习过程中，她渐渐萌生了开创这样一家店面的想法。店内的 30 多个品牌，来自巴黎、纽约、米兰、伦敦的热门设计师，集合了服装、饰品、家居用品等多类商品，很多品牌都是她独家首次引进国内。不过比商品更加夺人眼球的，是整家店的设计感，Alter 的词本意是变化，以此引申出自我改变和跳出，用非传统视角重新审视生活正是这家店的核心理念，而店铺的设计也忠实地秉承着这种理念。意大利建筑设计师 Francesco Gatti 以 20 世纪荷兰著名科学思维版画大师 M.C. 埃舍尔为灵感，在室内设计中采用混合异构解决方案，巨大的多层阶梯占据了店铺三分之一的最佳视觉空间，而商品反而被挤到了店铺两侧。这种颠覆店面商品中心的设计理念和对空间极致的超现代运用，为 Alter 渲染上了独特而浓郁的前沿格调，这也正是 Alter 最想要传达给消费者的。

经营范围：奢侈品、家居、生活方式类商品
商品：服饰、鞋、眼镜、珠宝、泳装、家居用品

方所
生活美学书店

方所是一家书店，又不仅仅是一家书店。广州方所荣获“2012 年度世界零售业大奖——最佳店铺设计奖”，成都方所被 *Architectural Digest*（安邸国际版）列入 2015 年世界最美 15 座书店榜单。这样一家充满中国传统美学设计感和艺术感的书店，在这个充满互联网泡沫和噪音的时代，用自己的方式，静静地延续着属于传统实体书店的独特审美和质感。“方所”投资人毛继鸿为中国服装协会副会长、文化创意界知名企业家，2013 年彭丽媛随行出访所穿的“例外”即是他的品牌。多年以来，毛继鸿一直坚持用传统的东方审美重新诠释当代中国人的现代生活，方所就是他最新的试验田。“方所”二字典出南北朝南梁时期著名文学家、文学评论家昭明太子萧统的佛学著作《令旨解法身义》中的一句话：“定是常住，便成方所。”如今的方所，无论是广州 1,900 平米的书斋，还是成都 4,000 平米的地下藏经阁，都在身体力行地诠释着这句话。更令人可喜的是，广州“方所”已经实现了盈利，在这样一个躁动与喧哗的时代，“方所”的坚持和尝试，本身就有着其独特的魅力。

经营范围：图书、生活方式类商品
商品：图书、家居装饰、植物、咖啡

梵几

中式创意家具品牌

www.fnji.net

独立家居设计师古奇高最开始开了一个小小的中式咖啡馆“抽屉”，在“抽屉”的设计和拓展过程里，他面对了种种意想之中和意料之外的问题和状况，面对和解决这些状况与问题的过程，最终给了他灵感和决心，越来越多的人向他请教制作木制家居，这给了家居设计出身的古奇高莫大的信心。转让“抽屉”后，古奇高有了自己的家具品牌：“梵几”。对木制家具“生长于野，安于室”的理解，是“梵几”的灵感和核心理念。而工业设计出身的古奇高，又能把现代设计审美和中国传统家具审美巧妙地糅合到一起。在“梵几”的作品中，你能找到北欧和日式的极简主义倾向，又同时深具明清家具浑然实用的简约特质，两种相近的性格统一在“梵几”之中，更散发出一种淡淡的东方禅意。“梵几”更注重传承和面对当下真实生活，向传统、向民间学习是“梵几”一直在坚持的事情，西方设计出身的古奇高并没有忘记这些东西。在他的理念里，“梵几”要发扬中式传统家具结构与设计上的科学性和美感，“现代中式”是“梵几”对自己的定位，让中国传统在美、耐用、环保这些西方理念里安身，进而两者统一在一起，是“梵几”的目标。

经营范围：中式家居

商品：桌、椅、床、沙发、柜子

K11

艺术购物中心

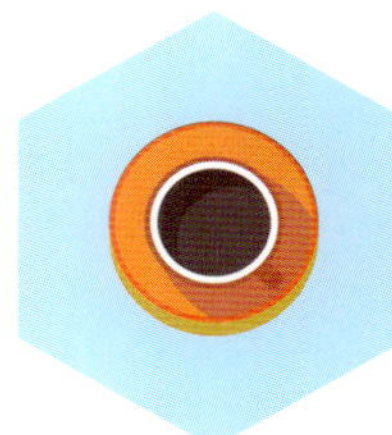

www.shanghaik11.com

生活和艺术之间究竟有着怎样的距离？是一道永远无法逾越的鸿沟，还是一张看不见却一点就透的薄纸？新世界集团未来的掌门人、著名“富二代”企业家、亚洲十大年轻富豪——郑志刚给出了他自己的答案。在美国和日本进修过艺术学的郑志刚，希望把艺术与生活两者有机地搭建在一起，他给出的答案就是——K11 艺术基金会。2009 年 12 月，K11 第一家商场在香港尖沙咀开业；2010 年，K11 环保体验馆落户北京；2013 年，K11 上海购物艺术中心正式开幕。K11 是面向大众与市民的艺术体验馆和生活馆，艺术欣赏、人文体验、自然绿化以及购物消费在这里统一产生了奇妙的化学反应。说 K11 是艺术博物馆，里面吃喝玩乐样样俱全；说 K11 是商场，它定期举办各种艺术展览。除此之外，它还是办公楼，是环保体验中心，是主题旅游景点……K11 是奇妙的都市丛林，是钢筋混凝土中塑造的神奇天地。北京的 K11 侧重非营利，主推各种神奇的环保生活体验；而上海的 K11 则把艺术 - 购物 - 生活三者统一到了极致，K11 在这里主办了商场里的莫奈展览，为期 3 个月的展览一票难求，充分让大众和艺术发生了超近距离的神奇接触。在未来，K11 还能给你带来什么样的不同凡响的艺术生活，敬请拭目以待！

经营范围：百货与艺术、生活方式类商品

商品：时装、生活方式、餐饮、咖啡

AI

艺术品电商

www.aiartstore.com

提到艺术品交易，你能想到什么？画廊、拍卖会、艺术学院、沙龙……曾几何时，这些充满文化气质的字眼似乎离普通人的生活十分遥远，而转瞬之间，它们又离普通人的生活只有一网之隔。改变这种现状的是 AI，它是一家在线艺术品商店网站。这家开办了 3 年的网站最开始的创始人是一群青年当代艺术家，他们依托于当代艺术重镇：四川美术学院及当代艺术中心，开办了这家网站，其宗旨就是运营 O2O 模式的艺术品推广及交易平台。AI 艺术从创办之初就始终坚持几个原则：1. 关注青年艺术家及其成长，以推介当代青年艺术家为己任；2. 坚持作品原创、坚持中小尺寸艺术品。这两点原则让 AI 艺术网站上的商品价格普遍亲民，小件物品不过几百块钱，而更贵的也不过几万而已，因而拥有更好的收藏潜力和升值空间。无论是作为收藏还是装饰，AI 艺术上的商品都能够游刃有余。因为 AI 艺术，当代中国人拥有了一个足不出户就能了解当代中国艺术的可能和渠道。

经营范围：艺术品

商品：绘画、雕塑、装置艺术

10 CORSO COMO：依然在探索实体店能带给你的一切可能

Colette、Opening Ceremony、Dover Street Market 这些名字如今已不算新奇，而概念店的历史却要从 10 Corso Como 写起。1990 年，结束了 19 年意大利 *VOGUE*、*ELLE* 的编辑生涯，Carla Sozzani 在米兰科摩街 10 号一间车库创立了展览空间 Galleria Carla Sozzani。

步入这座花园般的米兰式庭院，目之所及布满黑白圈点的标志性图案，连同空间设计均由美国艺术家 Kris Ruhs 完成。二层建筑容纳了时装、家什、书籍、餐厅、画廊。从走廊的白窗望出去，供客人居住的 3Rooms 酒店伸展出缀满花草的阳台。在这个融合了时装、艺术、设计的有机体内，如同一个小型意大利 Piazza，流连尽兴，你还可来到花园咖啡座喝上一杯 Espresso Martini。

“我对影像的热爱和收集自然而然源自我的时装杂志背景。10 Corso Como 起初是一间画廊。编辑本能让我渴望更加直接地和读者沟通，我想做一本活的杂志，读者可以与内容互动，得到 360 度的体验。当时的我没有意识到那是怎样复杂的事。”在 2014 年新开的北京空间，10 Corso Como 的创始人 Carla Sozzani 这样告诉我们。

1991 年的米兰，Via Monte Napoleone 是购物的唯一去处，科摩街是个遥远的区域。没有窗子的车库、水泥地，习惯了明亮橱窗和大理石地面的人们甚至不知该从哪里进入 10 Corso Como。但很快这个新鲜多端的天地就在艺术爱好者和媒体中引起了不小的反响。“在人们开始买东西前，仍有些莫名其妙。他们走进来说‘蜡烛？衣服？’”10 Corso Como 带来前所未有的混合购物形式，也将人气引来乏味冷清的科摩街，使之变成了米兰时髦非凡的地段。

“我的生活和工作没有界限。Rei Kawakubo 和 Alaïa 是我的挚友。然后是 1989 年的 Martin Margiela，我对他的设计完全迷恋，最早就引进了 Margiela。Alaïa、Rei Kawakubo、Martin Margiela，这些品牌一直在启发我，于我而言，他们是 10 Corso Como 的 DNA。”

除了时装、摄影，艺术基因也写在 10 Corso Como 的每个角落，如和 Keith Haring Foundation 推出标志性波普图案的家居物品。富有阶级热爱赞助艺术，品牌也纷纷寻求增添艺术附加值，如今的品牌基金会就是很好的证明。“如今有些索然无味，许多艺术家去世了。活跃的艺术家如 Damien Hirst、Gilbert & George 推出了自己的产品。我认为这使艺术更加平易近人。尤其谈到现代艺术，人们去博物馆，有时并不理解，现在人们更爱影像，图片的冲击直接得多。但大量生活化艺术产品的出现，人们通过日常物件就可以接触到他们的艺术。”

两年内 10 Corso Como 在上海、北京再设分号。上海空间位于一座未来主义风格的玻璃建筑内，引进本土设计师品牌，和中国艺术家办展。“我很高兴目睹中国正在发生的一切，中国有更多年轻设计师，他们充满好奇，能量很强，十分先驱。”1980 年第一次来中国，从广东搭火车一路北上至北京，那时国内只有极少品牌旗舰店，Carla 买了一件 Cotton Blue 棉衣。后来在米兰举办中国茶艺的互动展，“大家都来了，Armani 也来看。我打心底热爱自然的手工艺。如今在意大利已流失许多，我对那些仍有民间工艺的地方深深着迷。”

80 年代意大利兴起“慢食运动”，10 Corso Como 也成为一种“Slow Shopping”文化符号。“直至今天，我得到的最好的评价就是人们说，我度过了艰难的一天，来到这里感觉好了许多。”进入 10 Corso Como 如同跳进另一个时空，一个缓慢周末的下午，思绪暂时飘忽到别处，全方位感官刺激，生活灵光不断闪现。去发现心头好，抑或用另一种眼光重新审视已拥有的东西，都不妨慢慢来。“我认为我们谈的是 Privilege，这和 Rich 是两种概念。”人们并非为了某个目标而来，不为购置所需，而像在挑选礼物，等待为包装系上丝带，只是为了宠溺自己或某个人。

过去 10 年零售业经历巨大转变。电商、全球化和移动技术等新兴力量冲击着传统消费模式。品牌得到大集团财政支持，Boutique 成为趋势，没人再把去百货店当作奢侈体验。数字时代下的传播效率弱化了实体零售的浏览功能，体验方面更显重要。不论是品牌还是概念店，都着力在构建氛围中传达品牌精神。在体验中，与顾客的联系变得更加深入、亲密。某种程度上又像旧时购物方式的复古回流。

如何把 10 Corso Como 的温馨体验转化进虚拟世界，是 10 Corso Como 当下面临的挑战。一向走在前面的 Carla 在这件事上行动得很晚，“网络带来的可能是无限的，但我还没准备好。”

THE SHC SHOP：上海的摩登新意

隐藏在上海巨鹿路上的 The SHC Shop 犹如金宇澄小说《繁花》中出现的一家小店，它以 20 世纪的东方巴黎为灵感，试图将来自上海和巴黎的别致物件尽数收纳其中，呈现出上海生活细节里的迷人光彩，找回当年的摩登。

对创始人杨啸而言，这是他继奢侈品品牌创意、时尚新媒体、独立时尚杂志后最新的一个时尚游乐场，更是他个人生活兴趣与品位的呈现。

手工旗袍、清雅瓷器、真丝睡衣是 The SHC Shop 独家设计的生活美物。而来自佛罗伦萨的奢侈皮具则将别致设计与传统工艺完美交融。鹤与丝绒、织锦与竹、上等手工的苏州折扇、巴黎 Deyrolle 的动物标本，The SHC Shop 保持了开放和包容的姿态。就像上海这座城，波澜壮阔的时代变迁、精致讲究的市井人生、活色生香的人情世态、东方西方的旨趣文化在这里萃取、交融，而她一直从容、自信、包罗万象又灵感无穷。她不断生长，有着探索无尽的魅力和光华。

杨啸亲自构思设计的旗袍适合当下生活，而背后的制作工艺却非常的传统考究。它传承的是江南织造局历史上为紫禁城服务的工艺。这些老艺人传统，出现在上海滩梅兰芳等京剧名角的华美服饰，演变到近代上海摩登女郎的旗袍身上，再由 The SHC Shop 带到 2015 年的上海街头。

杨啸称店里独家推出的景德镇生活瓷器系列为"我们的一点儿小骄傲"。器型清雅但和太刻意的"禅意"又保持距离，更适合每日生活。就像他眼中的 The SHC Shop，小巧而舒适，关注细节，用点滴灵感为摩登上海带来生活新意。比如店里 WINGFREE 古怪精灵的系列配饰，即便简单穿件白净衣裙，只要别上一个浮世绘胸针就有了素雅与复古交织的浓郁的个人风格。

The SHC Shop 开张不久，并无太多规划，现阶段杨啸也没有想要付诸更多商业尝试。能够提供不那么显著的"上海之家"氛围，传递出 Shanghai Chic，再带来对当下上海时尚生活的一点点儿启发，杨啸觉得足矣。

"尽管我们成就的是生活里最为细小之处的光彩，但又有谁能不承认正是这些细节造就了我们最为珍视的城市精神？"

我们问在这里生活了近 20 年的杨啸所理解的上海精神是什么，他说"东方背景、西方载体。上海这个地方很难用一句话说清楚，可能是很具体的一件事物，也可能就是秋天复兴西路的一刻钟"。

FARFETCH：满足你一切所想的线上买手店

对于奢侈品品牌来说，电商一词可能让它们又爱又恨。一方面，消费者正在从线下往线上转移，放弃电商就意味着放弃用户；但另一方面，如果在电商平台上无法给消费者带去极致的体验，则会影响品牌。

随着中国跨境电商的崛起，奢侈品行业开始拥抱电商。一个叫 Farfetch 的奢侈品电商平台正在将线上购物与线下实体店的购物体验结合，给用户创造全新的奢侈品购物体验。

与其他奢侈品电商平台一样，Farfetch 提供包袋、服装、珠宝、配饰等不同品类的商品。Farfetch 最大的亮点就是有来自 32 个不同国家的 300 多个本土奢侈品时装买手店入驻。他们所追求的是在奢侈品行业中，让传统买手店走上互联网，给消费者跨平台的购物体验。

有数据显示，中国人在 2014 年买走了全球 46% 的奢侈品，看上去这是个前所未有的机遇。但如何将电商与奢侈品购物体验结合，成为奢侈品行业面临的最大难题。Farfetch 也许能够符合消费者的期待，用户在移动端就可实现跨境购物。当然，Farfetch 还提供一系列的免费退货等售后服务。同时，用户也可以在旅途中造访当地的买手店，试穿、提货，在移动端挑选、支付，统统可以实现。

除此以外，作为一个奢侈品电商，Farfetch 希望能够带给消费者许多与传统跨境电商不同的体验。2015 年 7 月，Farfetch & Away 游艇配送服务率先在欧洲推出，让用户在游船上度假的同时也可以购物。10 月，Farfetch 还推出 MySwear 高级鞋履定制，用户可以自己亲手设计鞋履、选择材质。

GQ：你们通常是如何搜寻合作的买手店？选择标准是什么？

Farfetch：我们只和每个城市最好的买手店合作。Farfetch 有一个专门的买手团队，他们在世界各地飞来飞去，不断寻找新的买手店，并把它们带到我们的平台上。挑选的首要标准就是卖的是奢侈品，而且他们精选的货品都要来自世界各地，最后就是提供良好的销售体验。我们挑选的买手店都是在国际时尚界非常出名的，譬如巴黎的 L'Eclaireur、伦敦的 Browns 等等。

GQ：是否有在中国吸纳一些当地的买手店进驻的计划？

Farfetch：当然！在中国我们也找到了一些很有意思的买手店，不过现在也遇到了一些困难。问题不在于这些店的质量，它们都是些非常酷的店。最大的问题在于中国和欧美之间的物流运送，如果欧美顾客想要退货回中国的话，目前来说有点儿难，我们还在解决这个问题。

GQ：类似最近推出的高端定制鞋履等高端服务，你们是如何构想出来的呢？

Farfetch：我们不断探索，追求给客户带来更耳目一新的购物体验。我们有一个专门的消费者研究团队，他们会分析消费者的反馈信息、全球各大市场，从而做出更多发展战略。

GQ：你们在中国市场如何推动本土化战略？

Farfetch：目前中国内地和香港地区是我们继美、英之后的第三大市场。中国的网络环境跟其他国家不太一样，与客户交流的平台也是完全不同的。而这些社交平台又为中国消费者带来不一样的消费方式。为此我们也专门开通了支付宝支付服务。而且我们还有本土的服务团队，全程用中文与客户沟通，处理货物退换、全额退款的各种服务。这些都是我们推动在中国本土化的进程的手段。

GQ：在你们的网站中邮寄中国的关税是提前计算好的，但是貌似要比普通快递在海关直接缴税贵一些？这是什么原因？

Farfetch：通常我们在下单时就会标注好税额，之后也不会再收任何额外的费用。然而目前我们不走香港而是直接运送到中国内地，这会涉及一个本土的销售税。在一个月内我们会改变这个模式，我们会先把货物运送到香港的仓库，然后再运往中国内地，这样就不会产生那么多额外的税额了。而价格还是比在中国的店卖得便宜。

GQ：如何看待中国目前的电商市场以及消费群体？

Farfetch：中国的电商市场依然是在蓬勃发展。中国的消费者的品位也在变化，他们把目光从大牌子投向小的高端设计品牌。除了那种全世界都有的奢侈品，他们还会关注到小一点儿的、独具特色的设计师奢侈品。我觉得中国消费者的品位是在变得更加精致。

GQ：除了中国以外，你们下一步的目标市场会是哪里？

Farfetch：目前我们着手在做中国、日本、俄罗斯、巴西的市场，之后还会有韩国、拉丁美洲、东南亚等地区。

定制鞋履这个计划我们已经推动一年了，一直都在跟我之前的鞋履公司 Swear 合作。我们负责提供网络平台，他们则承包了整个制作，要去找原材料、找鞋匠、作坊等等去实现这个高级定制鞋履服务。这不是仅仅靠 Farfetch 就能实现的，需要一个非常深度的合作关系。

TRIPLE-MAJOR：
多元幽默

Ritchie Chan 戴着一副一边方框一边圆框的眼镜，笑容腼腆，优雅有礼。他出生在厦门，在香港长大，之后又去了美国求学。读书期间，他修读了工商管理、国际关系和历史 3 个学位，于是不无巧合地成为了此后 Triple-Major 名字的由来。

2010 年 Ritchie Chan 在北京策划了一次展览，布展期间意识到大家对独立品牌的喜好追求，但缺乏购买这些品牌的渠道，于是他尝试通过开设品牌集成店引进一些之前未在国内出现过的独立品牌。

而经过几年的发展，现在 Ritchie 的店铺有了两条清晰的发展支线：Triple-Major 的定位是一个新式品牌集成店，设于上海和成都。自开设初期就尝试突破零售店铺的局限，通过艺术家合作、设计展览、开办讲座、引进独立出版等方式对集成店的定义做崭新的诠释。而另一条店铺支线命名为“藥”（YAO by Triple-Major），这家设于北京杨梅竹斜街的小店，尝试将极具文化价值的传统中药元素以新颖的方式呈现。“藥”的空间与视觉设计均基于中医理论和元素，古董级中药柜、穴位人体像、算盘都被他弄进了店铺，而每个区域也以中药的药性或含义命名，并把里面陈列的每一件衣服都看成了一剂能富足心灵的精神良药。这个由山林设计的店铺视觉形象也获得了东京 TDC 标志类大奖。Ritchie 希望这家小店在活化地区的同时也为传统文化的传承尽绵薄之力。

而上海店更加鬼马，这幢三层半的老建筑更像一本杂志，会以两三个月的周期围绕不同的主题进行选题创作和艺术执行，让来访者从不同的角度理解 Triple-Major 对主题的解读、思考和观点。于是，它不再是简单的零售创意店，而是一个多人互动的想象空间。比如配合生肖羊年，Ritchie 就用了跨文化和谐音角度来解读“羊人”，并围绕这个关键词做了很多有趣的互动装置，还做了一个“羊毛”主题展。

至于成都店则有一种兼具严肃气质的幽默感。它被命名为“大熊猫研究所”，的确，他们将店铺视为一所真实存在的研究所，引进各国设计师品牌为研究对象，目的是为大熊猫们着衣添彩，还会定期联合各地创作者共同策划有关大熊猫的习性研究项目。

“因为长期在不同的地方生活，我对地域文化和生活方式的特色比较敏感，因此不管是 Triple-Major 设计的服装系列，还是店铺的陈列主题，它们的灵感通常比较多元化，从大家耳熟能详的手影游戏到说唱歌曲。”Ritchie 说。

开店至今，Ritchie 有着一以贯之的理想和信念：寻找创新零售模式。

于是我们还看到了他的“游牧商店”。广州站，他将店铺布置成一家货真价实的凉茶铺，甚至邀请了真正的凉茶师傅为开幕活动提供饮料，也特别设计了一系列可以收纳成凉茶包装盒的购物袋。在洛杉矶，则将店铺设计成一个极具当地特色的墨西哥玉米卷小卖部（Taco Stand），卖出后的设计会被包装成一份份墨西哥玉米卷。它还来到了伦敦和米兰，作为一个极具开放性的项目，它将国际思维与本地文化趣味相融，呈现出理念各异、创意无限的火花。

尽管对各类文化采取拥抱交融的姿态，但 Ritchie 在挑选设计师品牌时却格外强调风格和特性。“品质面料等传统行业标准固然重要，但除此之外，我们还非常关注品牌及系列背后的故事及特性。 风格方面我们偏向欣赏一些个人色彩鲜明、轻松、中性的设计。”

Ritchie 年轻、充满创意和活力，但对零售和时尚业却保持着难能可贵的审慎态度。他希望强化 Triple-Major 品牌整体的渗透度，在 3 家店铺做更多的细致与深化。

“Triple-Major 涉猎的领域广，从服装到独立出版到艺术展览都有，因此传播的困难度也相对较大。中国集成店目前处于相对饱和的状态，不管是对设计方还是销售方都是很大的挑战。而品牌的风格定位、运营管理以及对一些行业门槛的基础认知和维护，会是其日后能否持之以恒的关键。”

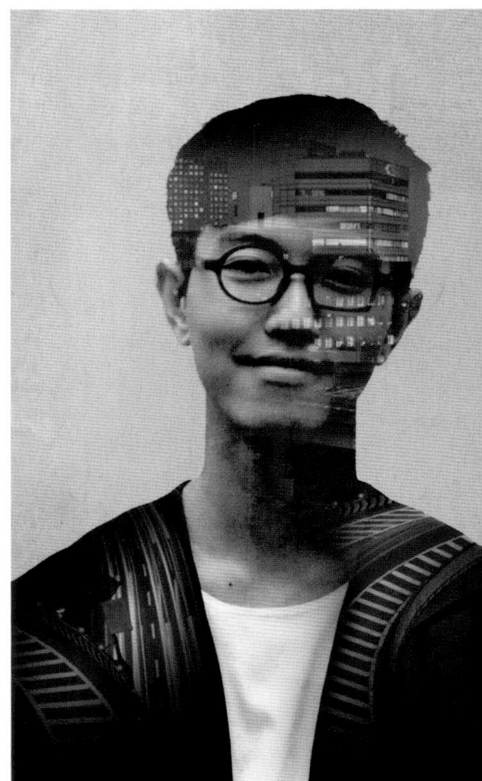

有风格的电商

FARFETCH

买手店精髓

Farfetch 的安身立命之本，也是最具特色的部分，就是各大买手店。Farfetch 通过收取佣金的方式和 300 家独立买手店合作，全球各地的潮流单品在这里一应俱全，每个消费者的个人独特审美在这里都能得到最大化满足。这些买手店每年平均有约 30% 的销售流量是来自 Farfetch。

风格特辑

在 Farfetch，尽管各类单品风格个性另类，但却被分为易于消费者理解的三大类：奢华、实验和现代，有助于提供更出色的用户体验。消费者不必迷失在庞杂的品牌森林之中，而是可以迅速精确地定位到自己想要的类目和单品。

退换货服务

Farfetch 的产品由于是从不同家店寄出的，所以按照商品实际重量大小来收取运费。不过他家对新用户首次购物是免邮费的，针对客户定期还有免邮费活动。接受 Visa 和 Mastercard 等各种信用卡，商品价格就算加上运送到国内所产生的关税也比在国内买要便宜，并且提供 14 天内退换货服务。

城市指南

Farfetch 的买手店范围从四大时尚之都伦敦、巴黎、纽约和米兰覆盖到布加勒斯特、西雅图甚至南美和中东，提供的品牌数超过 1,000 个。如果当地买手店在 Farfetch 上有注册，你就可以直接到店里免费提货。同时 Farfetch 还推出了东京、伦敦、纽约、伊斯坦布尔、上海、柏林 6 座不同城市的不同 style 搭配，绝对够个性。

特定港口运送服务

去年夏天，Farfetch 宣布推出酷炫的游艇配送服务，并于 9 月 16 日正式运营：在外旅行的消费者可以拨打 Farfetch 私人客户团队专用号码，他们会将物品送至指定港口。目前第一批公布的欧洲港口包括意大利 Capri 岛的 Marina Grande、法国戛纳、希腊岛的 Santorini 岛和 Mykonos 岛的 New Port。让消费者在旅游时依然可以尽享购物乐趣。

大师解析

除了城市 style，Farfetch 还有不同的全球知名买手特辑，其中包含买手的访谈和推荐单品组合，让你轻松接触了解买手的世界和品位。

编辑精选

对于懒人，Farfetch 每周都会推出编辑精选，按照不同的风格打包介绍本周热门单品及组合搭配方案。编辑精选会针对某类风格和品牌进行优化整合，尤其适合那些生活节奏过快而没有时间细细浏览单品的时尚上班族们。

集合店 - 国内

无印良品 CAFÉ

饱受日系小清新追捧的无印良品，也在去年底推出了全新进入内地的跨界店面：Café & Meal MUJI。

Café & Meal MUJI 位于成都太古里，所秉持的餐饮原则是“素之味”（不是素食，是强调食材本身的味道）。菜单里包括日式土豆炖肉、甜辣味噌青花鱼这样的经典和食，还有番茄马苏里拉芝士沙拉这样的和风西餐，同时还有精致的饮品和甜点。

Café & Meal MUJI 的点餐流程为半自助：点菜前，先以留位牌预留座位，再到料理陈列柜前点餐，然后选择喜欢的热料理及冷料理，最后在结账柜台可点选饮品或甜品。

无印良品之所以要跨界开餐厅，依然是秉持“生活本源”的初心。店内的装修大到桌椅小到餐具，无不透着浓浓的 MUJI 日式极简主义风。但这些商品一概不出售，只是为了向消费者展示它们在生活空间里本来的样子，从而和消费者建立起更好的连接。

最酷买手集成店

10 CORSO COMO

10 Corso Como 由画廊创办人及出版人 Carla Sozzani 于 1990 年在意大利米兰创立，是全球首家时尚设计概念商店，囊括了艺术、时尚、音乐、设计及美食等元素。

Carla Sozzani 被誉为“远见家”和“欧洲最具革新精神的艺廊创办人”，她在 1987 年一手创办了意大利版 *ELLE*，并任其主编。10 Corso Como 的产品涵盖当今生活的各个领域，包括时尚、生活方式、设计、书籍、音乐及美食在内的产品组成了 10 Corso Como 的独特标识。在时尚之都米兰，10 Corso Como 堪称时尚皇冠上的明珠，多次被时尚朝圣者称为米兰的时尚地标和必去的地方。

2013 年，10 Corso Como 在上海创立了分店。Carla Sozzani 表示：“我们很高兴能把 10 Corso Como 带到上海。活跃的艺术氛围和时尚气息正是我们选择在上海开店的原因。”

10 Corso Como 店内陈列的精品每月均会更换一次。有如 Alaïa、Maison Martin Margiela 等小众品牌，也有如 Fendi、Chloé、Jil Sander 等顶尖大牌，另外还有一些如 Carven 等新晋热门品牌。

10 Corso Como 上海店共分 4 层，一层为多功能区；二层为设计师和定制专区，三层为时尚女士区；四层为酒廊和餐厅，可以俯瞰整个中心。生活和时尚在这里被完美地融合到一起。

Westfield

这座商场还不错

Westfield 是全球最大的上市股票市值的零售物业集团，在全球设有 119 个高品质购物中心，购物额超过 610 亿美元，入驻零售商超过 23,700 家。Westfield 商场到底设计了哪些方便顾客的设施，又有哪些不一样的功能设计？请看详细的分析图，它将告诉你一个成熟商场制胜的秘诀。

传统商场普遍会通过压缩空闲面积的方式来提高空间利用率，这会让传统商场显得逼仄和拥挤。而图中的 Westfield 旧金山分店，虽然拥有超过 18,000 平方英尺的超大面积，但是容纳人数上限仅仅是 1,200 人，而更高的单层高度，让每个人拥有足够的私人空间，从而感到舒适自在。

1 底层的公共空间，卖场仅仅只占到一部分，提供了秀场和半开放的休闲办公区，无论是时尚咖或者程序员，都能在这里找到归属感和舒适感。

2 经过精心设计视野，每家店面也拥有良好的视觉陈列。从入口进入以后，对整个商场一览无遗，消费者能够非常清晰地选定自己想要的品牌或者新的兴趣点。

3 把主力店放在端点和高层，将最好位置留给品牌专卖店，提升了整个购物中心的总体租金水平。

4 购物中心直接和其他交通枢纽连通，交通便利。人们可以从地铁或者写字楼下班以后随意走进这里。

5 精确的指示地图，让人们不用一进商场就犯迷糊，能够迅速定位自己需要寻找的店面位置。

6 高层的餐饮综合，人们随时可以走走停停，参加一些购物计划以外的体验，大大缓解了长时间购物的疲劳感。甚至还可以在这里解决吃饭问题。

7 各门店提供全方位外送和物流服务，逛商场再也不用提大包小包。无论是鲜花外送还是套装物流，都把这点体现得淋漓尽致。

8 这里不仅是商场，还能承接各种大型活动，无形中双向提升了品牌价值。底层举行的一场时尚秀或许就能让人流连忘返。

9 设计良好的购物线路，让购物者能够最大限度地浏览店面同时又不感到劳累，店铺按类别大体排布，但距离感经过精心设计，不会让购物者产生审美疲劳。

10 从电影到运动的全方位综合娱乐，让购物彻底融入生活，起初并不抱着购物目的的人也会被这里吸引，融入其中以后不自觉会买一些东西。

11 商务区不仅提供休息，还能提供洽谈场所，吸引有强大购买力的商务人士。

12 不少店铺提供自主体验区，大大提高了消费者购物的互动性和趣味性。

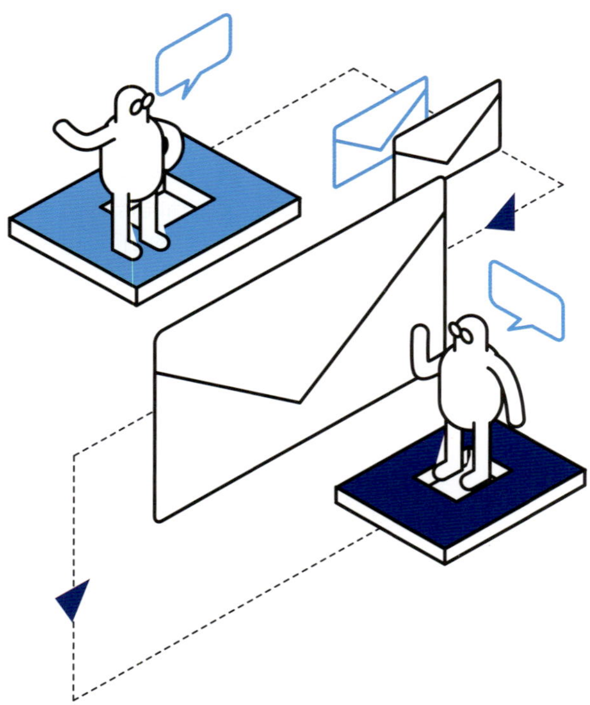

ACT NOW

教你如何找到更适合你身型的衣服

1
如果拥有分为 93 个尺码的完美合身服饰

一般成衣店的成衣只有 S/M/L/XL 等数个尺码供消费者选择，这是现代服装生产线所造成的局限。美军军服为了让战士们在作战时感到更加舒适，一共提供了 XSR、XSL、SS、SR、SL、MS、MR、ML、LS、LR、LL、XLR、XLL 和 XXLR 14 个尺码的选择，在服装圈子里为一时美谈。不过在新兴的美国互联网男装品牌 STANTT 面前，这些都是小巫见大巫：STANTT 一口气给客户提供了 75 个不同的尺码供选择，最近又把尺码数扩充到了 93 个！

STANTT 的 CEO 兼联合创始人马特·霍恩巴克最开始发现：传统的 S/M/L/XL 只能为约 15% 的男士提供真正合身的衣服，而美军的尺码制式给了他灵感。在最开始测量了超过 1,000 名 25 ～ 35 岁男士每人超过 200 项体格数据之后，霍恩巴克利用大数据思维，以自己手头的数据为基础创立了 STANTT 项目。到今天，STANTT 已经测量过超过 50 万个人体 3D 数据，他们的尺码库号称匹配超过 95% 的男性消费者。

同时，为了让烦琐的测量工作转化为简便的购买体验，霍恩巴克利用算法，把尺码指标简化为胸围、腰围和袖长 3 个数据。消费者购买 STANTT 的产品时，并不需要亲自扫描身体，而是只需要输入 3 个简单的数字，网站就能自动为你推荐最合适你的尺码数，简直不能再方便了。烦琐的传统量身裁衣在 STANTT 上被简化成一步，消费者很轻松就能拥有合身的衣服，这为 STANTT 节省了大量积压成本，也带来了广阔的市场。顺便一说，即使不买，上 STANTT 网站测算一下自己究竟适合什么尺码，也是一件非常好玩儿的事情。

2
在 Indochino 你可以享受上门测量尺寸后定制西服的服务

Indochino 拿到千万美元级的投资之后，摊子已经越做越大。当初两个校园穷小子，依靠的是同学们之间口口相传的廉价西装品牌效应。到了现在，他们已经不再囿于低廉的学生价所带来的微薄利润。现在打开 Indochino 的官网，会发现他们的西装定价普遍到了 300 ～ 850 美元的价位，首页推荐上更是一水儿的 550 美元以上价位的衣服。公司已经从一个青涩的校园品牌，蜕变为成熟的西装定制品牌。以 500 美元的均价加上 300 加元左右的邮费，现在 Indochino 一套西装的定制价格已经超过 5,000 元人民币。

不过 Indochino 的传统模式依然没有丢掉。注册官网，留下邮箱、地址和电话。Indochino 会尽快为你提供 10 分钟的上门量衣服务，西服定制完成后，会在四周内送到你家中。不过传统优惠的自量数据服务依然没有丢下，如果不想上门量衣，亦可自己在家用软尺按网站的指导测量数据，这样可以节省一些时间成本和费用。现在的 Indochino，除了提供尺寸和款式的定制，更加注重西服质量，提高面料档次和做工精细程度。不过他们的核心经营模式依旧：温哥华公司总部接到订单后发给上海制作车间定做，然后再邮寄到顾客手中上身。一切步骤都可以通过网络操作完成，方便快捷。

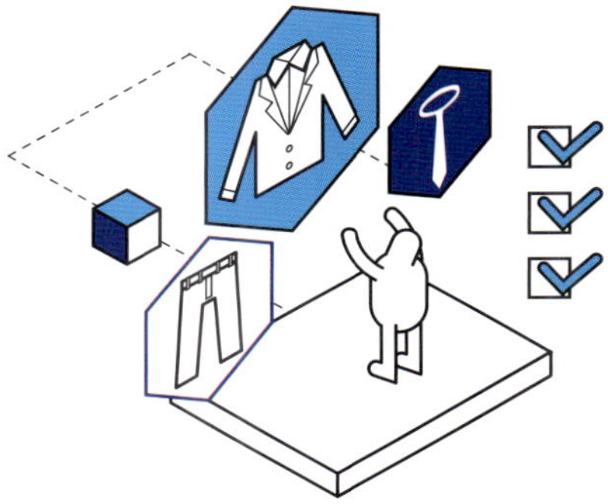

3
还可以在 Allen Xie 定制一件更特别的西装

不想在网上接受西装定制，你可以在 Allen Xie 享受到面对面的定制服务，他们在北京和上海都设立了工作室。为保证你能享受一对一的定制服务，到店需要提前预约。在定制前可以先到门店挑选款式，Allen Xie 每个展厅都陈列了定制样本。详细尺寸测量后，定制顾问会根据需要，和顾客一起挑选最适合的面料和匹配的优质辅料。

1. 量取准确的身材数据。

2. 试样。在量取你的身材数据后，通过两次以上的试样（胚样试身，半成品试身），让定制西服贴合你的身形，他们坚持西装只有上身试才能更好地做细节修改。

3. 如果把西装比作一位绅士，面料则是绅士的皮肤，内衬则是骨骼，手工定制的重点就是在于将面料与内衬结合从而完美地塑造客户的身形，犹如铠甲。全手工扎衬（主要为西装驳领以及胸部）八角针工艺，依托针脚的张力塑造西装胸前的弧形。同时根据中国不同地区的气候，他们还挑选了特别的原料来让你的西装与生活环境更加相称。

4. 鉴别一件西装是否手工制作，最简单的就是翻看西装领的后面，非手工制作衣领后会有明显的一道压烫痕迹，手工制作则可以看到细小针脚。

在 Allen Xie 定制一套西装，你不仅可以选择西装领型款式（Allen Peak 和 Allen Notch）、驳领上的花眼（Eye of Allen）、上万种可选择的面料花型，还可以选择任意对你有意义的图案作为西装内里、单独制作个性 logo 的纽扣、西装上衣和西裤兰花刺绣 logo。

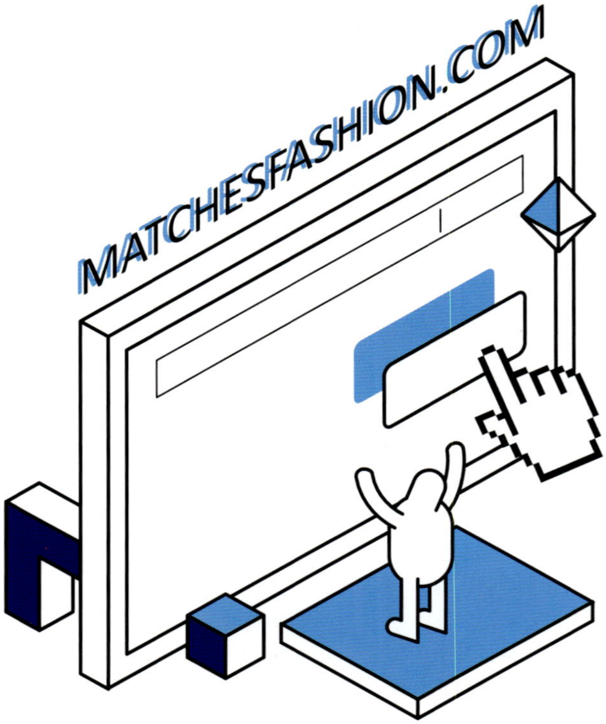

尽情地从网络购买奢侈品

1
怎样从 MATCHES FASHION 买到一双红底鞋

红底鞋刮起的时尚风已经愈演愈烈。且不管 Christian Louboutin 家如何就红底鞋版权问题和 YSL 大张旗鼓地展开诉讼，还连带上 Charles Jourdan、DSW 等各路品牌。近些年的各种红毯仪式和发布会上，“红底鞋”三个字出尽风头，各路女星不分国籍、肤色、种族，纷纷为鞋底下的那一抹亮色红而折腰。这股风潮从时尚界和娱乐界刮入寻常百姓家，越来越多的都市女性把拥有一双红底鞋放进了自己的心水名单，节衣缩食只为拔草。

不过红底鞋的拔草大军毕竟不是那么好当的，Christian Louboutin 至今为止只在一线城市有寥寥几家实体店，并且他家并不提供网上购买服务。

不过这点区区小事难不倒万千向往红底鞋的女性，何况哪里有管制，哪里就有市场。著名奢侈品网购网站 MATCHES FASHION 就推出了变相的红底鞋网购服务，以慰广大红底鞋粉丝们。

之所以说是变相网购，是因为你打开 MATCHES FASHION 网站，并无法找到购买红底鞋的直接通道。这时候需要你在主页里找到 Christian Louboutin 的品牌页面，可点进去以后，你还是无法找到下单按键，而只有一个订购按键。毫不犹豫地猛击这个订购按键吧，接下来的事情就交给 MATCHES FASHION 了。

首先，MATCHES FASHION 服务人员会给你的注册邮箱发一封邮件，然后会根据你留下的电话号码拨通你的电话。在电话中，你需要和服务人员沟通敲定订购细节。如果之前你有过在 MATCHES FASHION 购物的经历，可以直接选择预留的收件地址。再之后就是和服务专员确认授权电话信用卡支付了。

然后你的预留邮箱会收到第二封确认邮件，里面包含了关于订购的所有细节和快递单号。到了这一步，恭喜你大功告成，接下来需要做的就是在家坐等快递上门送鞋了。

MATCHES FASHION 网站上除了提供红底鞋网购，还贴心地提供了红底鞋预订和售罄款到货通知功能，方便粉丝们第一时间拔草。另外悄悄告诉你，MATCHES FASHIO 还有一个 SALES 专门频道售卖一些打折的奢侈品，相信自己眼光的话不妨也去看看吧。

2
MY HABIT：万事俱备，只待闪购

作为亚马逊旗下的大牌高端闪购网站，MY HABIT 经常推出一些低至二折的大牌专场，从 CHANEL、Dior 到 LV、BVLGARI 等一线品牌都有参加，用户们经常可以在这里捡到白菜价的奢侈品，也是海淘大军最喜欢的目的地之一。

要在 MY HABIT 上闪购一件白菜价奢侈品，首先要有一个 MY HABIT 账号，因为他家对非注册用户是采取内容屏蔽的。不过好在用亚马逊英文官方账号可以直接登录，所以只要注册一个亚马逊英文官方账号就好。注册的时候不要忘记留下地址和银行卡信息，MY HABIT 很贴心地支持中国信用卡，所以不必为它专门开通一张海外卡。另外一点注意的是因为 MY HABIT 上预留的是国际电话号码，所以请务必不要忘记在号码上加上“+86”。

万事俱备，只待闪购。因为 MY HABIT 上的闪购活动时间一般最多是 72 小时，而且很多抢手品牌和款式经常会瞬间被饥肠辘辘的买家们扫光，所以要随时关注网站发布的自己感兴趣的内容。

MY HABIT 的闪购活动开始时间是太平洋时间上午 9 点，比北京时间晚 16 个小时，夏令时时差为晚 15 个小时，对应的分别是北京时间夜里 12 点和凌晨 1 点，请务必换算好时间，不要因此错过。准备完毕后，进入 MY HABIT 官网，点击顶部分类之下第二行的 EVENTS 专区，即为各种限时闪购专区。MY HABIT 到货国内的时间一般是 3～6 天左右。

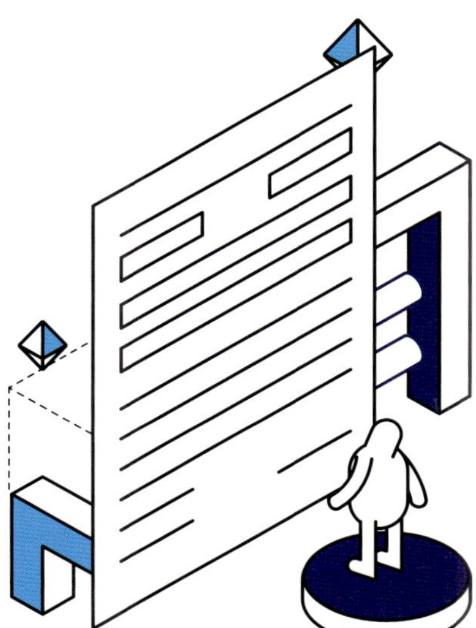

为了防止错过活动，还有一个小诀窍：MY HABIT 首页底部会有将要开始的专场预告，可以看到开始的时间和名称，如果你有想买的物品，可以提前关注。不过为了公平起见，他们非常“不贴心”地只预告却无法看到详细内容，所以请务必给自己上一个闹铃提醒自己不要错过，以免遭遇一觉醒来发现和白菜奢侈品失之交臂的捶心之痛。

3
MR PORTER：价高难买的这儿都有

MR PORTER 这样的文艺奢侈品网购网站，有众多高品位买手和 Jeremy Langmead 亲自操刀，光视觉上的体验绝对是高端大气，很多消费者都反映他家的展示比不少品牌店里的展示都好看。

不过 MR PORTER 有几点让中国消费者泪崩的地方。其一是他们的贩售方式是根据不同地区不同销售价格，非本地区的产品定价会更高；其二他们会在结算时直接帮你把国内的关税和消费税都加在付款总额里，所以说价格相对来说并没有比在香港买划算太多，但胜在其品牌比普通的奢侈品电商要多得多且顶级的奢华品牌选择也更多；其三就是他家的折扣码出了名的难抢，而国内的网速因为电缆的问题是有一点点儿慢的，所以每一个抢到 MR PORTER 家折扣码的中国买家不是很拼就是运气很好……

综上所述，在 MR PORTER 家购物最好的选择应该是国内店铺少而且又稀缺难买的高单价品牌，比如 Thom Browne、Berluti、Tom Ford 等等一类。

按老规矩，注册网站账号，预留邮箱电话，直接下单。这里要夸一下 MR PORTER 的邮寄服务：高端大气的 DHL 会用 1～3 天内这种神一样的速度把商品送上家门。入关前 DHL 会给你打电话管你要订单截屏和身份证照片，不要紧张，他们只是要拿来替你报关用。商品会用精美的礼盒包装好，MR PORTER 也会贴心地为你买好保险，你只需要签字即可。当然，这些可不是免费的，20 磅 /30 美元左右的运费还是相当高的，除非运气好赶上他家少有的物流免费服务。

最后，MR PORTER 的售后流程非常流畅，退换货只需要在电脑上操作即可，非常快捷。这里推荐如果有商品不满意，最好直接退货而非换货，因为虽然他家退换都是免费，但是换货的话需要再出一笔税费，对国内买家来说相对不划算，还是直接退货的好。

如何网购到艺术品或珠宝手表？

1

证大艺术超超市：足不出户玩艺术

想足不出户买一件艺术品玩玩儿？又不知从何下手，怕一件艺术品动辄上万的高价，更怕一不小心吃亏买了上当货？不要紧，打开浏览器，互联网能帮你解决这些问题。

证大艺术超超市是上海证大集团在2012年推出的目前中国最大的平价艺术品仓储式卖场。在这里，汇聚了上万件来自全国各地艺术家的作品，涵盖的领域包括绘画、影像、服饰、家居、雕塑、民间工艺等等，几乎囊括了所有艺术形式。同时，证大艺术超超市秉持让艺术走入平凡生活的理念，超市内80%的艺术品定价在10元到5,000元，20%的艺术品定价在5,000元到5,0000元。这样平易近人的价格和公开透明的定价、展示机制，让你能打消顾虑，尽情挑选自己感兴趣的艺术类别和艺术品。

证大艺术超超市也不仅是一个线上艺术超市，更是一个全方位的艺术平台。在上海的实体店几乎每天都会有艺术展览，让消费者可以近距离感受艺术。同时他们还普及各种艺术知识，无论是微信或者E-mail咨询或者线下讲座，都能为你关于艺术领域的初级疑问提供解答。如果更进一步，他们也为高端消费者提供艺术品理财投资和艺术品工程布置的个性化服务，可以为消费者提供私人专业艺术品投资咨询和艺术品空间工程布置方案。

最重要的是，证大艺术超超市为广大网络消费者提供了完善的线上购物平台，足以保证不用出户就可以为自己购买艺术品。打开证大艺术超超市的官网，进入“艺术作品”栏目，就能按类别挑选自己感兴趣的艺术品放入购物车，待挑选完毕即可进入购物车结账，提供电话和地址后，证大艺术超超市就会为你把艺术品快递到家，现阶段证大正在开展全场包邮活动，因此运费完全免费。

2

1STDIBS：手表和艺术品一网打尽

虽然和中国国内的网络连接不太稳定，但是1STDIBS照样在2014年拿到了来自阿里巴巴集团的1,500万美元投资。这样一家网站何许人也？其实他们是一家2001年成立于美国曼哈顿的古董艺术品线上拍卖网站。

这家网站的灵感并非来自哪个互联网巨头或者行业现象，他们也不想颠覆什么。1STDIBS的灵感来自于艺术之都巴黎，来自于遍布咖啡馆的塞纳河畔。在巴黎，大大小小的跳蚤市场星罗棋布于花都之中，在这些市场里，你可能买到波旁王朝时期的贵族小饰物，也可能买到海明威时代的文人日记。而这种感觉正是1STDIBS想要达到的。来自于各个时期的古董艺术品汇聚在这家网站之中，时空横跨古典主义、自然主义、浪漫主义、矫饰主义一直到浪漫派，简直是一部活生生的艺术史教材。

比如英国国王乔治三世使用过的制作于1670年左右的壁炉架，周身用锡耶纳大理石装饰镶嵌；由19世纪后半叶著名玻璃大师Giulio Salviati设计、在玻璃艺术的巅峰——威尼斯穆拉诺岛生产的精美绝伦的水晶吊灯，全世界独一无二；印象派奠基人马奈的弟媳——著名印象派女画家贝尔特·莫里索于逝世前一年（1894年）创作的巅峰之作《穿绿大衣的少女》……这些动辄上百万欧元的高端艺术品，你不可能在除了1STDIBS以外的任何网络销售平台找到。除了这些价格高昂的商品，1STDIBS还提供和现代艺术家合作的各种商品，近期内，他们还开辟了时尚品以及珠宝首饰的专区。

1STDIBS上的2,000多家经销商是网站的基石，他们横扫各大跳蚤市场，遍访各类古迹，在废弃的农场内寻寻觅觅，发掘那些被埋没的传家宝或者不为人知的稀世珍宝。正是他们保障了买家在1STDIBS上可以找到绝对独一无二属于自己的神奇艺术品。

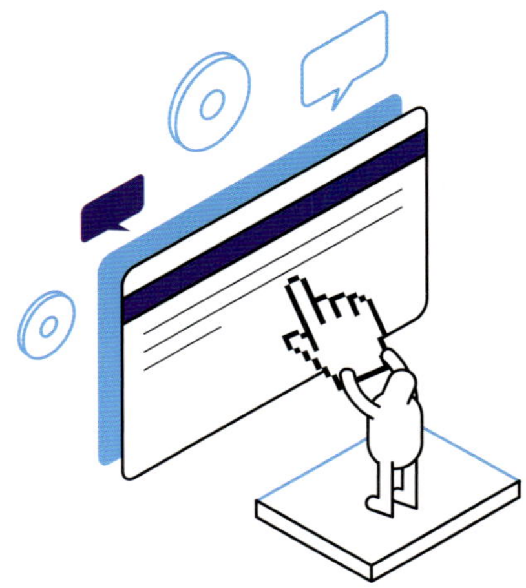

要在1STDIBS上购买商品会比较麻烦一些，因为他家毕竟只是一个交易平台，买家需要根据自己的需要自行寻找商品和经销商。除了网站外，他们还支持电话和邮件访问，不过这显然不及网站访问的体验直观全面。在1STDIBS上出售的所有物品都配有照片及细节描述：尺寸、材质以及制作工艺，所在地及出产日期，设计师或制作商的信息等等。其中的一些甚至还附有文档记录，详细记载了这件藏品的收藏记录。

由于和中国的网络连接不太稳定，你可能需要一些技术手段的帮助来浏览1STDIBS的网站，一旦下单，除了商品单价之外，你还需要承担一定的银行卡手续费和交易佣金，除此以外还有不低的运费。但这些和1STDIBS提供的独一无二的商品相比都是值得的，越来越多的设计师、明星以及高消费人群开始成为1STDIBS的新用户。如果你的消费能力足够，那么1STDIBS会是一个彰显你品位的好平台。即使买不起威尼斯水晶吊灯的一般消费者，照样可以花70美元买走一个梨形镇纸——同样产自威尼斯穆拉诺岛。

如何定制一双最适合你的皮鞋

对于男人而言，一双好的皮鞋，不仅只是保护你的双脚的工具，也是彰显你身份和品位的象征。一双好鞋最能穿出男人的得体、精致和品位，而定制皮鞋的最大魅力，在于你可以享受整个过程，并从中建立属于自己的独特魅力和风格。许多老牌都保留了定制鞋这项服务，而定制鞋服务主要有两种方式，一种是半定制（Made to Order），你只需要提供双脚的尺寸，再通过尺寸选择合适的鞋楦、材质和款式。另一种是纯手工定制（Bespoke），从量脚、制鞋楦再到修整、送呈，整个过程都有专业的师傅为你量身打造，你可能需要为了定制的皮鞋等上半年多的时间。

Step 1
量脚

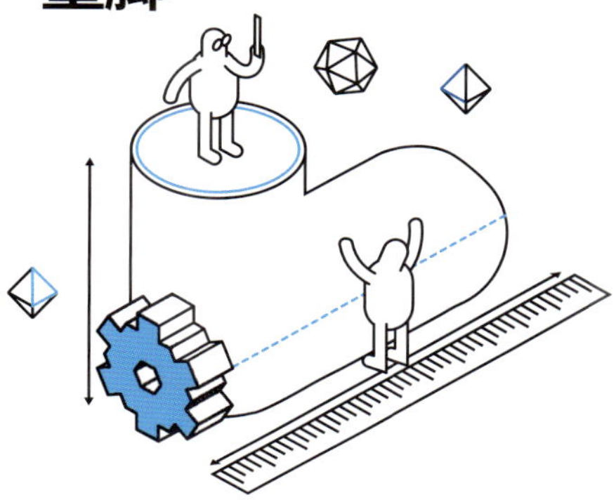

Step 2
定型与制鞋楦

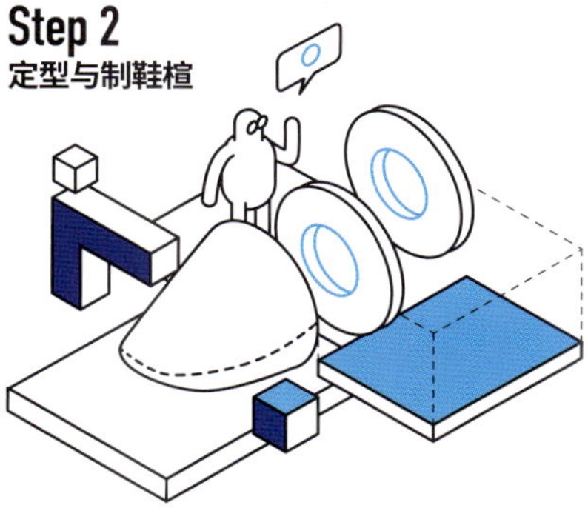

Step 3
图样，裁剪与缝制

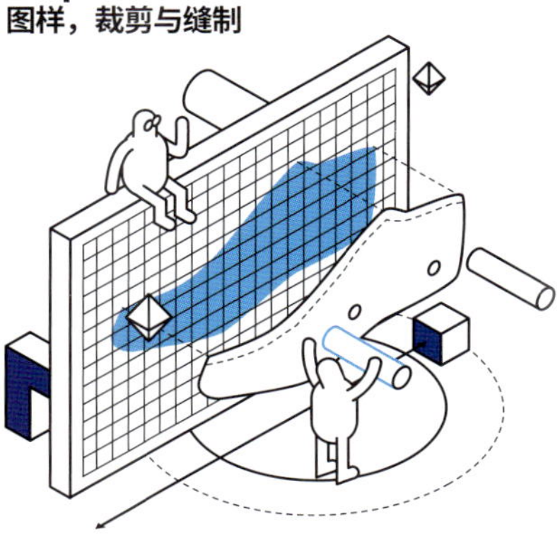

Step 4
鞋楦试穿

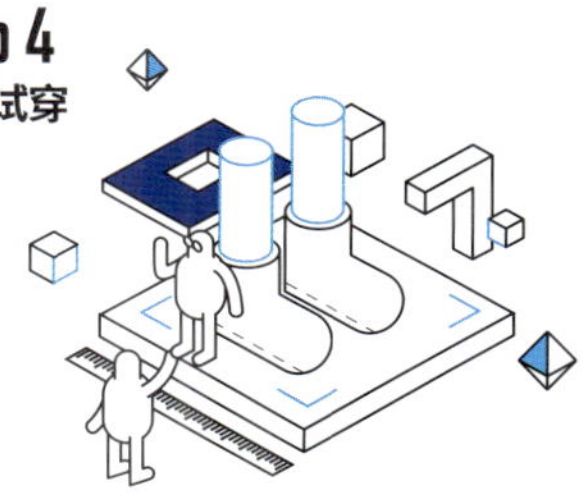

Step 5
合成

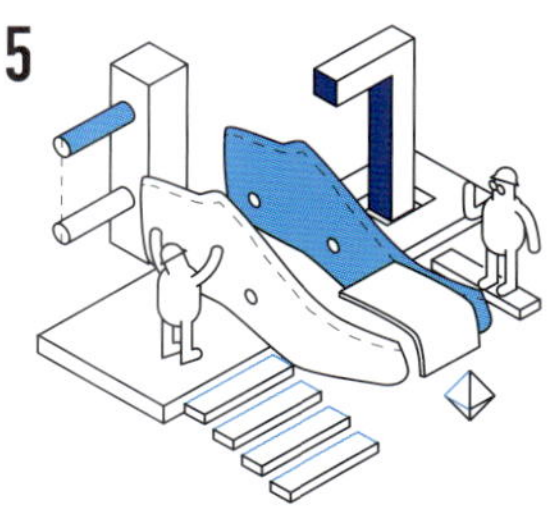

Step 6
Patine
古法染色

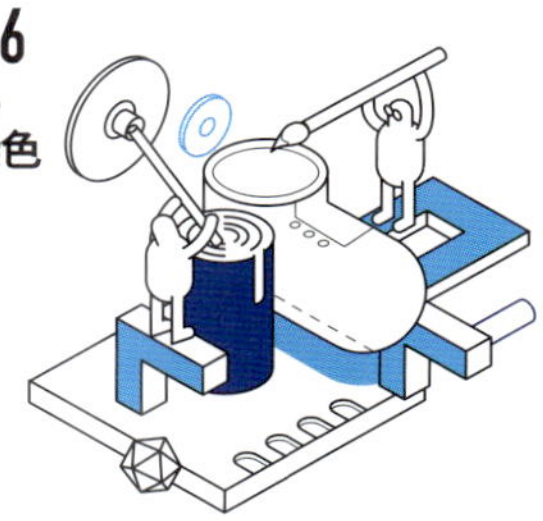

Step 7
送呈

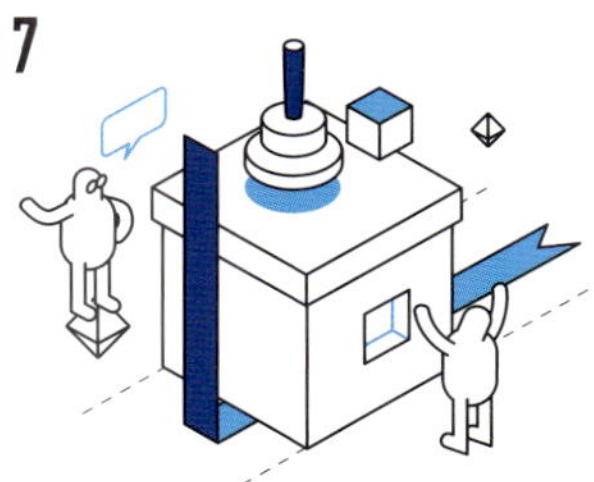

1
如何在 Berluti 定制一双皮鞋

1. 量脚

Berluti 定制鞋的流程始于你与制鞋师的第一次会面。在品牌精品店或者巴黎 Marbeuf 街工作坊内的会面和交流中，制鞋师会认真听取你的所有需求和穿着习惯。师傅通过量脚不仅可以获得确切的实际数据，更可了解你双脚的着力位置，鞋底、衬里颜色以及鞋撑部分都将在此次会面中确定下来。

2. 定制与制鞋楦

鞋楦师会根据量脚的数据在木料上用专业刀具雕刻鞋楦，制作出最适合你的鞋型。这一步决定了鞋子的外观，也因此唯有经验丰富的师傅才有能力制作出好的鞋楦。

3. 图样，裁剪与缝制

图样师先用胶布将鞋楦覆盖，绘出鞋型取下，并在纸上设计款式、标明细节。皮料裁剪师利用纸样裁剪皮鞋鞋面所需的皮料。最后由缝制师对皮料进行修整、拼接和缝合。

4. 鞋楦试穿

接下来，你将与制鞋师进行二次会面，通过试穿鞋楦以评估鞋型、尺寸以及风格是否符合你预先的要求。通过这次的交谈，制鞋师会记录下每一处需要改进的地方。

5. 合成

裁剪完的皮革经过修正，合成师与制鞋师会将皮鞋的各部分组合起来。从开始动手作业到拼接鞋底、缝制贴边再到最后的打磨护理，整个合成过程需要约 30 小时。

6. Patine 古法染色

上色师将完成制作流程的最后一步：Patine 古法染色。你可从无数种颜色中选择最适合自己的一款。

7. 送呈

Berluti 整个制鞋过程大约需要 6 个月，经历至少 250 道工序，每双定制鞋都会放在个性化的鞋盒中，并且镌刻有鞋主的名字。

如何在网上挑选一颗 D 净度 &FL 级别（完美无瑕疵）的钻石？

1
Blue Nile：挑钻石，So Easy!

1999 年成立于美国西雅图的 Blue Nile，是目前世界上最大的在线钻石珠宝销售商。公司建立于一个独特的理念：选购订婚戒指并不需要很复杂。有关钻石的知识也可简单易懂。

为此，公司特地在官网为消费者提供了一份简明详细的钻石挑选指导原则。顺着这份原则，每一个消费者都能够轻松购买钻石。他们强调：

1. 首先要确保所选的钻石已获认证，钻石证书可用以证明某钻石已由正规的宝石专家团队评定。Blue Nile 首推的是国际上两所最受尊崇的独立钻石实验室：GIA 和 AGSL，他们的所有产品都是经过这两家实验室评定过的。

2. 切割。钻石的切割方法决定了其火光及闪烁度。切割等级的鉴定基于评定钻石的折射表现、尺寸及最后润饰间的关系。

3. 成色。钻石的评级视成色而定。成色分级属 D、E 或 F 的钻石通常被归为无色。成色分级属 G、H、I 及 J 的钻石通常被归为接近无色。D 级为最高的无色级别。

4. 净度。由专业宝石学家使用严谨的操作方式全面记录钻石的瑕疵以及其具体位置。挑选 VS1 或 VS2 等级或更佳等级。而 FL 级为最高的完美无瑕等级。

5. 克拉重量。克拉是对重量的量度而非对大小的量度，因此两颗克拉重量相同但切割特征相异的钻石，若从上方俯视时并不一定有相同的大小。

其中后四条就是钻石业界大名鼎鼎的“4C 标准”，挑选时遵守以上原则，就能选购到适合自己的钻石。

Blue Nile 家虽然有中文官网，但是他们的搜索功能并没有开放中文输入。因此，在 Blue Nile 搜索自己喜欢的钻石，最好从类别入手，按照类型 - 功能 - 级别的菜单顺序一步步挑选，很快就能选到合适的产品。比如如果想选购一款 D 净度 &FL 级别的订婚钻戒，只需要进入订婚戒指的类别，筛选钻石选项，价格从高到低排布，然后点进合适的款型，使用网站自带的筛选器功能，即可轻松挑选出来 D 净度 &FL 级别的订婚钻戒。

通过筛选器选择好裸钻或者搭配的首饰样式以后，需要把该产品保存到购物车。然后点击网站右上角的购物车图标进入，确认购买后即可完成下单付款。必须说明的是，Blue Nile 暂时不提供中国内地的送货服务，但他们提供香港的领取业务，分别位于九龙和港岛的两个联邦快递物流点。所以你可以选择让他们将钻石寄送到香港的领取点再亲自携带身份证件领取，联邦快递的保管时限为 5 个工作日，而香港地区的到货时间约为 3～6 天，所以如果想在 Blue Nile 买钻石，最好先预定好你去香港的行程后再进行购买。如果你长期住在国外或者去国外度假时想要买一颗钻石，Blue Nile 为全球大部分地区提供联邦快递免费递送服务。

在 Blue Nile 上，除了传统的钻石和首饰选购，他们还提供各种个性服务，包括首饰个性定制、首饰配对等等。你甚至可以亲自挑选从宝石、贵金属材质、切工、形状、装饰到铭刻等一系列细节，亲自为自己设计打造一款世界上独一无二的戒指。

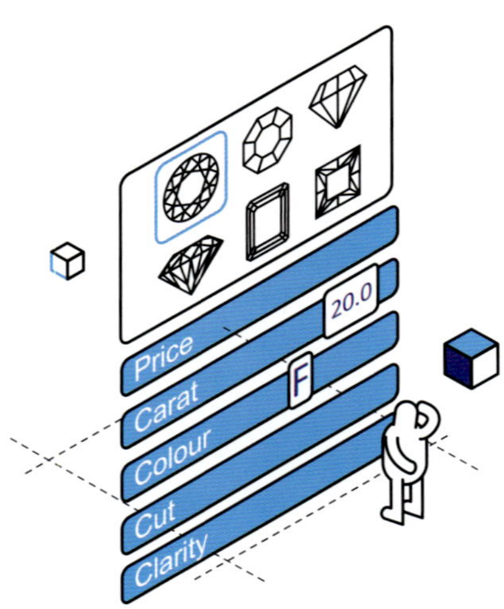

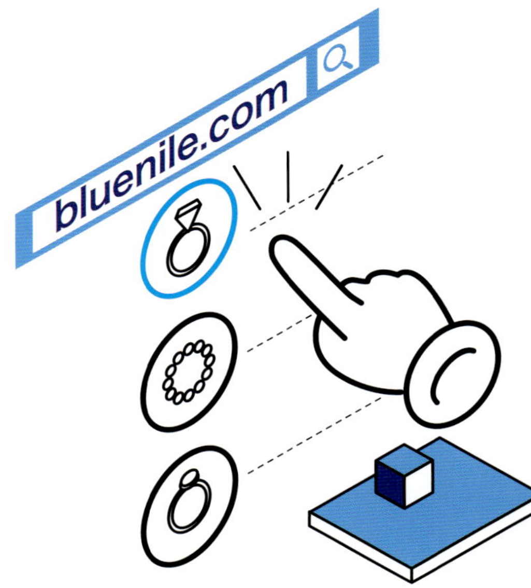

2
珂兰：国内品牌也靠谱

如果嫌去一趟香港太过折腾，那么建议你考虑珂兰。作为国内比较靠谱的钻石电商，珂兰拥有在南非、比利时等全球 6 大钻石原产地供应商直接采购优质钻石的能力。

而面对 Blue Nile 开启中国业务的冲击，国内钻石经销的暴利时代开始结束，现在珂兰网站上的大部分产品，都仅比 Blue Nile 价格稍贵或者相若，甚至有些产品性价比比 Blue Nile 还要合适。

如果想在珂兰选购钻石，只需进入珂兰官网或者天猫旗舰店，他们提供了和 Blue Nile 类似的筛选机制。挑选好钻石之后，你可以选择在居住城市的珂兰体验店到店领取，也可以选择送货上门服务。在 2011 年腾讯投资之前，珂兰一直需要客户付定金之后再生产切割钻石，因此等待时间往往在 20 个工作日左右，而腾讯注资之后，这个环节被完全省去，现在珂兰的快递服务一般 1～3 个工作日即可送达。好消息是珂兰偶尔也会针对一些特定级别的钻石进行折扣销售，在保证质量的同时让你花最少的钱即可拥有更高级别的产品。这真是一件让所有人都觉得皆大欢喜的事情，不妨多多关注一下吧。

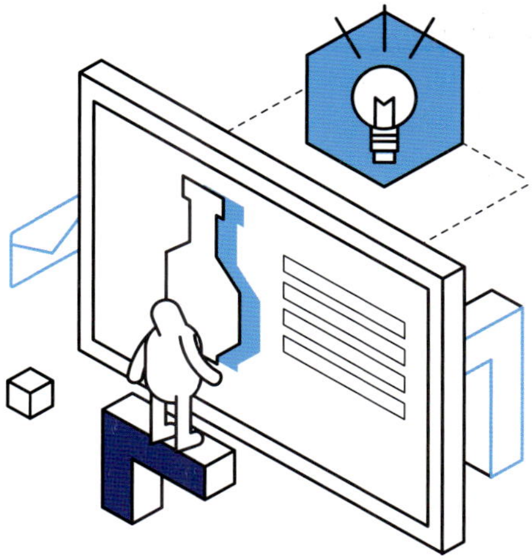

定制香水和护肤品，只要你想，都可以做到

私人定制服务不仅仅在时装领域，越来越多的品牌也推出了香水和护肤品的定制。有时候，一款独一无二的香水更能彰显你的个人品味和性格，一套量身定制的护肤品更可以使你的肌肤得到最精确的保养。

1
如何定制一款高端香水

一瓶好闻的香水总能给人留下深刻印象，当你身上独特的香水味道弥漫开来的时候，香氛带来的味觉享受代表着你的品味和性格。而想要身上味道也散发独特的魅力，你也可以通过定制香水服务来实现。目前不少品牌也提供高级定制香水服务，可以满足你享受到专属的私人香氛的要求，避免“撞香”的尴尬。高端香水的定制基本离不开以下步骤。

1. 盲测与沟通

在定制一款香水之前，你需要进行一系列的感官测试。你会被要求闻嗅不同的香水，调香师会通过专业的提问和测试，了解并挖掘出你的真实需求和喜好。

以娇兰为例，香水的测验需要你观看不同地方、颜色或氛围的图像，抚摸大量的缎带、布料等素材，还有闻不同的天然香料，然后选择出你最喜爱的部分，表达心中的感受，整个咨询过程会持续 2 小时左右。

2. 初香

然后你会收到一本包含图片、试香纸和手绘图的个人香氛手册。在接下来的两三个月时间，调香师会分析这些数据信息来决定香调的大致走向，开始打造香水的“初样”。这是最关键的一步，因为它决定了香水的走向，以及如何选择与组合原始香料，同时融入客人的情感诉求，来定制完美的香水作品。

3. 调香

在接下来的时间，调香师将对香水的成分和香料的组合进行反复的测试和调成，调制出几款不同香调的样品送到你的手中，并且有充分的时间让你慢慢体验，做出你的最终选择。

4. 完成

在你做决定后，调香师就会根据你的选择做出成品，呈放在专属于你的瓶中。你也可以选择自己喜欢的容器来盛放香水，甚至篆刻自己的姓名。一般来说，定制两升的香水能够让你使用 5 年的时间。当然，一款高级定制的香水的价格也不菲。

哪些品牌可以定制高端香水?

Roja Dove

Roja Dove 是伦敦香水界的传奇，在孩提时期他就爱上了妈妈的香水，1981 年他成为了娇兰集团的主要调香师，在为娇兰工作了 20 年后，他于 2001 年创建了自己的公司 RDPR 集团，并于 2004 年开设了自己的高级香水店铺。

Creed

Creed 拥有 250 年的制造香氛历史，子承父业代代相传，开发了 200 多种香型，并在业界获得“贵族之香”的美誉。更是拿破仑、丘吉尔、乔治亚·克鲁尼、查尔斯王子等无数名流们的共同秘密。

Guerlain 娇兰

娇兰是法国顶级奢华香水品牌，以香水起家的巴黎皇室贵族保养品品牌。在巴黎香榭丽舍大街的总店同时提供全定制和半定制服务。定制过程从几个月到 1 年不等，价格在 20 万到 40 万元人民币之间。

Parfums MDCI

Parfums MDCI 是一个年轻的法国品牌，由香水设计师 Claude Marchal 于 2003 年创立，每瓶香水都如同艺术品般经过精心雕琢，香水瓶配有雕刻精美的半身胸像瓶盖。

2
在 NOESA 订购量身定做护肤套装

来自德国的 NOESA，当你初次看到它的时候，可能被它不锈钢金属瓶身和简洁的线条装饰所吸引，这看似高科技药剂的包装很难让人把它和护肤品联系在一起，事实上它是可以超越皮肤表层进入细胞的奢侈皮肤护理品牌。

NOESA 推出的全球限量系列，从植物中萃取的精华，可以说是目前护肤品界最为昂贵的宝物。限量系列产品原料取自极地罕见野生植物，拥有最纯净浓郁的活能量，集中复活“细胞能量源”。

如果你想要在 NOESA 订购一套专为你量身定做的护肤套装，你可以通过电话预约咨询，NOESA 会指定专业 BA 为你“量身定制”，从专业的角度对你进行一对一的服务。你可根据自身的客观条件，向专业人员咨询个人面部、身体、能量相关问题，了解皮肤状况和护肤需求，根据自身的特性来制定所需的护肤产品。合理规划个人使用 NOESA 的程序，以达到最佳的状态。

你可以到这里预约咨询：
北京市国贸商城三期 2 层 L203
电话：（+86）10 8535 1637
上海市 ifc 国金中心 D 座 L2-16-3
电话：（+86）21 2028 5506
重庆市 WFC 环球金融中心 2 层 210
电话：（+86）23 63861626

MEDICAL

梅奥诊所

Mayo Clinic

美国的一位政客曾开玩笑地说过，他不用去中东就能见到沙特国王，只要相约到梅奥诊所体检就行了。

作为世界顶级的私人医疗机构，它的顾客上至总统王室，下至贫民百姓。美国总统福特、里根、老布什，约旦前国王侯赛因等都曾来此就诊，中国的商界领袖如冯仑、潘石屹等皆享受过这家以“患者至上”为宗旨的医疗机构提供的最为专业以及人性化的服务。

美国梅奥诊所虽被称为“诊所”，但实际上是一所拥有 150 年悠久历史的综合医学中心。1863 年，William Worrall Mayo 医生在美国明尼苏达州的罗彻斯特市开办了梅奥诊所。之后 William Worrall Mayo 的两个儿子 William James Mayo 和 Charles Horace Mayo 子承父业，分别在 1883 年和 1888 年加入了梅奥诊所。目前，梅奥诊所拥有 55,000 多名医生、护士、科学家、学生和相关的医疗服务人员，它在美国的中西部亚利桑那州、佛罗里达州另外设有分所。

作为一家非营利性的医疗机构，其在医疗护理、医学研究和教育领域均处于世界领先地位。在由美国的权威机构 *U.S. News & World Report*（《美国新闻与世界报道》）评出的 2015-2016 年度美国最佳医院排行榜中，梅奥诊所排名第一，在心脏病、内分泌、神经系统疾病等专科全美领先。

每一个医疗者必备的一本书——*Management Lessons from Mayo Clinic*（《向世界最好的医院学管理》）中透露，被誉为“医学麦加”的梅奥诊所，百年品牌仍旧辉煌的原因并不仅仅是其卓越的专业性，更是其“患者至上”的价值观，这也正是梅奥精神所在，“始终坚持患者需求至上，对每一位患者的健康和幸福给予诚挚和独特的关注”。在梅奥，不论何时，只要患者需要，来自梅奥各个领域的医生都会组成专家团队，综合其医疗技术和经验，解决患者在治疗过程中遇到的问题。

M.D. 安德森癌症中心

The University of Texas MD Anderson Cancer Center

M.D. 安德森癌症中心（MD Anderson Cancer Center），世界公认的权威肿瘤专科医院，在由美国的权威机构 *U.S. News & World Report*（《美国新闻与世界报道》）2015-2016 年度评出的 Best hospitals for adult cancer 中排名第一。

M.D. 安德森癌症中心始建于 1941 年，是美国“国家癌症行动”计划指定的最早的 3 个综合癌症治疗中心之一，也是目前 39 个肿瘤医学会指定的综合性癌症治疗中心之一。该中心目前拥有 10 个 NCI 优势研究项目的资助，包括：脑瘤、胰腺癌、乳腺癌、膀胱癌、前列腺癌、白血病、卵巢癌、子宫内膜癌、肺癌和黑色素瘤。

M.D. 安德森癌症中心提倡个性化治疗方案，坚信每一个患者的病情都不同，跨学科的专家团队通过密切合作为患者制定最佳的治疗方案。其中为癌症患者提供的治疗包括靶向疗法、手术、化疗、放疗和质子疗法、免疫疗法以及多种疗法的联合治疗。M.D. 安德森癌症中心也是世界上最大的肿瘤药物临床试验基地。大多数的肿瘤药物都是由安德森临床试验出来的，而只有安德森癌症中心的病人才能有机会使用世界上最先进的正在临床试验阶段的肿瘤药物。

M.D. 安德森癌症中心连续十余年排全美肿瘤专科医院之首，每年收治着来自世界各地的近 10 万名患者，其中不乏各国政要和富商。哈利法·扎耶德，阿拉伯联合酋长国的现任总统曾在安德森癌症中心接受治疗，为了感谢成功治愈，哈利法·扎耶德在 2011 年向安德森癌症中心（MD Anderson）捐款 1.5 亿美元。2015 年 M.D. 安德森癌症中心获得“国际科学技术合作奖”，并受到中国国家主席习近平的接见。

波士顿儿童医院

Boston Children's Hospital

波士顿儿童医院是全球最好、美国最大的儿童医院，历年全美儿童医院综合排名第一。在由美国的权威机构 *U.S. News & World Report*（《美国新闻与世界报道》）2015-2016 年度全美儿童医院排名中，波士顿儿童医院排名第一，小儿癌症历年稳居全美第一。

始于 1869 年，作为一家非营利性医疗机构，140 多年的历史一直在为儿童疾病的治疗而努力。从 1947 年首次成功缓解白血病到最近的复杂胎儿心脏缺陷的矫正，建树颇多，在儿童心脏、儿童神经、儿童骨科、儿童内分泌、儿童泌尿、儿童肺科等领域也稳居全美前两位。波士顿儿童医院是世界上最大的以儿童医院为背景的研究机构。研究团队有 1100 多位科学家，包括 9 名国家科学院人员、11 名医学研究所在职人员和 9 名霍华休斯医学研究所人员，其中研究人员 John F. Enders 为 1954 年诺贝尔生理学或医学奖得主，脊髓灰质炎疫苗的奠基人。

波士顿儿童医院虽然只有 395 张床位，但年住院人数却高达 25,000 人次，主要为 21 岁以下的人群提供全套的医疗服务。在波士顿儿童医院住过院的小患者，“除了打针会痛之外，根本感受不到太多的不适，反而会觉得很有趣”。他们在这里不但能够享受到高超的技术、先进的医疗手段，波士顿儿童医院还会根据每个小病人的不同情况调整服务内容，以此让每一个在波士顿儿童医院就医的小患者享受到热情、幽默、开心以及最为特别的服务。

癌研有明医院

癌研有明医院是日本历史最悠久的癌症治疗医院，成立70多年以来，本着“克服癌症，造福人类”的理念，始终致力于最前沿的癌症治疗技术的研究及开发，拥有世界先进的诊断和治疗技术，一直推动着日本乃至世界癌症治疗技术领域的革新。在日本历年各大杂志的医院实力排名中，癌研有明医院的各类癌症治疗都排在第一位，是目前日本最顶级的癌症治疗医院之一，尤其是消化系统的癌症治疗手术方面，该院的治疗水平在全世界名列前茅。

癌研有明医院本着“微创”的宗旨，特别是对胃癌、大肠癌和肺癌患者大多采用腹腔镜手术、胸腔镜手术，创伤小、将痛苦降至最低，有利于提高患者的生活质量。并且位于东京羽田国际机场附近以及临海副都心地区的癌研有明医院，由于处于临海地区，气候非常宜人，四周被公园环绕，在这么安静舒适的环境，能够最大限度地提高患者的治疗效果。

日本作为全亚洲癌症筛选最前沿的地区，防癌体检最小可以发现5毫米以下的癌症。日本防癌体检以先进的癌症综合检查体系，编织建立起一个以毫米、微米为单位的“网”，可以发现和排查全部已知300多种早初期癌症，保持着领先世界防癌检查的纪录。在全亚洲最好的癌症医院——癌研有明医院，可以接受全面、精细化的癌症筛选，对于早期癌症的发现，能够得到及时的治疗并获得治愈。

好大夫在线

好大夫在线，中国最大和最有影响力的医患服务平台，创立于2006年，运用移动互联技术，改变医疗，改善医患关系，提升生命健康质量。

患者可以通过网站、手机客户端搜索查询全国31个省市地区的3,300多家重点医院、34余万名医生的专业方向和门诊信息，可以浏览、学习3,000多个临床疾病的诊疗常识和医生亲自撰写的疾病科普文章。患者还可以通过好大夫在线平台分享交流就医经验，共同对抗疾病。平均每天全国有350万名患者在平台上寻求医生的帮助，找到专业医生并完成线下就诊。通过PC端和移动端的结合，好大夫在线还为医患提供诊前咨询交流、诊后随访管理等服务，在帮助医生分诊、筛选、管理患者的同时，也帮助患者提高了就诊效率，改善了就诊体验，增进了疾病治疗康复效果。

DIPLOMAT PHARMACY

Diplomat Pharmacy，美国最大的独立专科药房。于 1975 年在密歇根州的 Flint 成立，是目前唯一上市的独立专科药房，上市以来，公司的股价上涨了 3 倍。

Diplomat 专科药房业务涵盖专业药（Specialty Drug）领域的各个方面，其最大的部门是肿瘤学和免疫药物。

Diplomat 专科药房正在建设的是一个反应敏捷的、整合的药房系统，完全有别于传统的零售药房，它可以与医院系统、社区零售和实验室互动；也可以解决卫生系统对各级机构更广泛的连接和协作的迫切需要；更可以提高患者的治疗效果，同时遏制成本。

Diplomat 专科药房不仅提供患者所需的药品，而且帮助患者和保险公司交涉，回答病人所有的问题。Diplomat 公司有 900 名员工，基本上三分之二是患者照顾协调员（patient-care coordinators），公司是开方医生、保险公司、资金支持方和病人的协调者，不需要病人去各自调动多方面的资源，将病人的负担尽可能降低。而且“对病人广泛全面的照顾”，通过各种手段确保患者能够按照既定的剂量、频率服用专业药，这种“与病患高密度接触（high-touch）”、重视病患体验的模式，使得客户留存率高达 90% 以上，患者基本上是不会考虑换一家专业药房的。正如其创始人留给子孙的箴言：“照顾好你的病人，其余的将水到渠成。”

Diplomat 专科药房的服务模式甚至延伸到预防自杀咨询。通过公司的病人护理协调员和药剂师密切对患者进行管理和监测，寻找抑郁迹象和预防自杀就成为其中一部分。

FOUNDATION MEDICINE

Foundation Medicine 是一家世界领先的基因检测分析公司，致力于通过深入了解每个癌症患者的特殊基因改变，为癌症治疗药物选择提供个性化指导。

Foundation Medicine 与纪念斯隆 - 凯特琳癌症中心合作，推出两项临床基因检测项目，包括针对实体瘤的 Foundation one 检测和对血液恶性疾病、肉瘤、儿童癌症的 Foundation one Heme 检测，为癌症患者提供了最全面的基因图谱分析，了解癌症患者的分子学改变，提供相关的靶向治疗药物和临床试验信息。

Foundation Medicine 的基因分析检测平台通过为临床医生提供癌症患者基因检测服务，帮助医生选择靶向治疗方案，并提供充分的临床文献支持和循证医学证据支持。

已故苹果公司 CEO 史蒂芬·乔布斯在患胰腺癌时，曾花费 10 万美元对肿瘤及自己的全基因组进行过测序，成为最早一批参与 Foundation One 检测项目的患者，并因此创造了胰腺癌患者生存超过 8 年的奇迹。

这个全基因检测项目，患者只需提供 10 余个病例组织切片或者一管几毫升的血液，该公司即可为患者提供最全面的基因图谱分析，了解患者的分子学改变，提供相关的靶向治疗药物和临床试验信息。Foundation One 基因检测审视所有的 315 个与癌症相关的编码序列，外加 28 个经常在实体肿瘤中发生重排或改变的基因选择性内含子。全基因检测依然被美国肿瘤科医生广泛推荐，患者不仅可以从中收获更长的肿瘤无进展生存期，而且生活质量也会大幅提高。

CLEVELAND CLINIC：医者仁心 患者至上

比赛还剩 2.1 秒，客场作战的波士顿凯尔特人队对克利夫兰骑士队，以 1 分之差落后，而此时克利夫兰市的速贷球馆上，主场球迷已经全部起立，用震耳欲聋的“Defense（防守）”声为即将到来的胜利摇旗呐喊。凯尔特人队仍在做最后的进攻，前锋杰夫·格林（Jeff Green）一次次甩开对方的防守队员，一个漂亮的打板上篮，终场哨音响起。来自格林巧妙的“绝杀”，将凯尔特人队最终送上了冠军的宝座。兴奋的队员冲向格林庆祝胜利，而出人意料的是，格林却走向了场边的一个特殊观众——来自克利夫兰诊所的史文森医生（Dr. Lar Svensson）。

或许就连格林也记不清楚，这是做完心脏手术之后回归赛场上的第多少次比赛，但他无愧于一个杰出的篮球运动员的称号，每当人们为他的精彩表现由衷赞叹时，他心里无不对史文森医生充满了感恩之情：“如果不是他，我再也不是球员格林了。”

时间回到 2011 年 12 月 17 日，格林在球队的例行体检中，查出了严重的动脉肿瘤。若不及时手术，通向心脏的主动脉则有可能在剧烈运动中爆裂，威胁生命，随即格林被送往克利夫兰诊所医治，这里的心脏和血管中心是全美甚至世界上最大的、最具有经验的心血管专科医院之一，医术精湛的史文森医生很快为格林进行开胸心血管手术。“这场手术长达 5 小时 26 分钟，期间，他的心

脏停止跳动达 1 小时 35 分钟。”史文森医生在介绍手术情况时说道，“格林的情况在身材高大的运动员中并不罕见，高强度的有氧训练加大了他们心脏血管的压力，我们不得不使用人造材料更换大部分与格林心脏连接的大动脉。”在后续的术后恢复中，史文森医生对怀疑自己是否还能回归赛场的格林不断给予很大的鼓励和安慰。“医患双方并不只是治疗，医学必须回归到人性，给予患者温暖陪伴和精神信仰上的支撑。”

“这样的故事，在克利夫兰诊所每一天都会发生。”克利夫兰诊所的执行总监罗博·斯道医生（Rob Stall）在接受采访时说道。作为美国最顶尖的医疗机构之一的克利夫兰诊所，其心血管科名声显赫，自 1995 年以来，在权威杂志《美国新闻和世界报道》的心脏专科排名中，克利夫兰诊所一直位居第一。

谈到是什么促使医院在激烈的竞争中保持领先，执行总监罗博·斯道医生表示，医院的运作方式是决定性原因，“我们是医生来运营医院，而不是简单地医院聘用医生。所以，医生会毫不犹豫地将患者的利益放在第一位。”在克利夫兰诊所，医生的薪金并不由手术量来决定，而是基于每年的综合测评，其中包括病人反馈、手术效果和科研成果等。

精益求精的治疗方式，“患者至上”的克利夫兰精神，慕名而来的患者从全世界各地不断涌向克利夫兰诊所。据罗博·斯道医生介绍说，每年有 3,000 多名国际患者前来就诊。为此，克利夫兰诊所专门成立了全球患者服务（Global Patient Services）部门，向国际患者提供从翻译、住宿、接送，到预约诊断的一系列服务，以满足国际患者特殊的需求，帮助他们更好地接受治疗。

美国肿瘤社会学家霍兰提出的“医者的四个救生圈”理念：第一个救生圈是技术魅力与呈现，第二个是爱心与人格魅力的表达，第三个是温暖陪伴，第四个是信仰与生命哲学的启悟与支撑。这也正是克利夫兰诊所的医生所奉行的理念所在。

对于那些用绝杀来终结比赛的运动员，体育解说员总是会说：“他们拥有一颗大心脏。”没有人比史文森医生更加清楚，为什么格林在那次绝杀后要用双手指向自己带着长长的手术疤痕的前胸。“死过一次”的格林，在史文森医生的帮助下，带着一颗“新”的心脏，再次回到赛场，比以往更加强大。

23 AND ME：更好地了解你自己

来自密歇根州的Lawrence是一名17岁的高中生，父母都是白人的他，却有着与白人截然不同的一头黑发和漂亮的浓眉，朋友们常常开玩笑说他是墨西哥人，这也令Lawrence困惑不已，“我是谁，我来自哪儿？”看似终极的哲学问题却是他内心最为真切的想法——了解自己。当他在网上看到人们疯狂地分享一个可以告知你来自哪里的基因检测产品的使用感受时，Lawrence按捺不住兴奋，深深地被这个名为“23andMe”的基因检测产品吸引住了，立即填写了购买信息，“这也太酷了，我已经迫不及待地想要看到结果了，也许它能告诉我很多我并不知道的自己。”

“更好地了解你自己”，这也是Anne Wojcicki女士创立“23andMe”的初衷所在，并带着将基因检测推向大众市场的愿景，Anne Wojcicki女士连同友人于2006年在加州山景城联合创立了“23andMe”。“23andMe”的名称源自组成人类DNA的23对染色体，意在强调包含着人类基因的23对染色体塑造了每一个独特的个体。“人们将通过逐渐普及的基因检测，科学地了解包括祖先家谱、健康状况和潜在疾病在内的由基因决定的各种信息”。谈及公司使命，耶鲁大学生物专业毕业的Wojcicki女士充满激情地说道。

自2007年“23andMe”基因检测产品一经推出，便吸引了众多年轻用户。生活在美国这个多元的移民社会，年轻人对自己的祖先到底来自哪里充满好奇，这或许也是“23andMe”能够迅速打开市场的原因所

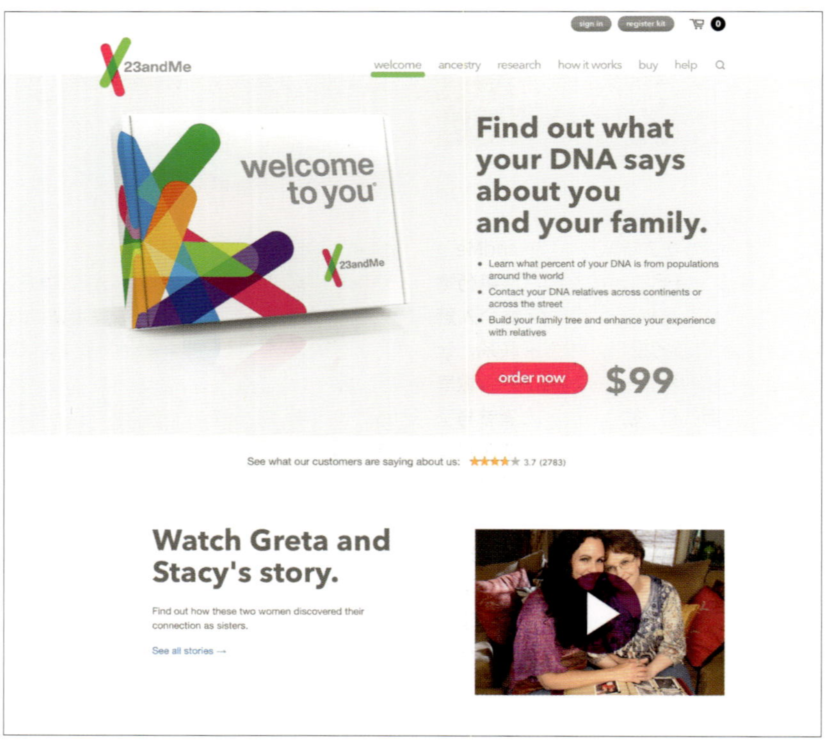

在。更何况还能一同检测出家族遗传病以及 99 美元的亲民价格就能享受到尖端精确的基因科技，“23andMe”顿时成了在年轻人当中风靡的时尚产品，一时风头无两。

而“23andMe”公司也在极富领导力的 Wojcicki 女士带领下快速发展，然而这家初创企业却在 2013 年底遭遇了成立以来最大的打击。因担心用户基于潜在疾病的检测结果过早进行不当治疗，美国食品药品监督管理局（FDA）决定禁止“23 andMe”向公众出售基因检测产品。FDA 相关专家 Alberto Gutierrez 博士表示：“对于无目的的全基因组测序，往往会检测出一大堆疾病，而目前 FDA 对这方面的调控制度还不够规范。”尽管如此，“23andMe”公司一直在积极地与监管部门进行沟通，并做出相应的调整，不再向用户提供相关潜在疾病基因的分析报告。2015 年，FDA 批准了“23andMe”公司的检测方法，而这意味着基因组测序检测疗法向这个世界迈出了第一步，Wojcicki 女士在接受采访时自信地表示，“向消费者提供低成本的基因检测，让他们更好地了解自己，更早地发现和治疗疾病，是医疗健康产业的未来”。

目前，“23andMe”公司已经积累了约 100 万名用户。其中，有 80% 的用户自愿参加到基因数据的研究计划。根据《华尔街日报》的报道，“23andMe”已经与包括罗氏（Roche）和辉瑞（Pfizer）在内的跨国药企展开合作，利用其基因数据来研制帕金森病的治疗药物。在去年 3 月，“23andMe”公司宣布成立自己的治疗部门，从事药物研发工作。Wojcicki 女士也凭借着个人魅力以及与加州知名投资人的紧密联系，让“23andMe”的发展一直颇受关注。谷歌早早出资 390 万美元，领衔其他投资者参与了“23andMe”的 A 轮融资，而在去年 7 月，公司完成了 7,900 万美元的部分 E 轮融资，据市场估计，“23andMe”公司的估值已经闯过 10 亿美元大关。有分析师指出，投资者看中的是公司初具规模的基因数据库，相信会在今后疾病防治和药物研发领域起到不可忽视的作用。如今看来，“23andMe”更像一家数据公司，而非生物公司。

17 岁的高中生 Lawrence，在网上下单的 5 天后，收到了“23andMe”寄来的包装精美的基因收集工具。在网上进行简单注册后，少量唾液就完成了基因收集准备。而被检测者只需将装有唾液的小工具寄回给“23andMe”的实验室即可。

等待了大概一个月之后，Lawrence 就在“23andMe”网上账户查询到了自己的基因检测结果：“99.6% 的欧洲裔”。他父亲的祖先来自位于北欧的斯堪的纳维亚，而母亲的祖先来自于东欧地区，所以他的浓眉大眼跟墨西哥人没有丝毫的联系，这让他对检测多多少少有点儿失望，不过，Lawrence 同意加入到“23andMe”的基因研究计划中，“知道来自哪里，以及能够更好地了解自己，这难道不是一件很棒的事情吗？”

盛诺一家：专注于严肃的海外医疗

红杉资本中国基金创始人沈南鹏在上海请蔡强吃了顿饭，相谈不到一个小时，随即决定以千万元人民币投资盛诺一家——国内最大的出国看病医疗服务机构，进军高端医疗市场。而这个以敏锐谨慎著称的投资人早在几个月以前就派遣了风险评估小组分别前往美国、北京、上海等地完成了对盛诺一家的考察，结果出人意料：客户满意率随机抽取 100%，0 法律纠纷，0 事故率，0 负面信息。这在医疗服务行业绝无仅有。

“虽说随机抽取满意率是 100%，但我能保证的是我们整体的客户满意率至少 95%。”盛诺一家创始人蔡强深深地舒了一口气，要做到这样的水准，背后的艰难只有他最清楚。

2009 年，作为在那一轮全球经济危机中几乎硕果仅存的高速强有力的增长点，中国的刺激经济政策也在高端需求领域制造了不少商机，而海外医疗项目在当时的国内尚属空白，恰逢时机，移民国外 8 年的蔡强决定回国组建团队，创建中国第一家出国医疗咨询服务机构——盛诺一家。“行业的创立是一个艰难而缓慢的过程”，蔡强在接受访问时说道。首先在寻找合作医院时受到了很大的挫败，一次次被拒绝甚至完全不予理睬，“对于一个资质不成熟的医疗机构，美国医院还是很审慎的，他们在乎自己的品牌和声誉大过一切”，直到 9 个月后才有第一家医院与之签约，而最为严峻的是之后的整整两年时间里却只有两个客户，公司一直处于亏损状态。

“医疗在全世界是一个很慢的行业，快不了，需要有很大的耐心。美国著名的医院都是几百年慢慢做出来的品牌，麻省总医院 200 年历史，纽约长老会医院 300 年历史”。没有医疗几年就做成一个品牌的，

“对于医疗服务机构而言，也一样，是一个慢坚持”。

创业维艰，蔡强几乎是“咬着牙，硬着头皮”和团队一起一点点儿创立了出国医疗服务行业。他希望盛诺一家是“癌症病人的最后希望，只专注于严肃的海外医疗，针对生死攸关的重大疾病，如癌症、心脑血管疾病等”。不涉足海外产子、整形美容。“扎扎实实地去救人”，依靠着口碑一个案子一个案子做下去，就这样坚持了6年，成为了创立行业的权威。

从当初合作寥寥几家的海外医院，到如今几乎囊括了全美排名第一的顶级的百年品牌医院，如梅奥医院、克利夫兰医院、M.D. 安德森癌症中心以及美国联盟医疗体系下哈佛大学医学院附属等等，良好的口碑以及在中国的影响，吸引多家海外媒体的报道，“有的医院通过《华尔街日报》找到我们，寻求合作，但本着最专业的态度，我们会对合作医院进行评估，我们要对自己的患者负责。”而本着这样的严谨态度，来盛诺一家的患者每年超过千人。而这完全得益于盛诺一家强大的专业医疗团队。

“我们是一群不聪明的人、一帮严谨理智的理工科的人，很踏实地、勤勤恳恳地在做一个很艰难的行业。”

这群“不聪明的人”，他们或是协和的博士、德国骨科医生、M.D. 安德森癌症中心的专业资深的医疗翻译或是日本顺天堂毕业的医生等，每一个通过盛诺一家出国看病的患者都会得到他们最为专业且人性化的服务。看起来详细且颇为烦琐的流程，每一个案子需要至少7个人层层审核签字，“一旦出现问题，需要承担严重的法律问题，甚至会危及患者生命。”蔡强在接受访问时谈及于此皱紧眉头，“连带效应，盛诺一家的品牌和声誉会受到影响，也会失去国外医院的信任。这是一件很严肃的事情，不是外界传说的暴利行业。”有时候患者会催促盛诺一家加快办理的速度，医疗团队会耐心地解释，“急不来，关乎人的生命，要做到每一个环节都务必准确”。怀着对生命的敬畏之心以及严谨的医学态度获得的是合作的海外医院的高度信任和认可。通过盛诺一家出国就医的患者，预约医院的过程非常之快、对合作医院提交的资料免检，以及几乎是0的返回几率。“我们知道每一家的每一个医院需要什么，他们相信盛诺一家的报告，这也为患者节省了很多时间和精力。”

常常会有当年物理系的大学同学诧异地问询蔡强：“为什么会做这一行？”他也很难说得清楚，“这么艰难、缓慢，又不是挣快钱的行当”，却令他坚持了这么多年。公司事务事必躬亲，甚至公众账号的每篇文章都要一一看过，没有一刻可以轻松，即使回澳洲看望太太和一双儿女，午夜电话声响起，一下子就会从睡梦中坐起来，太太问他“你怎么连睡着了还皱着眉头”，他却舒缓了口气，无从说起。人生的际遇如此，如果不是回国创业，或许还在澳大利亚明媚的阳光下过着悠闲惬意的生活，“但却做了一件很有价值的事情”，他创造了一个行业，作为一个有信仰的人，这让他获得了极大的精神满足和精神犒赏，“这是一个很慢很慢的却又无比有价值的行业”。

Lumo Lift

智能奇趣的身姿矫正提醒器

身姿矫正，不仅只有背背佳。日前，总部设在加州帕洛阿尔托的 Lumo Bodytech 公司，推出了一款可穿戴的姿势矫正提醒器新品Lumo Lift。当使用者将该装置固定在贴近皮肤的衣物上之后，它就会监测和分析其颈部和脊柱姿势；当脊柱弯曲超过标准姿势时，该装置就会通过振动提醒佩戴者，时刻纠正不良身姿，并且可以记录使用者跑步、走路的运动数据。

① Lumo Lift，包含一枚方形的小配件和一块配套的磁铁，非常小巧且易于佩戴，并且有多款颜色可供选择，还专门配有一套可以追踪上身姿势的 App 应用。

② Lumo Lift 需要佩戴在胸前或者肩部，内置的传感器会检测使用者的身体的移动，能有效检测胸部、肩膀和背部上半部分是否处于一个正确的姿态。Lumo Lift 主要监控用户上半身脊椎上端的弯曲程度，一旦用户脊椎弯曲，就会通过轻微的振动，提醒你挺直身体。

③ Lumo Lift 可以记录使用者的步数、消耗热量等活动数据，追踪和探测运动及包括步幅与热量在内的身体活动。

④ 充电一次可使用 5 天，能储存 4 周数据。

PillPack

按时服药的私人定制药盒

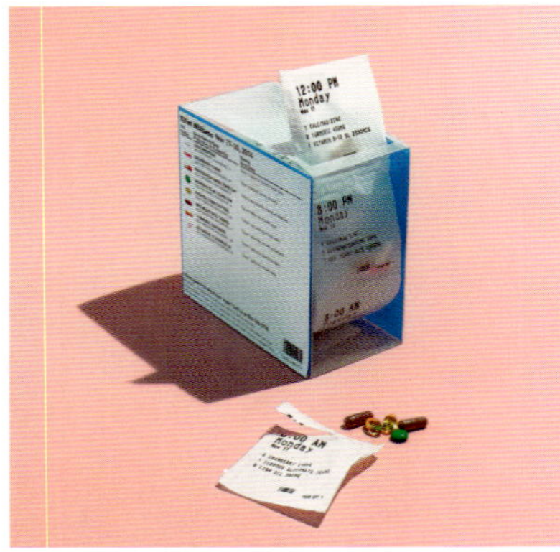

提供在线订药服务的初创公司 PillPack 成立于 2013 年，总部设在美国的麻省。创始人 T.J. Parker 从小就在家人经营的药房里帮忙，什么时候该吃什么药、有没有按时服药的问题令服用多种处方药的病人们头疼不已，Parker 对这样的糟糕情况再熟悉不过，这也正是他创立线上药房 PillPack 的初衷，帮助患者送药上门做更私人的用药简化服务。近日 PillPack 获得 5,000 万美元 C 轮融资后，加快升级自己的服务，推出同名应用 App，让用户不再担心自己忘记吃药了。建议长期服用多种药物的患者以及记忆力不好的老人使用，帮助其按时准确用药。

① 邮寄药品，节省用户时间

通过电子药房 PillPack 在线注册账号，填写基本信息及社保账号，然后根据系统的要求关联到常去的处方药店。确认用户的服药信息之后，PillPack 会每隔两周给用户寄送一个 PillPack 药盒。很大程度上解决了用户的奔波之苦。

② 私人 PillPack 药盒

PillPack 药盒，里面是用户所需的所有药片，按照服用时间分拣到可撕开的一个个透明塑料袋中，袋子上印有应该服药的日期和时间。

③ PillPack 药盒 App

所对应的 PillPack App，每天在服药时间提醒用户取出 PillPack 药盒，撕取此次需服用的药包。

④ PillPack 拥有强大的药房与药物分类系统，在线药师也随时提供咨询服务。

Prevent

“数字化疗法”治疗慢性病

omada

Prevent，来自于美国硅谷的数字化疗法技术公司 Omada Health 旗下的明星产品。主要是通过与保险公司 Kaiser Permanente 以及 Humana 等合作，为受试者提供了一套循证课程、辅助社交网络、私人健康教练的经常性指导以及数字跟踪工具与无线体重秤和移动应用程序，帮助糖尿病患者以及高风险人群改善自己的生活方式。

Prevent 产品通过软件及服务，让目标人群改掉不良生活习惯，并让他们同具有良好生活习惯的群体多接触。

① Prevent 数字化疗法周期：为期 16 周。

② Prevent 组成：在线门户网站和一个含有细胞芯片的数字标尺。

③ 参与形式：在项目开始阶段，参与者以小组形式划分，每组 12 人左右，并配备有健康指导师。

④ 参与过程：参与者通过门户网及移动应用来接收各种资源、建议和通知，并通过数字标尺定期汇报自己的体重。

备注：全球著名商业期刊美国的《快公司》（Fast Company）杂志公布了 2015 年全球 50 大最具创新力企业榜单，Omada Health 公司名列其中。

BitGym
科技化的健身馆

BitGym，借助谷歌街景视频和运动追踪技术，为锻炼的用户提供包括街道和小路的运动环境。“将常见的普通有氧运动器材变成美妙的旅程、鼓舞人心的课程、有趣的群体健身活动。”旨在将心血管系统锻炼变成一套让人上瘾的体验。

下载 BitGym 的免费移动应用，打开软件，BitGym 为用户提供了 32 套由全球各地世界风景构成的跑步路线，如：芝加哥、意大利北部、洛杉矶等，而用户只需要把移动设备放在单车、跑步机、踏步机、椭圆机，或者通过 AirPlay 投射在电视上，就能以实际速度在虚拟风景中畅游，月费 7.99 美元。

Kolibree
智能“联网”电动牙刷提升口腔健康

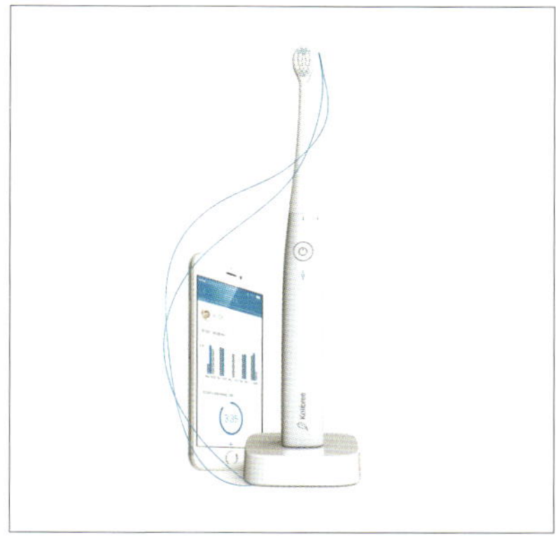

Kolibree，是一款来自法国的可以联网的智能电动牙刷。内置了 9 轴 3D 传感器、加速度计、陀螺仪和磁强计。系统可以自动判断牙刷在用户口腔中的位置，同时将数据发送给智能手机的 App，并且实时反馈当前正在刷牙的位置，使用者可以把刷牙的信息发布在社交网络，可以与你的牙医分享信息。Kolibree 能够帮助所有人使用最有效的刷牙方式。

除了 Kolibree 智能牙刷专属的 App 之外，Kolibree 公司还开发了通过 3D 模型方式刷牙互动的专属 3D 游戏《海盗》，专门针对儿童而设计。在刷牙的过程中可以通过屏幕上的卡通角色不断搜集硬币，而收集到的数据可以同时聚合到Kolibree的程序中，甚至生成排行榜，让枯燥的刷牙过程变得有趣。如果用户每天刷牙两次、每次满足两分钟，那么就可以兑换一枚金币。而父母和牙医可以通过交互式地图的方式帮助孩子养成主动刷牙的习惯。

Maxio
使用机器人治疗癌症

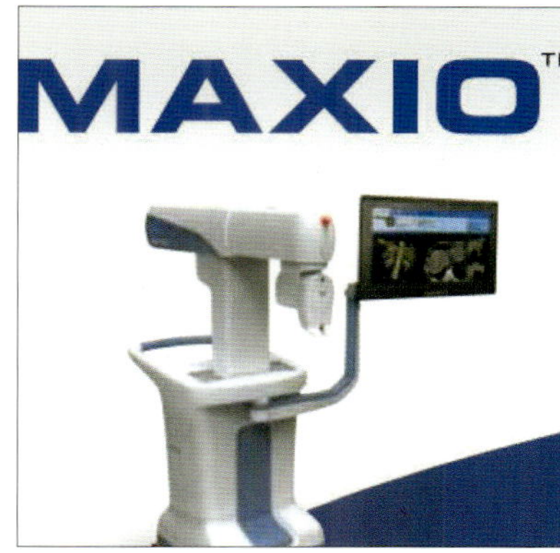

Maxio，来自于印度的医疗健康科技公司 Perfint Healthcare 开发的“微创式图像引导机器人系统”，可以引导医生进行癌症的诊断、手术以及进行疼痛的护理干预，帮助他们更好地制订治疗计划和实施具体的治疗。该系统已经在美国、印度、德国、俄罗斯的多家知名医院参与了 1,500 余次的癌症治疗，今年将继续推进到日本、韩国等亚洲地区。

备注：Perfint Healthcare 创立于 2005 年，总部位于印度金奈地区，主要生产各种由机器人操控的医疗器械设备，靶向治疗各种癌症病症。全球著名商业期刊美国的《快公司》（Fast Company）杂志公布了 2015 年全球 50 大最具创新力企业榜单，来自印度的 Perfint Healthcare 医疗健康科技公司名列其中。

Medical_Showcase

以下分别来自 2014、2015 年克利夫兰医疗中心（Cleveland Clinic）最值得期待的医学创新。

PCSK 9
抑制剂降低胆固醇新方法

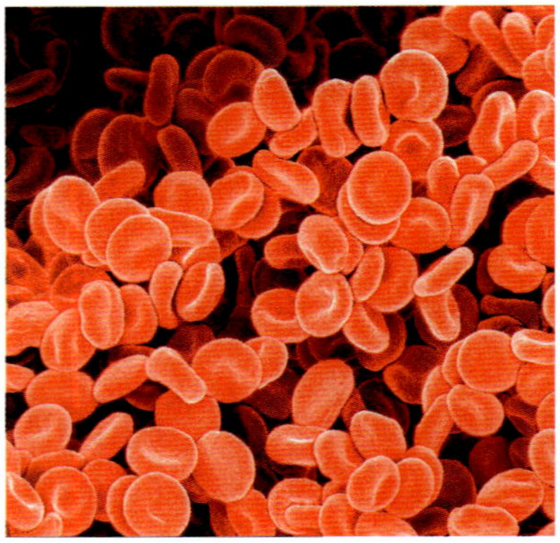

克利夫兰诊所的心血管医学部主任 Steven E. Nissen 博士指出，PCSK 抑制剂在降低 LDL-C 方面比最高剂量的高效他汀效果更好。

在过去 20 年间，医生使用 Statins 降血脂药物帮助患者降低胆固醇，并降低罹患心脏病的风险，但 Statins 药物不是每个患者都受用，因此对 Statins 药物耐受性不佳的患者，就需要其他的替代药物，PCSK 9 抑制剂是其中一个选择。

Antibody-drug conjugates (ADCs)
抗体药物复合体

抗体药物复合体 ADCs 是一种新型的靶向性药物治疗方法，药物直接作用在癌细胞上，瞄准恶性肿瘤进行治疗，不会影响其他正常组织或细胞，能极大提高化疗有效性，同时减少化疗时产生的毒副作用。

化疗，可以杀死癌症细胞，却同时对健康的细胞造成损害，因此对于癌症末期或是较虚弱的病患，通常不建议使用化疗，而可以改用抗体药物复合体（Antibody-drug conjugates）。

Mobile Stroke Unit
移动中风病房

移动病房其实就是“车轮上的急诊室”，配备医护人员、重症护理师和电脑断层扫描技术员，能评估患者的脑神经状况，并检查脑血管的破裂情形，同时通过远距医疗，让在医院的脑神经科专科医师能以视讯直接了解病患资讯，到院时就能马上进行手术。

克利夫兰诊所脑血管中心主任 Peter Rasmussen 博士表示，中风治疗的关键正是抢救的时效性，同时也是利用技术控制医疗成本的一次探索，而移动中风病房恰恰能够在时间上分秒必争，患者越早接受治疗，复原的几率就越大。

移动病房能够快速诊断患者中风的类型，缩短为缺血性中风患者注射对苯二甲酸的时间，或给其他类型的中风患者确定合适治疗的时间。

Sofosbuvir
丙型肝炎抗 v 病毒口服药

2013 年 12 月，Gilead Sciences 旗下的 Sofosbuvir（商品名 Sovaldi）用于治疗慢性丙型肝炎病毒（HCV）感染的口服药获得了美国食品药品管理局（FDA）批准。Sofosbuvir 是首个获批可用于 C 型肝炎全口服治疗方案的药物，在用于特定基因型慢性丙型肝炎治疗时，可消除对传统注射药物干扰素（IFN）的需求。

缩短治疗所需要的时间，避免病人注射干扰素的痛苦，使用该药的人大约 90% 能治愈。

Esbriet 和 Ofev

治疗原发性肺纤维化的新药

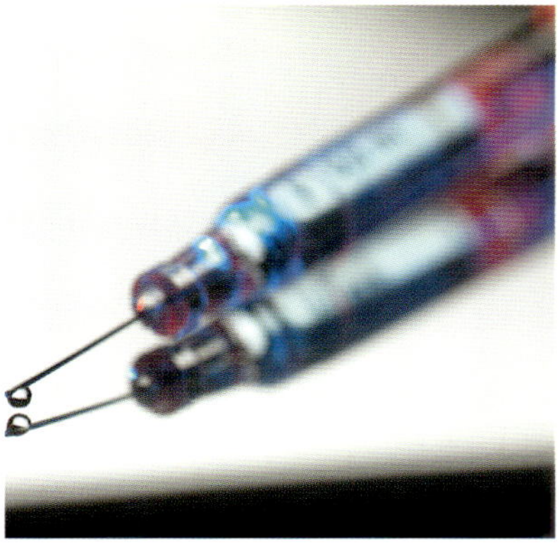

2014 年 10 月，FDA 同时批准罗氏的纤维化抑制剂 Pirfenidone（商品名 Esbriet）和勃林格的多蛋白激酶抑制剂 Nintedanib（商品名 Ofev）用于治疗特发性肺纤维化，特发性肺纤维化患者则有望结束无药可用的时代。

原发性肺纤维化（Idiopathic Pulmonary Fibrosis）是一种慢性肺部间质性疾病，患者的肺泡细胞结疤，影响气体交换功能，最终引发致命的呼吸相关症状。如果没有妥善治疗，通常患者的存活时间只有 3～5 年，在新药物批准之前，除了肺移植只有保守治疗，减少患者的痛苦。

新药 Esbriet 和 Ofev 在临床实验中都显示能减缓肺活量的下降速度，但两个药物都未能改善呼吸系统症状。

这两个药物的疗效还相当轻微，不能用于重症病人。Esbriet 不能用于肾功能障碍患者，Ofev 不能用于肝功能障碍患者。

LCZ696

治疗心脏衰竭患者的新药

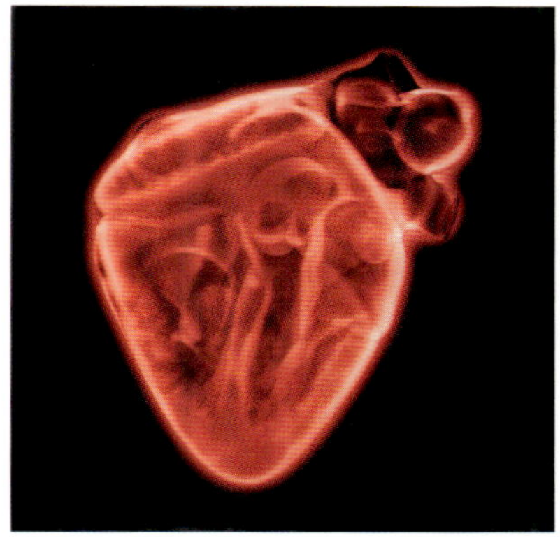

2014 年 10 月，加拿大心血管协会（CCS）更新了心力衰竭患者管理指南，首次推荐了血管紧张素受体——脑啡肽酶抑制剂（ARNI）LCZ696。FDA 已下达血管升压素接受器抑制剂（ARNI）快速审查临床试验计划，此计划能加快审查新药速度。在 2014ESC 年会上公布的 PARADIGM-HF 研究结果显示，LCZ696 比现今最常用的药物（血管收缩素转化酶抑制剂，ACE inhibitor）更能增进心脏衰竭患者的存活率，“表现出了令人信服的治疗效果”，LCZ696 或是第一个试验成功的 ARNI 抑制剂类药物。

Ibrutinib

B 细胞受体通路抑制剂

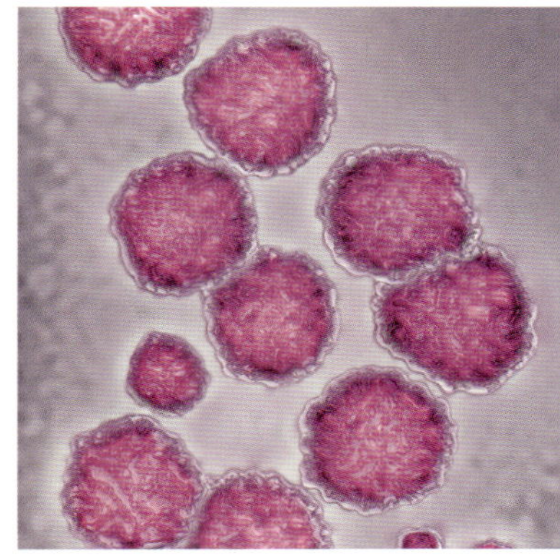

2013 年 12 月，美国食品药品管理局（FDA）授予 Pharmacyclics 公司的肿瘤药物 Ibrutinib “突破性疗法”称号，这也是 FDA 推出突破性新药新政以来获准的第二个享此待遇的药品。它用于治疗一种罕见的侵袭性血癌——套细胞淋巴瘤（MCL）。

B 细胞受体通路抑制剂是一类新的治疗手段，Ibrutinib 是该类型药物中的一种口服药，它通过干扰让癌细胞失控生长分裂的蛋白质，来控制癌细胞分裂。这为治疗癌症提供了新的疗法。

Ibrutinib 以一种被称为 Bruton 酪氨酸激酶的蛋白质为靶点，能够在杀死癌变的 B 细胞的同时，保持正常免疫细胞完好。

B 细胞是一种免疫细胞，它能够产生抗体，抵御感染并维持机体长期免疫。但它也会癌变，导致霍奇金淋巴瘤及白血病等疾病。

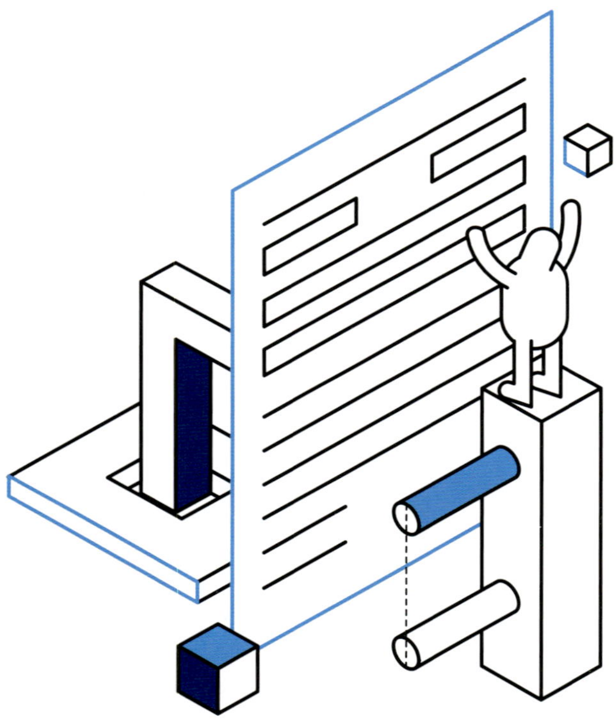

ACT NOW

如何出国看病?

全球化的大背景之下，医疗服务也变得全球化， 加之国内高端医疗的匮乏，发达国家的医疗服务尤其美国，因其系统性的先进技术、强大的药物和成熟的海外患者服务体系，吸引着国内的新富阶层纷纷出国就医，并逐渐带动了一股海外就医的热潮。随之而来的各种出国看病的医疗服务机构也应运而生，其中不乏各类的“骗子公司”，如有不慎，不但会损失巨额的金钱还可能耽误就诊时间。如何通过正规的渠道或是自助的形式出国就医?

我们分别制作了两张出国就医流程图让您一目了然。

出国看病中介篇

在出国看病的整个过程中，最重要的一步是选对医院和医生，这直接关系着患者能否最快地得到最合适的治疗。绝大多数的患者采取了更稳妥更保险的做法——找专业的海外就医服务机构来办理。

找专业的海外就医服务机构来办理出国看病相关事项，具体是什么样的申请流程呢?

TIP1

咨询签约

咨询 双方互相选择的过程

1. 对于患者而言，寻找一家正规、可靠、专业的出国看病咨询服务机构

如何鉴别出国看病服务机构的真假?

①不要相信网络上推荐的医疗服务机构

②最好的办法相信所选择的国外医院

通过发邮件或是电话咨询该服务机构是否与其有合作协议关系。

③一定要亲自实地考察该服务机构

查看其营业执照、医院授权信以及工作人员的专业度。

注意事项：如果一旦一开始选择是错的，结果很可能人财两失。

2. 对于医疗服务机构而言：对患者的筛选

① 是否具有出国看病的经济能力

卖房卖车不建议出国就医，如果没有足够的钱不要做这种选择，否则会人财两失。

② 疾病诊治是否有价值

专业的医疗服务机构会根据患者的病情进行评估打分，是否适合出国医疗以及国外的医院是否愿意接收。

③ 患者的品行

不会把医闹送到国外。

3. 签约

双方选择达成一致，完成委托协议。

注意事项:

①患者要反复核实该机构提供的信息，避免被机构误导

②一定要签署隐私保密协议

TIP2

患者提交病历信息资料

包括：门诊病历；住院病历（包括住院大病历、住院期间的化验、检查报告，病理报告，基因检测报告、治疗记录、手术或活检记录及出院小结）；病理切片（医院已染色的病理切片以及 20 张以上未染色的病理白片、欲行免疫组化、基因检测）；所有影像原片或光盘（包括 X 线、CT 片子、MRI 片子、PET-CT 片子或光盘、骨扫描）

1. 医疗服务机构

① 医疗服务机构评分

② 制作转诊病历

医疗服务机构的医学部根据患者提供的病历资料，制作病历摘要，并翻译成英文。并按照美国等国外医院的病历格式，撰写英文转诊病历。

TIP3
医生预约和费用预估

1. 转诊（国外医院以及专家预约）

① 选择医院

美国有 5000 家医院，100 万医生，医疗服务机构要根据患者的病情来进行转诊，替患者预约国外最合适的医院和医生，而不是仅仅局限在只转诊到与其有合作协议的医院。

注意事项：美国联邦法律明确规定，转诊医生与医疗机构之间不得就推荐病人存在任何形式的利益输送，无论是医生、转诊机构还是医疗机构，如违反法律规定收取或支付了回扣（或其他任何形式的利益输送），都将根据反回扣法受到刑事处罚。

② 上传病例到转诊医院

专业的医疗服务机构，会组建专门的 IT 团队，并通过美国医院的加密系统上传患者病历信息，注重服务患者的隐私保护。

2. 费用预估

美国医院预约成功之后，患者会收到医院发出的确认信和费用预估函。

注意事项：患者直接向预约的医院支付预估费用，专业的医疗服务机构不经手医院费用。

TIP4
个性化服务

医疗机构会根据患者的需要，制定个性化的出国医疗服务。

①签证办理

一般大型的正规的出国看病服务机构都设有专门的签证部，辅助患者办理医疗签证。

患者在有签证的前提一下，一般两周可以见到医生，否则的话，需要四周时间。

②机票、住宿预订

根据患者的需要，机票和住宿的预订，患者可以自己办理，也可委托出国看病服务机构来办理。

注意事项：预订住宿时，患者需考虑到交通和生活条件以及附近生活设施等。

③海外陪同服务

生活翻译：在国外无法进行日常交流的患者，出国看病服务机构驻外工作人员可以提供患者生活陪同翻译的服务。

医学翻译：美国的大医院一般都设有专职的诊室医学翻译，出国看病服务机构的国外翻译人员会负责院内的就医翻译和院外患者和医院医生的沟通。

④接机服务

正规、可靠、专业的出国看病服务机构在医疗水平比较发达的国家设有办事处，患者下了飞机后，当地的工作人员会负责接机、国外就医的接送和预约等服务。

⑤包机服务

专业的医疗服务机构视患者的病情程度以及个人意愿，可提供医疗包机服务。

TIP5
确定治疗方案

患者完成治疗方回国，医疗服务机构会把在海外的医学病历翻译成中文，提供给患者在国内做后续的治疗。

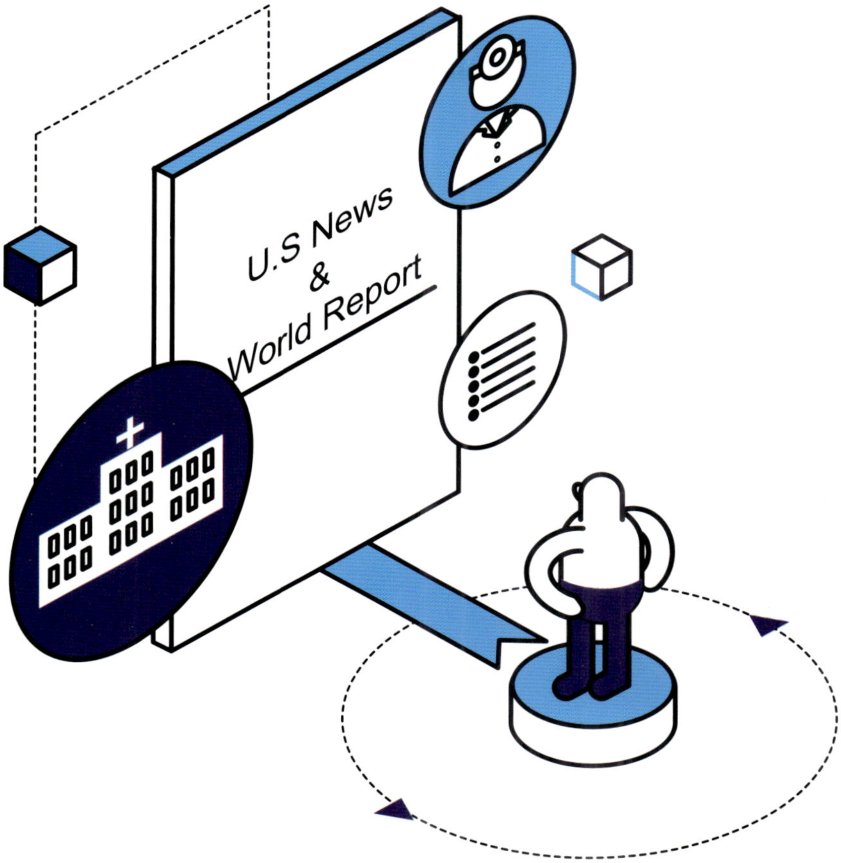

出国看病自助篇

TIP1
选择医院和医生

1. 选择医院

《美国新闻与世界报道》(*U.S News & World Report*）杂志每年都会推出 *Best hospitals*，医院排名在全美极具有权威性，在选择医院时可以参考其每年公布最权威的医院以及各专科的排行榜。

2. 挑选医生

评估其在专科领域的权威以及专业度，考察其医学简历、论文以及出现过的医疗事故等。

TIP2
准备病历摘要和检查报告并译成英文

1. 寻求专业医生整理病例摘要

病历摘要至关重要，它不仅决定了美国的医院能不能接收您，同时也是您去美国看病的时候，美国医生了解您既往病史的重要根据。

①选择最好是在美国进修过的医生

②自己审查中文版，及时进行修改

2. 病例摘要中文版翻译英文

您需要找一位既精通医学、又精通英语的人来把它翻译成英文。

涉及专业医学术语，最好不要借助翻译工具或是淘宝等其他网络平台寻找翻译，因为难以保证翻译质量，还会贻误病情。

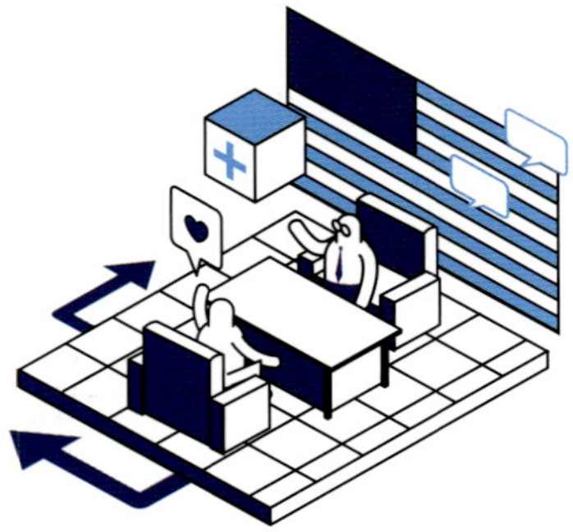

TIP3
进行网申预约

美国医院有别于中国的看病习惯，没有挂号看病，而是需要预约看病。

1. 通过网上提交资料和选择的医院取得联系
将病例摘要英文版、连同影像资料（必须转换成 Dicom 格式）和病理报告一同发送给您申请预约的美国医院的国际病人办公室。
提高预约成功率：
① 提前了解预约医院所需要提交的资料
② 多尝试一些医院

2. 美国医院接收到所发送的资料后，会把所有医疗信息转给相应的专家
专家通过医疗信息初步判断申请者的病情，决定是否接收。
如果申请者的病情不需要出国治疗，或者已经严重到美国医院也不能提供太多帮助了，被申请预约的医院会拒绝。

TIP4
办签证

虽然还没得到预约，但可先把签证办下来，以便尽快出国。
出国看病必须申请医疗签证，必须非常清楚地告诉签证官您的赴美目的是看病，否则飞机降落美国机场后可能以签证欺诈的理由拒绝您入境、甚至提起诉讼。
申请医疗签证只有等到美国医院同意接受患者，并且患者已经支付了就医定金以后，医院发出正式就医邀请函才可以申请。
为提高签证的通过率，需要准备比较完善的签证申请资料，以此来让签证官相信您去美国的目的——出国看病。
准备的资料需要证明两点：
① 有足够的财力来支付在美国看病将要产生的费用
② 在结束美国看病流程之后，会如期回国而不是滞留美国，或者非法移民

TIP5
收到医院预约单，提前预支预估费用

1. 医院答复时间

申请会在两周到四周时间内有答复，有些则需要更长的时间。

2. 收到医院预约信及付费

① 如果患者很幸运，美国医院同意接收了，医院会发一封预约信。预约信清楚写明：XX 医院同意接收，预约的见面时间

② 随预约信一同寄达的还有一份费用预估，患者需要向美国医院提前付费

一般有两种方法：一种是电汇，一种是信用卡支付。

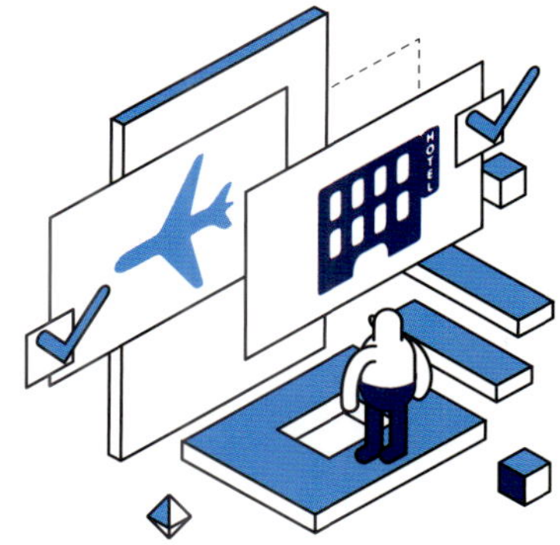

TIP6
预订机票和酒店

建议患者选择离医院比较近、交通方便的地方住宿。可以先预订一周，等见完医生之后再根据具体需要的就医时长进行更改。

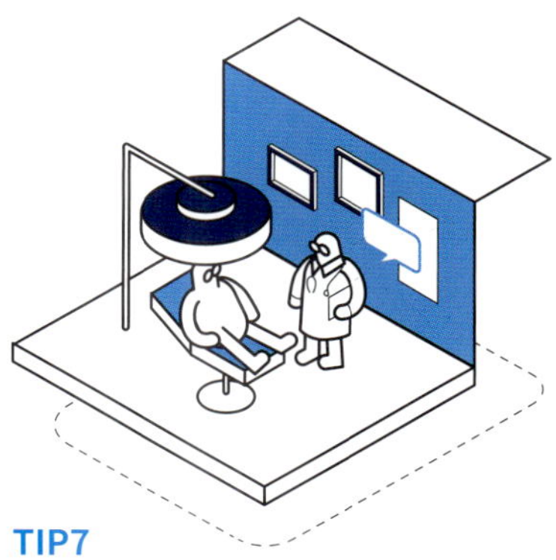

TIP7
医生初诊

注意事项：

① 准时赴约

宁可提前也不能错过预约时间，美国医生一般不会给无故爽约的病人第二次机会。

② 患者本身或是陪同人员英文熟练，能够与医生良好沟通

③ 患者不许给国外医院的医生或护士送“红包”

TIP8
确定治疗方案

回国治疗、留在美国或者往返治疗，需要根据医院给出确诊方案进行安排。

注意事项：

在海外就诊期间，不可违反当地法律。如国内的一些非法机构利用 Obama care(奥巴马医改，又称《患者保护与平价医疗法案》)可以在美国为中国患者买到免费的保险，这属于违法行为，非美国籍公民在美国实现不了免费就医，骗保行为会被判入狱。

——北京盛诺一家对本文亦有贡献

如何接种 HPV 疫苗

HPV 疫苗于 2006 年 6 月获得美国食品和药物管理（FDA）批准，成为世界上第一个预防癌症的疫苗。上市九年来，HPV 疫苗已在全球一百多个国家获得批准，遗憾的是还未在中国大陆获得批准，大部分国人选择去香港接种 HPV 疫苗。

如何通过正规渠道接种 HPV 疫苗以及注意事项，我们制作了一份 HPV 疫苗接种图。

TIP1
男女都会感染 HPV

接种 HPV 疫苗的益处

女性接种，可预防由 HPV 6，11，16，18 引致的子宫颈癌，外阴癌前病变，阴道癌前病变及生殖器官湿疣 (亦可称为尖锐湿疣或椰菜花)。

男性接种，可预防由 HPV 6，11 引致的生殖器官湿疣 (亦可称为尖锐湿疣或椰菜花)，并可以减低身边女性感染 HPV 的几率。

TIP2
推荐接种 HPV 疫苗人群

1. 接种人群的年龄

美国食品药品监督管理局（FDA）批准 HPV 疫苗的应用年龄为 9-26 岁，在有性生活之前完成接种。随着对 HPV 疫苗的进一步研究，疫苗的保护年限正在放宽，适用年龄放宽至 45 岁。就算疫苗接种年龄放宽，但仍是有年龄限制的，建议接种疫苗还是要趁早。

备注：香港卫生署已经于 2010 年将 4 价疫苗的适用年龄放宽至 45 岁，其新闻稿中称，4 价疫苗已经通过大型临床研究证实其对于 24-45 岁女性的保护效果理想。（男性也适用其年龄规则）

2. HPV 疫苗的分类

目前全球范围内应用的 HPV 疫苗有两种，一种是“佳达修”（Gardasil），由默沙东公司研发的四价疫苗，既能预防 HPV-16、HPV-18 这两种造成 70% 以上宫颈癌的元凶，又能够预防 HPV-6、HPV-11 这两种造成尖锐湿疣的亚型；另外一种是由葛兰素史克（GSK）公司研发的二价疫苗“卉妍康”(Cervarix)，该疫苗只针对 HPV16 和 HPV18 病毒的感染。此外，还有一些新的 HPV 疫苗产品即将上市，最近新上市或将上市的此类疫苗可以对 HPV 亚型有更多的覆盖，例如 HPV31，33 型和中国高发的 58 型。具体使用可以参考医生的具体建议。

TIP3
选择诊所

防癌天使服务协会
香港家计会（香港家庭计划指导会）
香港医务委员会官网本港注册医生名单
卫生署官网的私家医生诊所

注意事项：目前内地还没有任何一家 HPV 疫苗获得药监局审批，医疗机构提供接种服务属于违法行为。此外，疫苗的保存条件相当苛刻，任何温度不稳定都可能影响疫苗的效果。通过网络购买疫苗或者从香港或国外带回自行接种都很不安全。接种前，最好能充分考虑疫苗的适应性、安全性和有效性。

TIP4
预约时间

确定好诊所，通过邮件或是电话沟通，预约赴港接种 HPV 疫苗时间。

注意事项：

① 对疫苗成分有过敏者及孕妇不宜接种。如果注射开始后怀孕，待分娩后再继续注射完成即可

② 接种疫苗不能替代常规的宫颈癌筛查，有性行为女性应定期进行生殖系统体检

③ 疫苗须在 6 个月内完成 3 次注射

疫苗注射间隔时间

佳达修应按以下时间于六个月内注射三剂。
第一剂：自行选择日期
第二剂：第一剂后两个月
第三剂：第二剂后六个月

卉妍康按以下时间于六个月内注射三剂。
第一剂：自行选择日期
第二剂：第一剂后一个月
第三剂：第二剂后六个月

——北京和睦家医院对本文亦有贡献

如何更好地使用移动健康 APP？

MHealth（移动医疗和移动健康）就是通过使用移动通信技术——例如 PDA、移动电话和卫星通信来提供医疗服务和信息，具体到移动互联网领域，则以基于安卓和 iOS 等移动终端系统的医疗健康类 App 应用为主，包括体检、保健、疾病评估、医疗、康复等（资料来源于国际医疗卫生会员组织 HIMSS）。 MHealth（移动医疗和移动健康）作为 21 世纪最大的技术进步之一，在未来可以更好地服务患者，促进人们的身心健康。 移动医疗的核心不是移动 App，而在于医疗。所以我们推荐几个有潜力的移动医疗产品，他们局限于 App，但更强调完整的医疗服务，而 App 只是他们服务的一个组成部分。

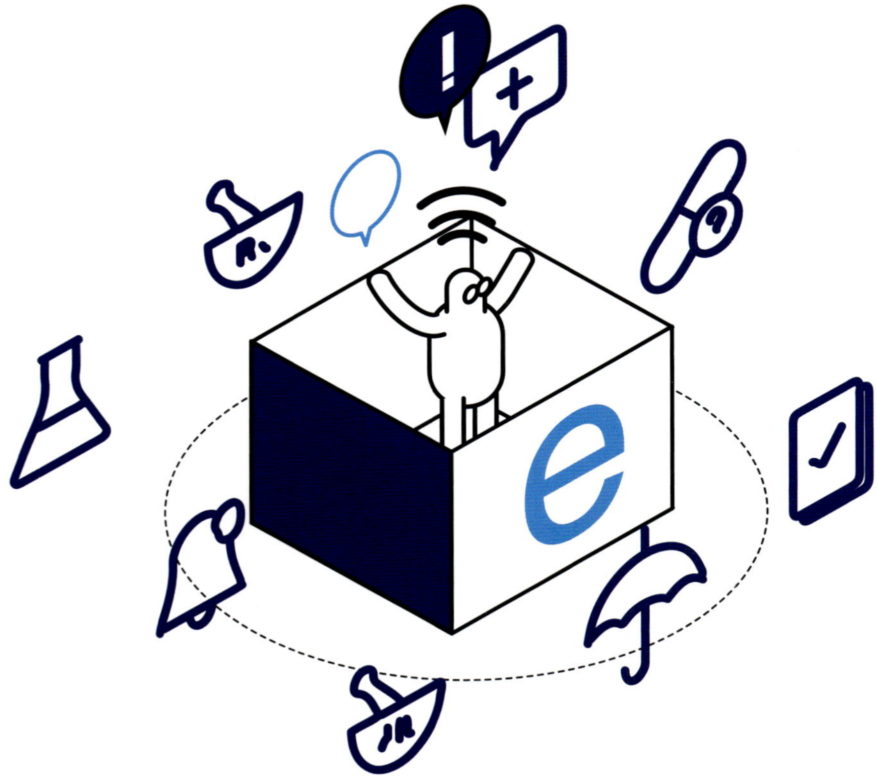

TIP1
面向医生

Epocrates 是全球第一家上市的移动医疗公司。2010 年上市的时候，用户覆盖了全美 40% 的医生。主要为医生提供手机上的临床信息参考，其主打产品是药品和临床治疗数据库。

TIP2
面向患者（四个疾病场景）

1. 平时场景 管理健康和慢性病症或是疾病

Privia Health 健康管理平台 ： 通过私人医生帮助用户进行健康方面的监督干预，预防疾病。

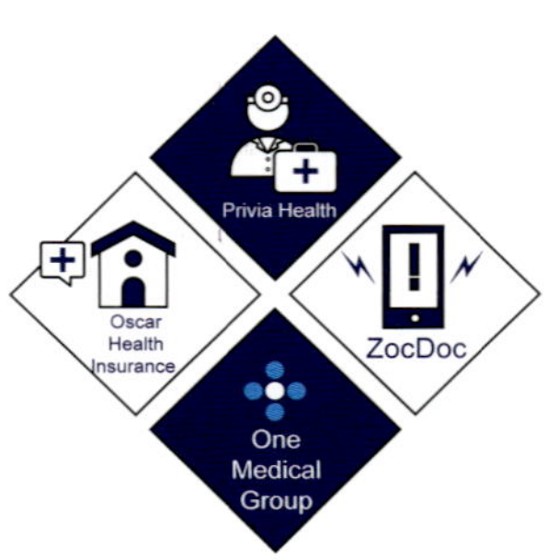

Welldoc 专注慢性疾病管理：其主打产品是手机云端的糖尿病管理平台。患者可以用手机方便地记录和存储血糖数据。云端的算法能够基于血糖数据为患者提供个性化的反馈，及时提醒医生和护士。该系统已通过 FDA 医疗器械审批。

2. 诊前场景 寻找医生

ZocDoc 在线医生预约平台：患者或患者家属亦可以通过网站或通过 iOS、Andriod、BlackBerry 移动平台选择需求 (预约所需要科室医生); 平台根据可根据患者的地理位置、预约科别、保险种类、就诊类别、就诊语言和系统存储的医生工作日程表、医生信息等匹配，为患者建议最佳的医生，患者也可以通过浏览其他患者对医生的评价自主选择医生，同时确定就诊时间 ; 就诊时间临近时，Zocdoc 还会向患者发出通知，提醒患者按时就诊。

3. 诊断中场景 得到治疗

One Medical Group 数字化基础医疗服务：通过 One Medical 网站、App，患者可进行在线预约（目前已能实现当天预约就诊），申请处方开具，获取数字化的实验室检测结果，并查看他们的个人健康概要；医生则可以访问电子医疗记录。

在 One Medical 里看不到手术台，这里只提供了最基础的医疗诊断设备。One Medical 最主要的病人是病情稳定的或者处于亚健康的人群。

4. 诊断后场景 提高治疗或是康复水平

健康保险式家庭医生 —— Oscar Health Insurance 的创新在于重新设计健康保险，使其成为一种面向顾客的全新体验。利用互联网技术和远程医疗手段，与客户保持适时联系，将防病和治病结合起来，可以敦促顾客主动对自己的健康状况进行管理，及早进行预防和治疗，减少患病的痛苦。

——丁香医生对本文亦有贡献

TIP3
可穿戴式医疗

美国心脏健康协会在近期发表的科学生命中明确指出，移动医疗技术如智能手机运用程序（App）、可穿戴的检测设备，有利于改变人们不健康的生活方式。

未来的可穿戴式医疗设备如今天的智能手机一样，将改变人们的生活方式，为人类健康做出巨大贡献。也会更加务实，不但可以随时随地监测血糖、血压、心率、血氧含量、体温、呼吸频率等人体的健康指标，还可以用于各种疾病的治疗，照顾老人，甚至还能帮助医务人员挽救生命。

通过早期的自我监测和诊断，可穿戴技术能够帮助人们监测和预防其他各种癌症或严重疾病。为此我们推荐目前世界上最为前进的可穿戴式医疗设备。

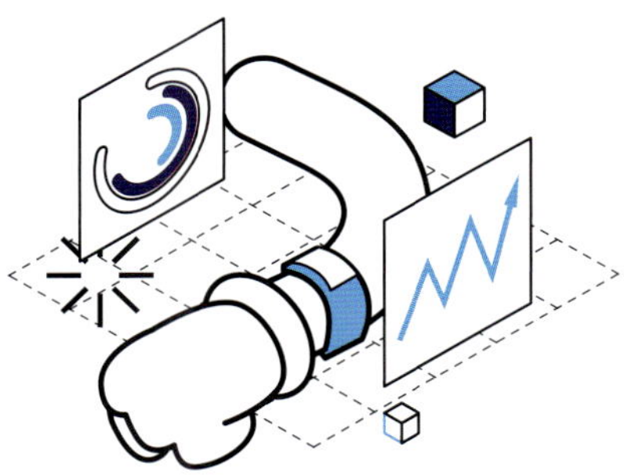

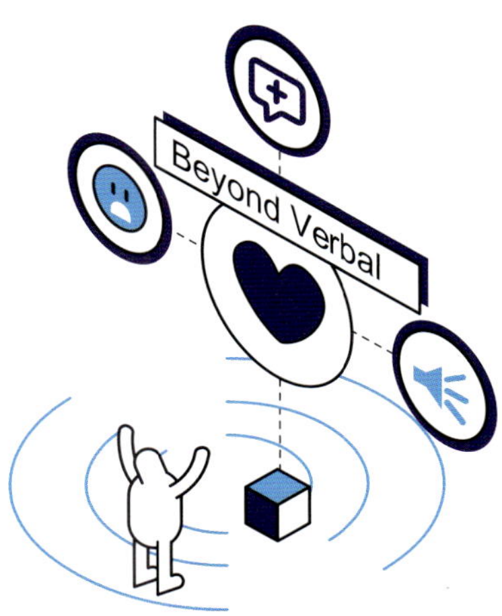

1. 慢性病监测管理可穿戴设备

① 血氧手表

在使用者睡眠过程中监视其血氧饱和度，降低睡眠窒息症患者在夜间呼吸阻碍的危险。（美国 SPO Medical 公司）

② 血糖实时连续监测系统（CGM）

该系统由连续血糖检测探头、射频发射器和接收显示器组成。探头可通过细小金属丝贴在患者腹部（金属丝极其细小，刺入速度极快，无疼痛感），能够实时监测关注的指标变化情况，并及时反馈给主诊医生。（美国 Medtronic 公司已获得 FDA 批准）

③ Vasotrac 腕式血压测量仪

面向高血压患者的长期血压监测，它通过周期性地在桡动脉上加压和减压来确定血管零负荷状态，并在该状态下通过脉搏波动的幅值中提取参数来确定血压值。不便之处在于需要专业人员辅导。

2. 监测生理状况可穿戴设备

① Fit 衫 (Maxim 生命体征测量 T 恤)

Fit 衫是一款嵌有多种传感器并能够监测生命体征数据的 T 恤，该 T 恤可以测量心电图、体温及活动量等数据，以供医疗机构监测患者身体状况，目前尚处于试验阶段。［美信公司 (Maxim Integrated)］

② Imec 可穿戴耳机

Imec 的可穿戴式脑电图 (EEG) 耳机和心电图 (EKG) 贴片可分别记录人的大脑和心脏活动，心跳率和 3D 加速计的数据都被储存在系统里或被传送到智能手机里。录得的数据可以被实时传送到最多 10 英里远的接收器里。

③ Misfit Shine 手环

因其精致的外形被称为“最优雅的生理活动追踪设备”。它可以记录运动数据，监测睡眠状态，简单的同步模式、丰富的配件以及 4 个月不用充电的纽扣电池。

Misfit Wearables 公司还开发了一系列用于健身和睡眠追踪的可穿戴设备，包括 Flash 健身和睡眠监视器、Beddit 睡眠监视器以及一款能够追踪食品、活动、睡眠和体重的配套 App。用户需要完成设定目标并可与好友分享。

④ AliveCor Afib 监测器（智能手机配件）

整个产品系统包括可以吸附在智能手机背部的心率监测器和 AliveECG 应用（苹果 App Store 和谷歌 Play Store 均可下载）配合使用，可以显示用户的心电图。

如果要监测心脏活动，用户只需要将监测器压在指尖或者胸部即可，监测器就会自动记录用户的心电图并将其传至智能手机应用上，在数据到达应用前，它使用超声信号发至手机的麦克风以被接收。随后，数据将被发送至 AliveCor 服务器，AFib 监测器算法将分析数据并解释给用户。且一旦用户收到数据图，便可发送至医生获取更专业的意见。很可能在关键时候挽救那些有严重心脏问题的病人，且减少长期病痛产生的医疗费用。不仅如此，系统的数据还能够帮助医生更好并更快速地为病人诊断，减少时间成本。目前，系统已经通过 FDA 认证。

3. 心理健康检测可穿戴设备

语音识别心理治疗

全球首个通过语音来识别情绪的以色列创业公司 Beyond Verbal 通过突破性的语音识别技术，能识别出细微的情绪变化，从而判断用户说话时的心情。这套技术的 API 已经被整合到一些可穿戴设备中，将来这些可穿戴设备就能检测到用户的情绪波动，从而进行远程的心理治疗。